高等院校金融学专业系列教材

消 费 金 融

何平平　陈　昱　编著

清华大学出版社
北京

内 容 简 介

本书共分 8 章,第 1~2 章概述了消费金融的基本内容、场景化及商业模式。第 3~5 章分别介绍了消费金融各提供主体——商业银行、持牌机构和电商平台开展消费金融的模式、内容等。第 6~8 章分别介绍了消费金融产品设计的基本理论与方法、消费信贷信用评分的基本理论与方法以及消费金融风险的主要表象、特征、形成机理及控制方法。

本书的最大特色是系统性、实用性、先进性。本书既可作为高等院校金融类专业本科生、研究生的教材,也可作为从事消费金融相关研究人员及从业人员的参考书。

图书在版编目(CIP)数据

消费金融/何平平,陈昱编著. —北京:清华大学出版社,2024.4
高等院校金融学专业系列教材
ISBN 978-7-302-65767-5

Ⅰ. ①消… Ⅱ. ①何… ②陈… Ⅲ. ①消费贷款—高等学校—教材 Ⅳ. ①F830.589

中国国家版本馆 CIP 数据核字(2024)第 055800 号

责任编辑: 张　瑜
装帧设计: 刘孝琼
责任校对: 李玉茹
责任印制: 刘海龙

出版发行: 清华大学出版社
    网　　　址: https://www.tup.com.cn, https://www.wqxuetang.com
    地　　　址: 北京清华大学学研大厦 A 座　　　邮　编: 100084
    社 总 机: 010-83470000　　　邮　购: 010-62786544
    投稿与读者服务: 010-62776969, c-service@tup.tsinghua.edu.cn
    质量反馈: 010-62772015, zhiliang@tup.tsinghua.edu.cn
    课件下载: https://www.tup.com.cn, 010-62791865

印 装 者: 天津鑫丰华印务有限公司
经　　销: 全国新华书店
开　　本: 185mm×260mm　　　印　张: 14.75　　　字　数: 356 千字
版　　次: 2024 年 4 月第 1 版　　　印　次: 2024 年 4 月第 1 次印刷
定　　价: 59.00 元

产品编号: 101643-01

前　言

30 多年前笔者在银行从事银行卡管理工作，即对消费金融产生了浓厚的兴趣，也做过一些探索。2017 年由清华大学出版社出版了笔者原创互联网金融系列丛书之后，笔者就开始着手本书的撰写。

消费金融的重要性不言而喻。近年来，在消费不断升级的大环境下，加大消费领域的支持力度和改善消费金融发展环境的一系列政策措施的出台，为消费金融的发展提供了广阔的市场前景，特别是移动互联、大数据和人工智能技术的快速发展，为消费金融的发展提供了重要的技术支撑。消费金融的基础设施不断得到完善，消费金融的提供主体不断增加，创新能力也不断得到提升。

1. 本书的价值

随着数字经济和普惠金融的深度结合，消费活动与金融活动的互动更加紧密，日常生活金融化程度逐步加深。消费金融已逐渐成为我国经济发展转型的"助推器"。近年来，随着消费金融提供主体的增加，消费金融市场竞争日益激烈，相反，消费金融人才极其短缺。针对这一情况，许多高校已经在本科生和研究生人才培养方案中增加了"消费金融学"课程。本书作为金融科技系列教材之一，其出版一是将解决"消费金融学"教材的短缺问题，二是将引领高校金融学专业人才培养方案的改革。

2. 本书的特色

(1) 系统性。本书涵盖了消费金融的场景化及商业模式、各提供主体消费金融业态问题、消费金融产品设计、消费金融信用评分及风险控制问题，内容十分丰富。

(2) 实用性。本书结合消费金融的实务，涉及场景化构建、商业模式、经营模式、产品设计和信用评分等内容。实用性贯穿本书的始终。

(3) 先进性。本书涵盖了目前学界与业界最新的基础研究成果和最新的研究方法，如信用评分的机器学习方法。

本书由湖南大学的何平平与邵阳学院的陈昱编著，其中，第 1~2 章、第 5~7 章由何平平编写，第 3 章、第 4 章、第 8 章由何平平与陈昱共同编写。在本书的编写过程中，参阅了大量的文献资料，在此对相关作者表示感谢。消费金融仍然处于探索与发展之中，囿于时间与个人能力，书中难免有错误和不足之处，敬请广大读者批评、指正。

编　者

目　　录

第1章　消费金融概述 1

1.1　消费金融的定义与特点 1
　　1.1.1　正确认识消费金融 1
　　1.1.2　消费金融的特点 2
1.2　消费金融的分类 4
　　1.2.1　依托场景分类 4
　　1.2.2　根据消费金融产品进行分类 4
　　1.2.3　根据消费行为和发放贷款的
　　　　　特征分类 7
1.3　消费金融的作用及理论基础 7
　　1.3.1　发展消费金融的作用 7
　　1.3.2　消费金融的理论基础 9
1.4　消费金融发展的政策环境与
　　发展现状 13
　　1.4.1　我国消费金融的发展历程及
　　　　　政策梳理 13
　　1.4.2　我国消费金融的发展现状 17
　　1.4.3　我国消费金融市场发展的
　　　　　特点 18
　　1.4.4　消费金融细分市场的发展
　　　　　情况 19
　　1.4.5　我国消费金融快速发展的
　　　　　驱动因素 21
1.5　消费金融的产业链 23
　　1.5.1　消费供给方 23
　　1.5.2　消费金融需求方 24
　　1.5.3　消费金融服务平台 25
　　1.5.4　外围服务方 25
本章作业 28

第2章　消费金融的场景化
　　　　与商业模式 29

2.1　场景化消费金融概述 29

2.1.1　场景在消费金融中的作用 29
2.1.2　场景化消费金融的内涵、
　　　　特征 30
2.1.3　消费场景细分及金融产品
　　　　选择 32
2.2　商业银行消费金融场景建设 35
　　2.2.1　通过自建电商平台构建消费
　　　　　金融场景 35
　　2.2.2　跨界合作开展嵌入式的消费
　　　　　金融业务 38
2.3　持牌消费金融公司场景化建设 41
　　2.3.1　与线下商户合作 42
　　2.3.2　通过自建商城开展消费分期 43
　　2.3.3　线上商城模式 43
2.4　互联网金融平台场景化建设 45
　　2.4.1　线上与线下有机融合 45
　　2.4.2　电商平台跨界融合 46
2.5　场景化消费金融商业模式 47
　　2.5.1　自营贷款模式 47
　　2.5.2　联合贷款模式 48
　　2.5.3　助贷模式 49
　　2.5.4　联合贷款和助贷的区别 52
2.6　场景化消费金融细分领域的业务
　　模式 52
　　2.6.1　家装类消费金融 53
　　2.6.2　医美类消费金融 55
　　2.6.3　旅游类消费金融 56
　　2.6.4　教育类消费金融 57
本章作业 59

第3章　商业银行消费金融 60

3.1　商业银行消费金融概述 60
　　3.1.1　商业银行发展消费金融的
　　　　　动因 60

3.1.2 商业银行开展消费金融的
优势与劣势 62
3.1.3 我国商业银行发展消费金融的
方式 63
3.2 商业银行消费金融的模式 66
3.2.1 商业银行消费金融的基础
模式 67
3.2.2 商业银行消费金融的商业
模式 67
3.2.3 商业银行消费金融的业务
模式 70
3.3 信用卡分期 70
3.3.1 信用卡分期概述 70
3.3.2 信用卡分期付款业务的特点 74
3.3.3 信用卡分期付款业务的分类 74
3.3.4 信用卡分期与传统消费
贷款的区别 76
3.3.5 信用卡分期数与费率 77
3.4 个人消费信贷 79
3.4.1 正确认识商业银行个人消费
信贷业务 79
3.4.2 个人消费贷款的种类 79
3.4.3 个人消费信贷的特征 80
3.4.4 商业银行个人消费贷款互联
网模式 80
本章作业 85

第4章 持牌机构消费金融 86
4.1 消费金融公司概述 86
4.1.1 消费金融公司产生的背景 86
4.1.2 消费金融公司的定义与分类 87
4.1.3 消费金融公司国内外比较 91
4.1.4 银行系、产业系、电商系
消费金融公司的比较 94
4.2 消费金融公司业务与其他消费信贷
主体业务的区别 98
4.2.1 消费金融公司业务与商业
银行业务的比较 98

4.2.2 消费金融公司业务与小额
贷款公司业务的比较 99
4.3 消费金融公司的经营模式 101
4.3.1 消费金融公司的商业模式 101
4.3.2 持牌消费金融公司的业务
模式 104
4.4 持牌机构典型消费信贷产品 111
4.4.1 捷信贷 112
4.4.2 北银轻松贷 113
4.4.3 中银新易贷 113
4.4.4 四川锦程锦囊贷 114
本章作业 115

第5章 电商消费金融 116
5.1 电商消费金融概述 116
5.1.1 电商平台的定义与分类 116
5.1.2 电商消费金融的定义与
特点 118
5.1.3 电商平台经营消费金融业务的
优势与不足 119
5.2 电商平台消费金融 120
5.2.1 电商平台消费金融的运作
模式 120
5.2.2 电商平台消费金融的商业
价值 121
5.2.3 主要电商平台的消费金融
产品 122
5.3 分期购物平台消费金融业务 128
5.3.1 互联网消费分期的定义、
特点及发展历程 128
5.3.2 分期购物平台及其特点 130
5.3.3 分期购物平台的模式 132
本章作业 137

第6章 消费金融产品设计 138
6.1 消费金融产品设计概述 138
6.1.1 消费金融产品的定义
及分类 138

6.1.2　消费金融产品的特点............139
6.1.3　消费金融产品设计三要素：
　　　　场景、需求与功能............140
6.1.4　竞品调研........................141
6.2　消费金融产品要素设计................143
6.2.1　消费金融产品要素............143
6.2.2　产品和目标客户匹配............144
6.2.3　产品定价设计............145
6.2.4　授信额度设计............147
6.2.5　消费贷款的还款方式............149
6.2.6　用户体验设计............151
6.3　成本与收益分析........................153
6.3.1　成本分析............153
6.3.2　收益分析............154
6.4　循环授信的业务模式................155
6.4.1　循环授信的基本模式............155
6.4.2　循环授信的业务模式之
　　　　商品贷............155
6.4.3　循环授信的业务模式之
　　　　现金贷............157
本章作业....................................163

第 7 章　消费信贷信用评分.................164
7.1　信用评分概述........................164
7.1.1　信用评分的内涵与信用评分
　　　　原理............164
7.1.2　信用评分的起源与发展............166
7.1.3　信用评分技术的优势............167
7.1.4　信用评分的应用领域............168
7.2　数据挖掘与信用评分................169
7.2.1　数据挖掘............169
7.2.2　基于数据挖掘的信用评分
　　　　模型构建步骤............170
7.2.3　客户数据的基本类型............173
7.2.4　数据挖掘的流程............175
7.3　信用评分方法........................179
7.3.1　传统信用评分方法............179

7.3.2　基于机器学习的信用评分
　　　　模型............180
7.4　信用评分模型效果评价................190
7.4.1　基于第二类错误率的个人
　　　　消费信用评分模型的评价............190
7.4.2　基于 AUC 值的个人消费
　　　　信用评分模型的评价............191
7.4.3　基于 K-S 值的个人消费信用
　　　　评分模型的评价............192
7.4.4　稳定性评价............192
阅读材料....................................193
本章作业....................................197

第 8 章　消费金融风险控制.................198
8.1　风险控制是消费金融发展的关键.....198
8.1.1　消费金融行业的快速发展
　　　　提升了风控难度............198
8.1.2　消费金融经营的特点决定了
　　　　风控是至关重要的问题.........199
8.2　消费金融面临的主要风险及特征.....200
8.2.1　消费金融面临的主要风险.....200
8.2.2　消费金融风险的主要特征.....204
8.3　消费金融风险形成机理............205
8.3.1　消费金融内源性风险的
　　　　形成机理............206
8.3.2　消费金融外源性风险的
　　　　形成机理............207
8.4　消费金融风险控制的措施.................209
8.4.1　贷前审批............209
8.4.2　贷中反欺诈............211
8.4.3　贷后逾期催收............212
8.5　美、日消费信贷风险管理的实践与
　　　经验............216
8.5.1　美、日消费金融发展概况.....216
8.5.2　美、日消费金融发展的
　　　　经验............217

8.5.3 对我国消费金融行业持续
健康发展的启示....................... 221

8.6 我国消费金融发展的趋势................. 222

8.6.1 商业银行将成为消费金融的
主导者..................................... 222

8.6.2 互联网化程度将进一步
加深..................................... 223

8.6.3 数据资产将成为重要风险
控制资源 223

8.6.4 垂直化发展 223

8.6.5 信用体系建设成为重中
之重 224

本章作业 224

参考文献... 224

第1章 消费金融概述

本章目标

- 熟练掌握消费金融的定义和特点，掌握消费金融的作用。
- 熟练掌握消费金融的分类。
- 掌握我国消费金融的有关政策。
- 熟练掌握长尾理论、信息不对称理论和平台经济理论作用于消费金融的机理。
- 熟练掌握消费金融产业链。

本章简介

随着数字经济和普惠金融的深度结合，消费活动与金融活动的互动更加紧密，日常生活金融化程度逐步加深。发展消费金融对于释放消费潜力、改善消费结构、推动消费升级具有重要作用，其已逐渐成为我国经济发展转型的"助推器"。通过本章的学习，读者将了解什么是消费金融，消费金融有什么特点，以及消费金融对于我国经济发展的重要作用；我国消费金融参与主体，消费金融的类型，我国对于消费金融的政策支持及发展情况；此外，还将了解发展消费金融的一些重要理论以及消费金融的产业链。

1.1 消费金融的定义与特点

1.1.1 正确认识消费金融

1. 消费金融概念的界定

消费金融(consumer finance)尚无统一定义。1999 年，中国人民银行《关于开展个人消费信贷的指导意见》中将消费信贷简单定义为"个人住房贷款、汽车消费贷款和其他新品种贷款"；2013 年 11 月 14 日，原中国银行业监督管理委员会发布的《消费金融公司试点管理办法》将消费金融定义为"向借款人发放的以消费(不包括购买房屋和汽车)为目的的贷款"。美联储的年度消费金融报告(*Annual Survey of Consumer Finances*，SCF)将消费金融分为狭义的消费金融与广义的消费金融。狭义的消费金融包括：汽车贷款、耐用品消费贷款、学生助学贷款、个人信贷、无抵押个人贷款、个人资金周转贷款以及房屋修缮贷款等。广义的消费金融是指由金融机构向消费者提供的包括消费贷款在内的金融产品和金融服务，将房地产抵押信贷纳入了消费金融范畴。

2018 年 6 月 22 日，中国人民银行发布《中国区域金融运行报告(2018)》所示，消费金融分为广义和狭义两种。广义消费金融包括传统商业银行向消费者发放的住房按揭贷款、汽车贷款、信用卡和其他贷款，持牌消费金融公司向消费者提供的家装贷、购物分期，以及新兴的基于网上购物等消费场景为消费者提供购物分期服务的互联网消费金融。狭义消费金融是从广义消费金融范畴中扣除传统商业银行车房贷款后的部分。

我们通常所说的消费金融是指狭义消费金融，是由金融机构(商业银行、持牌消费金融公司)或互联网金融平台向消费者提供的以消费为目的，贷款周期不超过 24 个月，金额不超过 20 万元的小额、分散的无抵押信用贷款。

消费金融是对私的"个人金融"，区别于对公的"公司金融"，涵盖大部分与居民个人消费相关的资金融通活动。消费金融的主要客群是年轻群体，属于信用空白用户，一部分人可能申请不到信用卡，或者由于信用卡申请太麻烦，或者授信额度比较低，因此他们通常会选择消费金融产品和服务。

2. 消费金融与信用卡的比较

从本质上看，消费金融与信用卡都是信贷产品。一般来说，信用卡指定人的消费行为(专人专用)，消费信贷指定具体的消费行为(定向消费)。前者一般有最长 50～56 天的免息期；后者一般没有免息期。

但是，无论从申请、使用还是从还款、成本来看，目前都出现了很多类信用卡开展消费信贷服务。比如京东的白条、蚂蚁金服的花呗等，同样也拥有比信用卡更方便的分期服务，而且特定场景下 12 期免息服务，申请上也逐步由线下到线上。比如，大多数的消费金融公司一个小时或半小时就可以完成授信服务，这类服务大有"虚拟信用卡"的态势，而且提供比信用卡更好的服务，具有授信速度快、额度高、消费场景多等优势。

3. 消费金融的本质

消费贷款的指定用途必然是消费，没有用于消费的现金贷款(所谓现金贷，通常是指无交易场景依托、无指定用途和无客户限定的小额资金出借业务，它的特点是金额小、期限短、利率高、无抵押)不属于消费金融。消费金融的贷款通常不需要担保与抵押就能申请，因此这类贷款也是信用贷款，即借款人凭借良好的个人信用就可以申请。当然，没有担保与抵押，意味着消费金融的贷款利率是偏高的。凡是涉及抵押贷款、担保贷款的都不属于消费贷款。

在银行进行贷款的客户群体需要与本行有业务往来，有本行信用卡，或者通过银行代发工资，银行再根据征信情况审批消费贷，此类人群的收入比较稳定，征信良好，银行才会批准贷款。银行的业务审批流程比较规范严格，因此绝大多数的大型企业贷款都是在银行进行办理的。

但是像消费金融公司和互联网金融企业，它们的业务是在 App 上直接进行办理的，对客户的要求比较低，基本上只要申请，没有过多的不良征信记录都会通过，对于申请人的实际收入是否稳定和工作性质都没有过多的要求。

1.1.2　消费金融的特点

小额分散化、大众化和便捷化是消费金融的典型特点。

1. 小额分散化

根据消费金融的定义，消费贷款额度不超过 20 万元。放贷机构的贷款额度一般会根据用户的情况而不同。消费金融的贷款期限不超过两年，一般为 1～12 个月。实际上，由于消费金融贷款的笔数很多，平均金额远低于监管上限，最小的可能只有几百元。据统计，至 2015 年年末,我国消费金融公司累计发放 5 万元以下贷款 989 万笔,占比为 94.05%。蚂蚁集团 2020 年 8 月向上交所科创板递交的招股文件显示,2019 年花呗、借呗服务用户达 5 亿户,花呗、借呗的最低授信额度分别为 20 元、1 000 元。其中,花呗平均余额仅 2 000 元。

消费金融应坚持小额分散化的经营原则,这在风险控制方面有如下好处。

"分散"在风险控制方面的好处。即借款的客户分散在不同的地域、行业、年龄等,这些分散独立的个体之间违约的概率能够相互保持独立性,因此同时违约的概率非常小。例如,100 个独立个人的违约概率都是 20%,那么随机挑选出其中 2 人,同时违约的概率为 4%$(20\%)^2$,3 个人同时违约的概率为 0.8%$(20\%)^3$,4 个人都发生违约的概率为 0.16%$(20\%)^4$。如果这 100 个人的违约存在相关性,比如,在 A 违约的时候 B 也会违约的概率是 50%,那么随机挑出来的这两个人同时违约的概率就会上升为 10%(20%×50%=10%,而不是 4%)。因此,保持不同借款主体之间的独立性非常重要。

"小额"在风险控制上的重要性,则是避免统计学上的"小样本偏差"。例如,消费金融公司一共做 10 亿元的借款,如果借款人平均每人借 3 万元,就是 3.3 万个借款客户;如果借款单笔是 1 000 万元的话,就是 100 个客户。在统计学上有"大数定律"法则,即需要在样本个数数量足够大(几万个)的情况下,才能越来越符合正态分布定律,在统计学上才有意义。因此,如果借款人坏账率都是 2%,则放款给 3.3 万个客户,其坏账率为 2%的可能性要远高于仅放款给 100 个客户的可能性,并且这 100 个人坏账比较集中,可能达到 10%甚至更高,这就是统计学意义上的"小样本偏差"风险。

消费金融采取的是无抵押、无担保的信用贷款,风险自然高于有抵押、有担保的贷款,这也是监管层规定消费金融应坚持小额分散的原因所在。通过"小额分散"的原则,借款人分布在不同的行业,生活在不同的区域,那么一旦行业不景气或者区域性的风险事件发生,影响的只是消费金融提供主体整体资产质量的很小一部分,避免了集中的、链式反应的风险。

2. 大众化

消费金融公司和互联网金融平台对系统性风险的管控要求与银行有差异,具有更高的风险容忍度,因此在客户群的选择上比银行更加宽松,面向广大普通民众提供金融服务。消费金融公司和互联网金融平台践行普惠金融的理念,提升金融服务的可得性。消费金融公司和互联网消费金融平台将基本客户定位为传统金融体系较少覆盖的中低收入群体,包括蓝领工人、低收入白领、职场新人、大学生等,客户平均年龄集中在 25~35 岁,平均月收入在 5 000 元以下,工作岗位相对不稳定,工作流动性较大,且其中有相当一部分客户没有个人征信记录。在我国城镇化的过程中,这部分群体增长迅速,消费潜力巨大,但其消费需求与收入及融资能力之间存在较大差距,这就需要消费金融公司和互联网金融平台来填补空白。消费金融公司和互联网金融平台通过提供额度小、门槛低的金融产品,提升中低收入者的消费能力,满足其在传统消费、教育进修、租房、健康医疗等多个领域的信贷需求。

3. 便捷化

消费金融业务线的单一性,使得银行、消费金融公司和互联网金融平台能够专注地围绕消费者的需要定制业务流程,在客户申请、用款的体验上更强调速度快、申请方便,在服务效率和便利性方面具有优势。客户只要信用记录良好,就可在短时间内获得贷款,最快一笔业务只需几分钟。建设银行的"快贷"产品可以实现 5 分钟到账,北银消费金融公司的贷款平均 30 分钟到账，蚂蚁金服的花呗借贷 5 分钟就可以完成申请，实时确定信用，最短 10 分钟就可以放款。

大多数产品可以随借随还，贷款线上申请和放贷趋势明显，业务流程大多可以在线上操作完成，流程简便，申请材料要求简单，因此覆盖面大大拓宽，服务效率大幅提升。

1.2 消费金融的分类

1.2.1 依托场景分类

根据消费金融业务是否依托于场景，放贷资金是否直接划入消费场景中，可以将消费金融业务分为个人消费贷和个人现金贷。

个人消费贷是指消费金融业务依托于具体消费场景，放贷资金直接划入消费场景中，用于个人购买耐用消费品或者支付各种费用的特定消费贷款。比如，耐用消费品贷款、旅游贷款、教育贷款等。消费贷的特点：一是无抵押；二是限定具体的借款用途；三是资金直接流向消费场景，不进入消费者账户。

现金贷是指消费金融业务没有场景依托，对消费者发放的非特定小额贷款。现金贷的特点：一是无抵押；二是不限定具体借款用途；三是放贷资金直接划入申请借款用户账户。

1.2.2 根据消费金融产品进行分类

根据消费金融产品进行分类，消费金融可以分为个人大额耐用消费品贷款、个人房屋装修贷款、个人旅游贷款和个人教育贷款等。

1. 个人大额耐用消费品贷款

个人大额耐用消费品贷款是 1999 年中国人民银行印发的《关于开展个人消费贷款的指导意见》所倡导的，具备条件地区试办的一种消费贷款。大额耐用消费品是指单价在 3 000 元以上(含 3 000 元)，10 万元以下(不含 10 万元)，正常使用寿命在 2 年以上的家庭耐用商品，包括家用电器、家具、健身器材、乐器等(住房、汽车除外)。

个人大额耐用消费品贷款是指向消费者个人发放用于购买大额耐用消费品的人民币贷款，并且明确规定贷款期限、贷款额度、贷款利率、担保方式以及其他相关要求。个人大额耐用消费品贷款主要以 3C 产品[所谓 3C 产品，就是计算机(computer)、通信(communication)和消费类电子产品(consumer electronics)三者的结合，亦称"信息家电"]类消费信贷为主。个人大额耐用消费品贷款只能用于购买与贷款人签订有关协议、承办分期付款业务的特约销售商所经营的大额耐用消费品。个人大额耐用消费品贷款的贷款期限一般在半年到 2 年，最长不超过 3 年；贷款利率按照中国人民银行规定的同期同档次贷款利率执行，一般没有利率优惠。

2. 个人房屋装修贷款

个人房屋装修贷款是专门为拥有稳定连续性工资收入人士发放的，是以个人每月工资收入作为贷款金额的判断依据，用于自有住房装饰装修、无须担保的人民币贷款，用于支付家庭装潢和维修工程的施工款，相关的装潢材料款、厨卫设备款等。房屋装修贷款的贷款额度不超过装修合同约定的款项总额的 80%。银行专门为有家庭住房装修需求的业主推出了无抵押贷款。百度、京东等互联网金融企业以及消费金融公司旗下都有装修贷款，大多是与家装公司合作的业务，比如，京东金融推出了"白居易"装修分期业务，除了京东商城内支持家装分期的产品外，居然之家、绿豆家装也选择了和京东家装合作。这种贷款在利率方面要比银行贷款高，不过胜在流程方便、下款快，适合追求快捷省事的用户。有一些资金雄厚、公司规模大的装修公司也推出了自营分期业务；信用卡也可以办理装修分期，适合额度比较高、平时用卡情况良好的用户，用户可以选择 12 期、24 期还款，相对来说也是比较方便的。

3. 个人旅游贷款

个人旅游贷款，顾名思义，就是贷款人为申请人发放的用于旅游费用的贷款。旅游费用是指特约旅游单位经办且由贷款人指定的旅游项目所涉及的交通费、食宿费、门票、服务及其相关费用组成的旅游费用总额。个人旅游贷款一般分为出国旅游保证金贷款和旅游消费贷款。其中，出国旅游保证金贷款主要用于支付因出国旅游而需要向旅行社交纳的保证金；旅游消费贷款主要用于支付旅游申请提出至旅游过程结束所发生的物质消费和精神消费及其他相关费用。现在，很多银行专门推出了旅游主题信用卡，除了能分期付款旅游外，去国外还免去了境外消费、购物、食宿的货币转换问题。美中不足的是，小额信用卡额度一般不超过 5 万元。随着旅游消费升级、互联网科技的发展、相关政策不断推动，旅游消费金融模式不断创新，由最早开办旅游消费金融业务的单一的商业银行模式，不断发展为消费金融公司、互联网金融平台等旅游消费金融模式，如表 1.1 所示。消费金融公司模式是在政策推动下发展起来的。随着移动支付的普及，为了抢占市场，更好地满足游客国内长线游和出境游的资金需求，旅游电子商务行业纷纷进入在线旅游消费金融市场，形成旅游电子商务模式，如以途牛旅游"首付出发"为代表的分期付款模式。传统的旅行社在旅游电商的冲击下，充分发挥自身直客的优势，开展旅游预付卡(券)、旅游延期付款等旅游消费金融服务。与此同时，每一种模式内部也根据旅游行业发展及金融业务拓展的需要，不断地进行创新。

表 1.1　旅游消费金融的模式、类别、特点(优势)和典型案例

模　式	类　别		特点或优势	典型案例
商业银行旅游消费金融模式	旅游主题信用卡模式	航空公司联名卡	零货币兑换费、航空里程兑换、航空意外险、账户意外险等	中国银行东航联名卡、工商银行国航知音牡丹卡、农业银行海航联名信用卡等
		旅游联名卡 景区旅游联名卡	银行信用卡中心和景区的双会员，享受一卡二用的便利	农业银行张家界旅游卡、金穗台湾旅游卡、中国银行好客山东旅游卡等
		旅游电商联名卡	网站的会员，旅游线路优惠，全面专业的旅游咨询和推荐，旅行意外险	中国银行环球通携程信用卡、兴业银行芒果旅行信用卡等
		银行独立发卡	消费返现、合作商折扣、银行便利服务	东方神韵国际旅游卡

模 式	类 别	特点或优势	典型案例
商业银行旅游消费金融模式	旅游消费信贷模式	金额较小，还款期限较短	兴业银行的"随兴游"个人旅游贷款、中国工商银行旅游消费贷款
	代理旅游保险模式	一站式旅游金融服务，提高了客户黏性和营业收入	招商信诺安行神州境内旅游意外险等
	银行自建电商平台模式	新型平台，服务更趋于一体化	招商银行的"出行易"商旅预订平台
消费金融公司等非银行金融机构模式	消费金融公司	不吸收公众存款，以小额、分散为原则，为家庭旅游提供融资	消费金融公司
	小额贷款公司	贷款选择性更大，适应性更强	平安普惠
旅游电子商务企业模式	旅游消费分期付款模式	为游客出国保证金、旅游团费等方面提供便利	去哪儿网的"拿去花"、途牛旅游的"首付出发"
	旅游综合金融服务模式	提供全面的旅游消费金融服务	去哪儿网旅游综合金融服务
	互联网理财产品模式	预付卡短期收益抵扣旅游团费，正常理财收益、旅游优惠券等	
旅行社旅游消费金融模式	旅游预付卡(券)模式	抵扣旅游费用，享受折扣	旅游预付券
	旅游延期付模式	对旅行社资金实力要求较高	日照康辉国旅
	联合商业银行分期付款模式	可以借助银行的资金和渠道优势，弥补自身的不足，拓展相关业务	山东中国国旅日照分社

4. 个人教育贷款

在我国，个人教育贷款是作为支持教育事业发展的政策性举措推出的。1999年，为推动科教兴国战略的实施、解决贫困学生求学问题，中国人民银行、教育部和财政部等有关部门联合下发了开办享受财政贴息的国家助学贷款业务的通知，并首先以中国工商银行为试点在北京、上海、天津、重庆、武汉、沈阳、西安和南京等8个城市进行。从2000年9月1日起，国家助学贷款在全国范围内全面推行，所有的普通高等学校均能申办国家助学贷款，此项业务经办机构的范围也有所扩大，成为各大国有商业银行均可办理的业务。

根据贷款性质的不同，可以将个人教育贷款分为国家助学贷款和商业助学贷款。

1) 国家助学贷款

国家助学贷款是指由国家指定的商业银行面向在校的全日制高等学校经济确实困难的本、专科学生(含高职学生)，研究生以及第二学士学位学生发放的，用于帮助他们支付在校期间的学费和日常生活费，并由教育部门设立"助学贷款专户资金"给予财政贴息的贷款。它是运用金融手段支持教育，资助经济困难学生完成学业的重要形式。国家助学贷款实行"财政贴息、风险补偿、信用发放、专款专用和按期偿还"的原则。

2) 商业助学贷款

商业助学贷款是指商业银行按商业原则自主向个人发放的用于支持境内高等院校困难学生学费、住宿费和就读期间基本生活费的商业贷款。商业助学贷款实行"部分自筹、有效担保、专款专用和按期偿还"的原则。

5. 个人房屋租赁贷款

个人房屋租赁贷款，俗称"租金贷"，是租客在与长租公寓企业签下租约的同时，与该企业合作的金融机构签订贷款合约，由该金融机构先替租客支付全年房租，租客再向该金融机构按月还清租房贷款，相应的贷款利息一般由长租公寓企业代为支付。该业务的特色体现在，一是贷款成数高，贷款期限长；二是可以满足多种租赁房业态的需求。

1.2.3 根据消费行为和发放贷款的特征分类

根据消费行为和发放贷款的特征，消费金融可分为分期型与消费型。

消费分期贷款也称消费者分期付款，是商家为消费者提供的一种贷款形式。受到消费者青睐的消费分期贷款产品形式多样。分期型的代表产品有信用卡，特征是出资方不会将资金打给借款人，而是直接发放给商户。分期型的消费金融业务还可以分为账单分期和交易分期。账单分期是指在一定期限内，消费者在购物时发生的一笔或多笔交易进行分期支付与还款的消费贷款模式。交易分期是指针对购买一件商品、发生一笔大额交易时所发生的分期支付贷款方式。

消费型的代表产品是较常见的由银行提供的大额消费贷款。其特征是出资方直接将贷款金额打入借款人的账户中，由借款人自行使用。

1.3 消费金融的作用及理论基础

1.3.1 发展消费金融的作用

党的二十大报告指出，"我们要坚持以推动高质量发展为主题，把实施扩大内需战略同深化供给侧结构性改革有机结合起来，增强国内大循环内生动力和可靠性……推动经济实现质的有效提升和量的合理增长"，同时也明确了要"着力扩大内需，增强消费对经济发展的基础性作用"。这不仅指明了我国经济向高质量发展转型的方向，更是首次强调了消费在其中的基础性作用。经济的高质量发展，必然要以消费的高质量发展为基础，而大力发展消费金融则是消费高质量发展的有效支撑与保障。

1. 消费金融促进了经济转型发展

首先，消费金融拉动了宏观经济的增长。作为金融创新的重要组成部分，消费金融通过帮助消费者合理地分配信用资源，优化当期与未来的储蓄、消费活动，有效地提高了消费水平，扩大了社会的消费总需求，进而推动了宏观经济增长。

其次，消费金融有利于推动我国经济增长方式的转变。自进入"新常态"以来，消费已经连续多年充当拉动经济的"主引擎"，我国已进入由消费主导经济增长的新阶段。

再次，消费金融有利于我国产业结构的优化升级。消费金融的崛起实则是对传统消费的提质升级，加速凸显了市场"供需错位"的矛盾，推动消费供给侧改革，加强新消费对新产业的引导和催化，培育新供给；同时，对那些不能满足消费需求的产业加以有效抑制，形成"优胜劣汰"的良性循环。

最后，消费金融有助于实现区域经济地位的合理化。金融的本质是资金从供给方流向需求方最终回到供给方的过程，消费金融通过多元化布局和业务模式创新，将不同区域的资源重新分配，与传统金融业务形成互补，从而推动不同地区的经济发展，实现区域经济地位的合理化。

2. 消费金融增强了金融服务实体经济的能力

消费金融行业通过场景聚焦、跨界合作和精细化运营，洞察和满足用户需求，提升用户体验，有力地将金融与消费场景结合起来，助推实体经济的发展。

首先，消费金融提供普惠金融的服务方式。在新科技背景下，通过互联网、大数据、人工智能、云计算、区块链等金融创新科技的应用，以小额分散、期限较短、无抵押无担保为原则提供的以消费为目的的贷款，能够触及更多用户，触及更广泛及更边远的区域，提升效率，降低成本，为广大消费者带来更普惠的金融服务。

其次，消费金融为实体经济提供更多场景支撑。从单一地满足"吃、穿、住"到如今人们越来越重视的养老家政、健康消费、信息消费、旅游休闲消费、教育文化体育消费，可以说全面覆盖了"衣、食、住、行、游、学、玩、美"。消费方式由线下向线上线下相融合转变，消费金融在真正意义上丰富并且实现了实体经济发展所需的场景支撑。

最后，消费金融使金融回归本质。消费金融正在使金融逐渐回归其本质，使金融产品和服务延伸至老百姓的日常消费，使得消费者具备更高的跨期消费能力。

3. 消费金融完善了金融基础设施建设

首先，消费金融有助于构建完整的金融法律体系。消费金融推动金融业进入一个新的发展阶段。2015年以来，相关部门陆续出台文件、政策，鼓励消费金融发展，同时加强网络借贷监管，使问题平台逐渐退出，既鼓励消费金融行业创新，又实现了风险的有效防范，相对应的监管政策进一步完善。

其次，消费金融推动了征信体系的建设。近年来，各类消费金融的风险表现形式越发复杂多样，对征信产品和服务的需求更加迫切。征信是互联网金融健康发展的重要基石，全面完善的个人征信服务有效地降低了消费金融信贷坏账率。

4. 消费金融激发了参与主体业务创新的动力

消费金融是在我国经济向高质量转型的背景下发展起来的，市场形成初期就按照需求运行，呈现出商业银行、消费金融公司、互联网金融平台等多头崛起、共同参与的态势，促进行业良性竞争与发展。

首先，商业银行利率市场化改革和不断加剧的同业竞争，倒逼商业银行发展消费金融业务，加快零售转型步伐。多数银行从信用卡、一般性消费信贷等领域发力，充分挖掘当前市场环境下的客户需求，提升业务收入，增强客户黏性，并借助金融科技手段进行全面数字化转型和生态圈打造。

其次，在市场与金融双重监管的共同努力下，消费金融公司得以快速发展。目前，在我国消费金融市场中银行业金融机构基于其资金优势、网点优势、风控优势占据着市场主导地位，相对于其他市场参与者千亿元的规模，银行业金融机构仍处于主导市场地位。2017年以来，中央银行和原银监会加强了对校园贷及互联网金融的治理整顿，在一定程度上鼓励持牌消费金融公司在风险可控的前提下开展消费金融业务。

最后，互联网消费金融平台成为推动消费金融行业整体发展不可忽视的推动力。开展消费金融的互联网金融平台如雨后春笋般涌现，其股东背景涵盖了银行、互联网、实体商业、通信业等领域，使得行业参与主体不断多元化，产品日趋互联网化，市场竞争日益激烈。以百度、阿里、腾讯、京东为代表的互联网企业利用线上场景优势、线上客户的触达优势和长期积累的数据资源优势，不断地渗透消费信贷业务，围绕以第三方支付、电子商务为核心的互联网消费平台，大力变革传统消费信贷产品设计、业务发展和风控理念。在市场需求的引领和国家政策的支持下，互联网消费金融平台将会获得十分广阔的发展空间。

5. 消费金融满足了人民对美好生活的向往

借助消费金融产品，人们得以实现对个人收入的跨期配置，从而显著扩大了当期的消费能力，有力推动了居民个人的消费升级，满足了人们对美好生活的向往，具体体现在以下三个方面。

第一，消费金融丰富了消费者的选择。当前消费金融嵌入更多元化的消费场景，以短期、小额、无担保、无抵押为特点，降低了门槛，手续更简单。消费金融的发展，让以前的个人消费信贷以房贷为主，向其他能提高生活水平的消费贷款项目转变；使用范围从单笔金额较高的场景拓展到小额消费领域以及线下。

第二，消费金融改变了消费者传统的消费习惯。越来越多的消费者正在通过消费金融产品，享受着"先购物后买单"的便利。借助消费金融产品提前消费，在短期内帮助中低收入人群提高生活质量，以应对未来可能的货币贬值。

第三，消费金融满足了人们美好生活的需要。我国社会的主要矛盾已经转化为人民日益增长的美好生活需要和不平衡不充分的发展之间的矛盾。这个主要矛盾在金融领域，体现为有大量无征信客户、弱势群体、低收入人群等得不到较好的现代金融服务。现代化经济体系，要求有更平衡的区域和城乡发展格局，而消费金融的发展正好适应了时代的需要，将受众群体涵盖至中低收入的三、四线城市年轻人，促进他们的消费结构从生存型消费向享受型消费转变，进而提高生活水平。

1.3.2　消费金融的理论基础

1. 基于相对收入及永久收入的消费理论

1)　相对收入消费理论

相对收入消费理论是由美国经济学家杜森贝利(J. S. Duesenberry)于 1949 年提出的与绝

对收入假设对立的一种理论。这一理论因认为消费习惯和消费者周围的消费水平决定消费者的消费、当期消费是相对地被决定的而得名。这一理论的基本观点如下。

(1) 长期内，消费与收入保持较为固定的比例，故而长期消费曲线是从原点出发的直线；短期内，消费随收入的增加而增加，但难以随收入的减少而减少，故短期消费曲线是具有正截距的曲线。对保持高收入水平的人来说，消费水平会随着自己收入的增加而增加，增加消费是容易的；当收入减少时，因较高的消费水平所形成的消费习惯使得消费具有惯性，降低消费水平就有一定的难度，不太容易把消费水平降下来，消费者几乎会继续按照原有的消费水平进行消费。也就是说，消费容易随着收入的增加而增加，但难以随收入的减少而减少。仅就短期而言，在经济波动的过程中，低收入者收入水平提高时，其消费会增加至高收入者的消费水平，但当收入减少时，消费的减少则相当有限。因此，短期消费曲线与长期消费曲线是不同的。这就是所谓的消费的"棘轮效应"。

(2) 消费支出不仅受自身收入的影响，也受别人消费和收入的影响。如果一个人收入增加了，但周围的人或与自己同一阶层的人的收入也同比例增加了，则他的消费在收入中的比例并不会变化。反之，如果他的收入并没有增加，但他周围或同一阶层的人的收入增加了，则他的消费在收入中的比例会提高。这是因为他周围的人对他的消费具有"示范效应"。他的消费开支要能维持他在左邻右舍中体面生活的地位，因此，他的消费倾向不是取决于他的绝对收入水平，而是取决于他的相对收入水平(与周围的人相比的水平)。

2) 永久收入消费理论

永久收入消费理论(permanent income hypothesis)是由美国经济学家米尔顿·弗里德曼(M. Friedman)于 1957 年提出的。它的基本观点是，消费者的消费支出主要不是由他的现期收入决定，而是由他的永久收入决定。也就是说，理性的消费者为了实现效用最大化，不只是根据现期的暂时性收入，还会根据长期中能保持的收入水平(即永久收入水平)来作出消费决策。这一理论将人们的收入分为暂时性收入和持久性收入，并认为消费是持久性收入的稳定的函数。

平均消费倾向取决于永久收入与现期收入的比值，当现期收入暂时高于永久收入时，平均消费倾向下降，反之则上升。

2. 长尾理论

长尾理论是网络时代出现的一种新理论。长尾(the long tail)这一概念是由美国《连线》杂志的主编克里斯·安德森(Chris Andersen)于 2004 年 10 月在《长尾》一文中首次提出的，用来描述诸如亚马逊和 Netflix(奈飞)之类网站的商业和经济模式。

"长尾"实际上是统计学中幂律(power laws)和帕累托分布(Pareto distributions)特征的一种口语化表达。过去人们只关注重要的人或事，如果用正态分布曲线来描绘这些人或事，人们只关注曲线的头部，而将处于曲线尾部、需要更多的精力和成本才能关注到的大多数人或事忽略。例如，在销售产品时，商家关注的是少数几个所谓的 VIP 客户，无暇顾及在人数上居于大多数的普通消费者。而在网络时代，由于关注的成本大大降低，商家有可能以很低的成本关注正态分布曲线的尾部，关注尾部产生的总体效益甚至会超过头部。例如，某著名网站是世界上最大的网络广告商，它没有一个大客户，收入完全来自被其他广告商忽略的中小企业。安德森认为，网络时代是关注"长尾"，发挥"长尾"效益的时代。

所谓长尾理论，是指只要产品的存储和流通的渠道足够大，需求不旺或销量不佳的产品所共同占据的市场份额可以和那些少数热销产品所占据的市场份额相匹敌甚至更大，即众多小市场汇聚起来可产生与主流相匹敌的市场能量。也就是说，企业的销售量不在于传统需求曲线上那个代表"畅销商品"的头部，而是那条代表"冷门商品"经常被人遗忘的长尾。举例来说，一家大型书店通常可摆放 10 万本书，但在亚马逊网络书店的图书销售额中，有 1/4 来自排名第 10 万名以后的书。这些"冷门"书的销售比例正在高速成长，预估未来可占整个图书销售市场的一半。这意味着消费者在面对无限的选择时，真正想要的东西和想要获得的渠道都发生了重大的变化，一套崭新的商业模式也随之崛起。简而言之，长尾所涉及的冷门产品涵盖了更多人的需求，当有了需求后，会有更多的人意识到这种需求，从而使冷门不再是冷门。

长尾理论被认为是对传统的"二八定律"的颠覆。"二八定律"是指 20% 的重要部分会造成 80% 的重大影响，可以理解为 20% 的热门产品会创造 80% 的收入。"二八定律"中被忽略不计的 80% 就是所谓的"长尾"。而在长尾理论中，利润将被一分为三：2% 的大热门产品、8% 的次热门产品以及剩下 90% 的长尾产品会创造出相等(也就是 33%)的利润。克里斯·安德森通过大量的数据统计证明了冷门产品实际上与大热门产品具有相同的利润创造能力。这也就意味着关注"长尾产品"与继续争夺热门产品可以达到相同的效果。

长尾理论模型如图 1.1 所示。前面的部分是一个很短的头，叫作短头；后面很长、很细的部分叫作长尾。

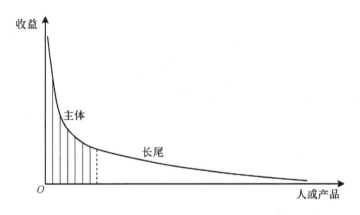

图 1.1　长尾理论模型

在互联网技术与金融有效结合之前，传统的金融机构的目标是高端客户，这是因为分散的、小额的贷款需求对银行来说成本较高，所以银行将主要的注意力放在了 20% 的高净值客户群，给优质客户提供更好的一揽子金融服务，战略性地放弃处于长尾端的 80% 的客户。消费金融的客群定位就是覆盖传统金融业无法覆盖的客户，也就是长尾尾部的零散客户。相比于传统金融，消费金融因其业务覆盖长尾端，所以风险不确定性更加广泛存在。

3. 平台经济理论

所谓平台，简单来说就是市场交易的物理场所，或促进市场交易的媒介。最原始的"平台"是农村集市或城市菜市场。平台经济理论最早是由经济学家罗歇和梯若尔(Rochet &

Tirole)、卡兰德和朱莉(Cailland&Jullien)于 2003 年提出的。平台经济(platform economy)是指虚拟或真实交易场所的平台本身不生产产品，但可以促成供求双方或多方之间的交易，收取恰当的费用或赚取差价而获得收益的一种商业模式。

在互联网时代，平台经济作为一种新型商业模式，在经济市场中占据重要的地位。与其他形式的商业模式相比，平台经济具有十分明显的特征，具体包括以下四点。

第一，平台经济是一个双边或多边市场。平台企业一边面对消费者，一边面对商家。平台的实际运营受到双边市场效应和平台集群效应的共同作用，形成符合定位的平台分工，在这个平台上有众多参与者，它们有着明确的分工，并且从自身需求出发作出自己的贡献。每个平台都有一个平台运营商，它负责集聚社会资源和合作伙伴，为客户提供良好的产品，通过集聚人气，扩大用户规模，使参与各方受益，达到平台价值、客户价值和服务价值最大化。

第二，平台经济具有增值性。也就是说，消费者和商家可以通过平台获得一定的资金收益或者其他具有价值性的回报。如阿里电子商务平台，一方面，广大用户通过该平台获取质量更高的产品，满足自身的购买需求；另一方面，商家通过在平台上推广产品，扩大所售产品的知名度，不仅为自己积累了稳定的客户资源，同时还激发了新客户的购买欲望，商品快速出售，以实现商家盈利。而上述现象的出现也是蚂蚁花呗市场能够进一步扩大的根本原因，正是由于平台的使用为市场锁定了有相应需求的客户群体，使平台能够通过对相关统计数据的分析研究，建立起更加符合用户需求的营销模式，才能够让平台运营实现长期、稳健的发展。

第三，平台经济具有网络外部性。平台企业为买卖双方提供服务，促成交易，而且买卖双方任何一方数量越多，就越能吸引另一方数量的增长，其网络外部性特征就能越充分显现。卖家和买家越多，平台越有价值。同时，平台经济之所以拥有巨大魅力，是因为它具有交叉外部性特征，即一边用户的规模增加显著地影响另一边用户使用该平台的效用或价值。在网络外部性下，平台企业往往出现规模收益递增现象。

第四，平台经济具有开放性。平台经济最大的特点就是"筑巢引凤"，吸引各种资源的加入，这就需要平台对外开放，平台的合作伙伴越多，平台就越有价值。平台的开放性实现多方共赢，从而提高平台的聚集效应和平台价值。如今，我国互联网企业走上了开放的道路，淘宝、腾讯、京东、百度等纷纷加入开放的行列，开放使这些平台型企业更有竞争力。

将消费金融嵌入平台中，充分发挥双边市场效应和集聚效应。平台对于市场一边用户的吸引力在一定程度上取决于能吸引到的另一边用户的规模，在平台用户规模达到一定水平时，平台双边市场用户的增加存在着互补共促的关系，从而形成了一种正向反馈。

消费金融平台大多建立在消费场景的基础上，购物平台或服务平台本身就是一个双边市场，一边对应的是消费者，另一边对应的是商家。消费者购物场景最容易产生金融需求，消费金融平台对用户购物或服务需求提供分期付款，将极大地提升用户的购买欲望，而用户购买需求的增加，将从另一方面增加平台商家的加入，提高商家的产品销售。一些消费金融平台为了吸引客户，还提供授信、免息期等增值功能，以增加用户体验。

1.4　消费金融发展的政策环境与发展现状

1.4.1　我国消费金融的发展历程及政策梳理

我国消费金融最早可追溯至 20 世纪 80 年代，从发展历程来讲，大致经历了萌芽期、探索期、高速发展期和规范整顿期。

1. 萌芽期：1985—2008 年

这一阶段以商业银行提供的信用卡、住房按揭、汽车按揭等为主，以持牌汽车金融公司提供汽车信贷产品为辅。

1985 年建设银行深圳市分行发放全国首笔个人住房抵押贷款，我国消费信贷业务开始起步。1987 年银行第一次推行针对耐用消费品的信贷业务，标志着我国消费金融业务的起步。我国是在 1997 年亚洲金融危机之后正式提出发展消费金融的。1998 年和 1999 年，中国人民银行响应中央经济工作组提出的扩大内需、促进经济增长的指导意见，正式把开展个人消费信贷业务提上日程；1998 年，中国人民银行相继发布了《个人住房贷款管理办法》和《汽车消费贷款管理办法(试点办法)》，对个人住房贷款和汽车消费贷款业务进行了规范；1999 年，中国人民银行发布《关于开展个人消费信贷的指导意见》，以指导商业银行为主的金融机构开展消费金融业务。2007 年，广东地区正式试点消费金融。当时银行主要与广东地区的担保公司合作，为消费者提供手机、电脑的分期付款业务。银行消费信贷主要服务于央行征信体系覆盖的高净值、高收入人群，产品以信用卡和汽车贷款为主，审核手续比较严格。该阶段提供的消费金融产品相对有限，服务人群也以央行征信体系覆盖的人群为主。

2. 探索期：2009—2014 年

为解决商业银行对个人信贷需求覆盖不足的问题，2009 年 7 月，原中国银行业监督管理委员会颁布了《消费金融公司试点管理办法》，批准北银、锦程、中银和捷信 4 家试点公司在北京、成都、上海和天津 4 个城市开展消费金融业务，标志着中国的消费金融行业正式起航。此后试点范围逐步扩大，消费金融公司成为行业的有效补充，推动了行业加速发展。这一阶段，持牌消费金融公司在审核方面的要求相对宽松，其产品主要的服务特点是小额、快速、无抵押担保，在一定程度上弥补了银行信贷无法覆盖的消费金融需求缺口。与此同时，自 2013 年开始，互联网公司、电商巨头等纷纷探索"互联网+金融"的模式。2009—2014 年的消费金融政策如表 1.2 所示。

表 1.2　2009—2014 年的消费金融政策

时　间	政策名称	发布机构	主要内容
2009 年 7 月	《消费金融公司试点管理办法》(中国银监会令 2009 年第 3 号)	中国银保监会	1. 明确申请设立消费金融公司应当具备的条件。消费金融公司的注册资本应为一次性实缴货币资本，最低限额为 3 亿元人民币或等值的可自由兑换货币。 2. 消费金融公司的主要出资人，要求具有 5 年以上消费金融领域的从业经验；最近一年年末总资产不低于 600 亿元人民币或等值的可自由兑换货币。 3. 明确消费金融业务由银监会监管

时　　间	政策名称	发布机构	主要内容
2013 年 9 月	修订《消费金融公司试点管理办法》(中国银监会令 2013 年第 2 号)	中国银保监会	1. 放宽了消费金融公司申请设立的条件。允许境内非金融企业作为主要出资人，发起设立消费金融公司。 2. 降低主要出资人最低持股比例要求，由 50%降为 30%。 3. 将消费金融公司发放消费贷款的额度上限由"借款人月收入 5 倍"修改为"20 万元人民币"。 4. 放开营业地域限制，改变现行消费金融公司只能在注册地所在行政区域内开展业务的规定；增加"接受股东境内子公司及境内股东的存款"业务。 5. 进一步增强消费金融公司主要出资人的风险责任意识，鼓励消费金融公司主要出资人出具书面承诺，在消费金融公司出现支付困难时，给予流动性和资本金支持

3. 快速发展期：2015—2017 年

2014 年以后，随着互联网经济的快速发展和金融环境的不断完善，大型电商、消费分期平台、网贷平台、P2P 平台、细分领域平台等快速布局消费金融，市场参与主体日益丰富。2013 年 11 月 14 日，银监会发布《消费金融公司试点管理办法(修订稿)》，提出了扩大消费金融公司试点，新增沈阳、南京、杭州、合肥、泉州、武汉、广州、重庆、西安、青岛等 10 个城市参与试点工作，香港和澳门地区的金融机构可在广州设立消费金融公司，支持居民家庭大宗耐用消费品、教育、旅游等信贷需求，鼓励民间资本探索设立消费金融公司。至此，消费金融公司试点城市由 2009 年的 4 个扩大到 16 个。2015 年 6 月 10 日，国务院常务会议决定放开市场准入，将原在 16 个城市开展的消费金融公司试点扩大至全国，并将审批权下放到各省级银监局，鼓励符合条件的民间资本、国内外银行业机构和互联网企业发起设立消费金融公司。截止到 2017 年持牌消费金融公司达到 20 家。同时互联网、大数据等新技术也给传统的消费金融运营模式带来了深刻变革，推动行业向线上化、数字化发展迈进，极大地拓展了服务半径，触达长尾客户，拓宽了市场增量空间。2015—2017 年的消费金融政策如表 1.3 所示。

表 1.3　2015—2017 年的消费金融政策

时　　间	政策名称	发布机构	主要内容
2015 年 12 月	《关于印发推进普惠金融发展规划(2016—2020)的通知》(国发〔2015〕74 号)	国务院	1. 确立了推进普惠金融发展的指导思想、基本原则和发展目标。 2.《规划》提出，到 2020 年，要建立与全面建成小康社会相适应的普惠金融服务和保障体系，特别是要让小微企业、农民、城镇低收入人群、贫困人群和残疾人、老年人等及时获取价格合理、便捷安全的金融服务，使我国普惠金融发展居国际中上游水平

时　间	政策名称	发布机构	主要内容
2015年11月	《关于积极发挥新消费引领作用加快培育形成新供给新动力的指导意见》(国发〔2015〕66号)	国务院	1. 提出了消费升级的六大方向，主要包括服务消费、信息消费、绿色消费、时尚消费、品质消费和农村消费，通过发挥新消费的引领作用，培育形成经济发展新供给新动力。 2. 推动金融产品和服务创新。支持发展消费信贷，鼓励符合条件的市场主体成立消费金融公司，将消费金融公司试点范围推广至全国
2016年3月	《关于加大对新消费领域金融支持的指导意见》(银发〔2016〕92号)	中国人民银行、中国银保监会	1. 积极培育和发展消费金融组织体系。鼓励有条件的银行业金融机构围绕新消费领域，设立特色专营机构。推进消费金融公司设立常态化，鼓励消费金融公司拓展业务内容，针对细分市场提供特色服务。 2. 加快推进消费信贷管理模式和产品创新。 3. 加大对新消费重点领域的金融支持。 4. 改善优化消费金融发展环境
2016年4月	《中国人民银行关于信用卡业务有关事项的通知》	中国人民银行	1. 取消了现行统一规定的信用卡透支利率标准，实行透支利率上限、下限区间管理，提升发卡机构信用卡利率定价的自主性和灵活性。 2. 取消了关于透支消费免息还款期最长期限、最低还款额标准以及附加条件的现行规定，由发卡机构基于商业原则和持卡人需求自主确定
2016年4月	《关于促进消费带动转型升级的行动方案》(发改综合〔2016〕832号)	国家发展和改革委员会	围绕十个主攻方向，出台实施"十大扩消费行动"

值得一提的是，这一时期，已经通过网络购物和社交平台积累了大量用户数据与丰富风控经验的互联网平台，绕过消费金融公司牌照，通过申请互联网小贷牌照，直接在某些特定的消费市场开展消费信贷业务，利用其场景细分、大数据丰富以及成熟的贷款申请系统，直接对借款人授信，并以此与渠道商合作或自行开发渠道。互联网公司在拥有大量用户、高频交易、场景优势后，金融自然成为变现的最佳渠道。至此，消费金融行业步入快速发展期。

4. 规范整顿期：2018 年至今

2017 年年底规范整顿"现金贷"的通知等一系列监管政策出台，对过度授信、不当催收、畸高利率、侵犯隐私等问题进行严肃整顿，行业进入规范调整阶段，众多违规 P2P、网贷平台等逐步清退，市场增速下降，合规发展成为主旋律。2018 年 4 月 27 日，中国人民银行、中国银行保险监督管理委员会、中国证券监督管理委员会、国家外汇管理局印发的《关

消费金融

于规范金融机构资产管理业务的指导意见》正式落地，对资产管理机构的资金杠杆、产品嵌套等方面加强约束，间接约束了消费金融平台的资金来源、资金杠杆等。自此，消费金融行业进入了全面整顿和规范阶段，2018 年是消费金融的合规发展之年。

随着规范整顿的深入，消费金融行业的发展格局正面临着巨大变革，消费金融行业开始进入规范期，对非持牌机构管控的趋严以及牌照发放门槛的提高，正规持牌消费金融机构竞争优势凸显，迎来政策红利期。与此同时，互联网、大数据、人工智能等技术的快速发展和应用也将对行业发展产生深远影响。

2020 年消费金融迎来关键一年。2020 年相关政策密集出台，进一步规范行业发展，包括牌照发放速度变快、全面清退 P2P、信用卡利率市场化、支持消费金融等政策。2018—2021 年的消费金融政策如表 1.4 所示。

表 1.4　2018—2021 年的消费金融政策

时　间	政策名称	发布机构	主要内容
2018 年 8 月	《关于进一步做好信贷工作提升服务实体经济质效的通知》(银保监办发〔2018〕76 号)	中国银保监会	1. 大力发展普惠金融,支持基础设施领域补短板; 2. 积极发展消费金融,增强消费对经济的拉动作用
2019 年 6 月	《关于加快发展流通促进商业消费的意见》(国办发〔2019〕42 号)	国务院	提出了 20 条稳定消费预期、提振消费信心的政策措施,主要包括: 1. 创新流通发展; 2. 培育消费热点; 3. 深化"放管服"改革; 4. 强化财税金融支持; 5. 优化市场流通环境
2020 年 7 月	《商业银行互联网贷款管理暂行办法》(银保监发〔2020〕第 9 号)	中国银保监会	1. 合理界定互联网贷款的内涵及范围,明确互联网贷款应遵循小额、短期、高效和风险可控原则; 2. 明确风险管理要求; 3. 规范合作机构管理; 4. 强化消费者保护; 5. 加强事中事后监管
2020 年 9 月	《金融控股公司监督管理试行办法》	中国人民银行	明确了金融控股公司准入条件和持续监管条件
2020 年 11 月	《网络小额贷款业务管理暂行办法(征求意见稿)》(银保监发〔2020〕第 9 号)	中国银保监会	划定了网络小额贷款业务经营红线。 1. 未经银保监会批准禁止跨省经营; 2. 明确了对自然人及法人(其他组织)的借贷上限; 3. 明确了再融资渠道及杠杆要求; 4. 明确了贷款用途限制及跟踪要求; 5. 禁止核心业务外包

时　　间	政策名称	发布机构	主要内容
2021 年 1 月	《消费金融公司监管评级办法(试行)》	中国银保监会	1. 设定监管评级要素和方法。 2. 明确监管评级操作程序。 3. 强化监管评级结果运用。监管评级结果分为 1 级、2 级(A、B)、3 级(A、B)、4 级和 5 级。其数值越大，表明机构风险越大，需要越高程度的监管关注

1.4.2　我国消费金融的发展现状

近年来，随着社会财富基础的持续夯实、人民物质精神需求的不断增长和科技在消费金融领域的深入应用和发展，我国消费金融行业发展进入"快车道"，已逐渐深入到社会生产、居民生活的诸多领域。多元化的消费金融平台通过互联网渠道提供 7×24 的消费金融服务，全面满足社会各阶层的消费需求，已经成为推动金融普惠发展、刺激消费需求、助力消费升级的重要力量。

1. 消费信贷余额

据艾瑞咨询的数据显示，从狭义消费信贷余额规模上看，这一指标已经从 2014 年的 4.2 万亿元上升到 2021 年年末的 17 万亿元，年复合增长率达 22.1%。未来，在消费作为推动 GDP 增长"三驾马车"中的主力驱动这一基本趋势保持不变的前提下，国内消费环境逐渐丰富，消费场景多元化和消费产品升级也将继续刺激居民消费，中国狭义的消费信贷余额将继续保持增长态势。预计未来几年，中国狭义的消费信贷余额规模将以 7.9%的年复合增长率持续增长，到 2026 年将接近 25 万亿元，如图 1.2 所示。

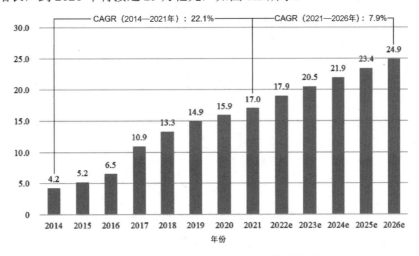

图 1.2　2014—2026 年我国狭义消费信贷余额

2. 消费信贷/消费支出

据苏宁金融研究院的统计数据显示，在消费信贷/消费支出方面，美国约为 30%，韩国约为 50%，我国约为 16%；在消费信贷/GDP 方面，美国约为 20%，韩国近 24%，我国约为 12%；在消费信贷/社会消费品零售总额方面，美国高达 66%左右，我国约为 16%。《中国普惠金融指数分析报告(2020)》显示，截至 2020 年年末，人均个人消费贷款余额为 51 万元，同比增长 11.8%；不含住房贷款的个人消费贷款余额为 1.07 万元，同比增长 7.9%。以不包括住房和汽车的狭义消费信贷为例，2013 年，中国狭义消费信贷约为 3 万亿元，而同期美国为 19 万亿元。截至 2020 年年底，狭义消费信贷规模增长至 14.2 万亿元，增速保持在两位数以上(2020 年除外)，高于美国同期水平。无论从消费金融的渗透率还是从绝对数量来看，我国与发达国家相比还有较大的差距。随着政策红利的不断释放、居民收入持续增长、消费观念逐渐转变，我国消费金融市场未来有巨大的发展空间。

1.4.3 我国消费金融市场发展的特点

我国消费金融市场的发展呈现以下特点。

1. 消费金融场景日趋丰富，与日常生活联系越发紧密

消费金融是最依赖场景的金融产品。随着消费金融监管的日趋严格和规范，消费金融开始进入"精细"发展阶段。在监管机构"脱虚向实"的要求下，消费金融提供主体逐渐开始深耕消费场景设计领域，以期通过开拓更丰富、更优质、更持续的消费金融场景来获取更多客户流量，拓展业务范围。

目前，消费金融提供主体开发的消费金融产品已经延伸到日常生活的诸多领域，基本覆盖了家居、装修、家电、教育、医美、数码、保险、出行、旅游等场景，极大地提高了借贷服务的可获得性和便捷程度。图 1.3 所示为消费金融的各种消费场景。

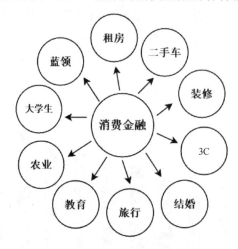

图 1.3 消费金融的各种消费场景

2. 消费金融客户群体呈年轻化、低收入化趋势

随着科技与消费金融业务的深度融合，特别是大数据风控、反欺诈技术的广泛应用，扩大了消费金融的客户群体，使得原先无法享受到正规金融服务的年轻、低收入群体可以分享到金融发展带来的红利。学生群体、蓝领阶层、农村居民可以通过互联网消费金融平台享受小额、短期借贷服务。

据中国银行业协会统计，2019 年 15 家消费金融公司的客户中 25%～50%是高中及以下学历，三线及以下城市人群占比超过 50%。月收入在 3 000～5 000 元的客户群体占比最大。与银行相比，消费金融公司的客户群体更下沉。

苏宁消费金融的数据显示，在苏宁易购分期购物的用户中，"80 后""90 后"用户合计占比超过 70%，其中，"80 后"占 32.4%，"90 后"占 41.2%，"90 后"超越"80 后"成为分期购物的主力人群。海尔消费金融公司的相关数据显示，其"90 后"用户占比超过50%。其他相关研究数据显示，月收入 1 万元以下的人群是消费金融的主要用户，其中月收入 3 000 元以下的群体占 25.3%。

1.4.4　消费金融细分市场的发展情况

从消费金融供给主体的发展情况来看，商业银行仍然是消费金融市场的主要参与者，信用卡业务依然是其开展消费金融的主要渠道；持牌消费金融公司发展总体相对较慢，但增速明显；互联网金融公司凭借场景、科技应用等优势，发展迅速。

1. 商业银行消费金融发展情况

长期以来，银行业金融机构是我国消费金融市场最主要的参与主体。中国人民银行公布的数据显示，2021 年年末，金融机构人民币各项贷款余额为 192.69 万亿元，同比增长11.6%；消费性贷款余额为 54.89 万亿元，同比增长 10.7%。2016—2021 年，消费贷款总额增速保持在 10.7%～25.8%，信贷总额的增速保持在 11.6%～13.5%。2020 年和 2021 年，消费贷款总额增速与信贷总额增速基本持平，其余年份消费贷款总额的增速高于信贷总额的增速，如图 1.4 所示。

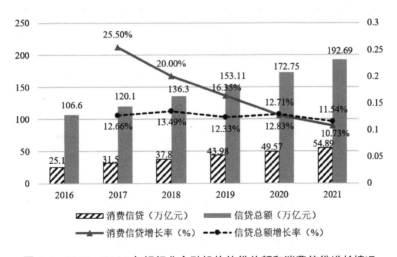

图 1.4　2016—2021 年银行业金融机构信贷总额和消费信贷增长情况

需要指出的是，银行业金融机构的消费贷款为广义上的消费贷款(包括住房贷款和汽车贷款)，75%左右为住房贷款，其余为一般性消费贷款，主要通过信用卡提供金融服务，占比在 80%以上。

2. 持牌机构消费金融发展情况

在发达国家，银行以外的持牌消费金融公司是消费金融行业的主要参与者之一。而我国因受设立门槛较高、资金来源有限、场景缺乏等因素影响，消费金融公司业务发展缓慢。Wind 的数据显示，截至 2021 年年末，我国持牌消费金融公司共有 30 家，其中有银行股东背景的有 20 家。2021 年 7 月 26 日，中国银行业协会发布了《中国消费金融公司发展报告(2021)》(以下简称《报告》)，《报告》显示，截至 2020 年年末，消费金融公司资产规模首次突破 5 000 亿元，达 5 246.49 亿元，同比增长 5.18%；贷款余额为 4 927.8 亿元，同比增长 4.34%；累计服务客户 16 339.47 万人(为各家机构数据加总，并未剔除重复情形)，同比增长 28.37%。相比商业银行消费金融业务，持牌消费金融公司占消费金融市场的规模有限。

3. 电商消费金融发展情况

近年来，互联网分期平台呈大幅增长态势，主要针对年轻人群或者传统消费金融难以覆盖的群体，如趣分期、分期乐等。

大型电商及服务平台主要依托其旗下网络小额贷款公司开展消费金融业务。2014 年京东金融、天猫商城相继推出京东白条、天猫分期，随后蚂蚁花呗上线，其他电商平台也相继推出类似产品，发展非常迅速。有数据显示，蚂蚁消费金融自 2021 年 6 月 4 日成立起至 2021 年 9 月 30 日，总资产达 600.98 亿元。与电商平台自身就是商品或服务提供者不同，互联网分期平台的主要模式是：客户在购买相关产品时，提交申请分期，分期平台先替客户垫付费用，客户再通过分期偿还分期平台。目前，分期平台所提供的产品和服务已从最初的在线分期购物及现金贷逐步扩展至线下消费场景，所提供的产品更加多样化。

伴随着互联网在全国范围内的迅速普及，众多互联网公司纷纷涉足金融领域，部分互联网公司成立互联网消费金融公司，积极投入消费金融领域，最具有代表性的公司就是以电商巨头为代表，为其众多用户提供个性化金融产品和服务，它们主要是利用了自己线上场景、相关的平台数据以及拥有众多用户的优势。京东是最早进入消费金融领域的电商之一，其消费金融发展迅速。2014 年 2 月，京东金融推出国内电商首个面向个人用户的消费金融产品——京东白条(一种在京东电商平台上"先消费，后付款"的支付方式，享受最长 30 天的延后付款期或最长 24 小时的分期付款方式)。阿里巴巴作为中国电商中的佼佼者，也一直走在消费金融领域的前列。2014 年 6 月阿里巴巴推出天猫分期购，12 月推出蚂蚁花呗，2015 年 4 月推出蚂蚁借呗。阿里旗下的消费金融产品主要有两款：主打消费分期的蚂蚁花呗和主打小额取现的蚂蚁借呗。随后在 2015 年，苏宁易购、去哪儿网、唯品会、小米相继推出了自己的产品，国美电器和聚美优品的产品也分别在 2016 年和 2017 年上线。提供消费金融似乎成了电商企业的新标配，甚至有文章称"不做贷款的电商不是好销售"。从信贷产品的本质来看，各家公司推出的信贷产品都与个人消费贷款类似，特点就是"先消费，后付款"，线上就可以申请，流程非常便捷，最快 1 分钟就能完成整个授信过程，并且这些产品可以进行分期付款，还具有一定时间的免息期。这些新型信贷产品的推出，不但为各大消费平台带来了巨大的销售量和销售额，同时也极大地推动了我国互联网消费金融的进一步发展。

阿里巴巴的"花呗""借呗"，京东的"白条""金条"，去哪儿网的"拿去花""借去花"，以电商生态为背景的消费金融产品如雨后春笋般出现。竞争的结果是消费者有了更多的选择，可以选择淘宝，也可以选择京东，可以选择信用卡，也可以选择像"花呗""白条"这样的免息支付产品，甚至可以选择分期。最终帮消费者作出决定的，不只是卖家的产品，还有电商提供的金融服务。主要电商平台的消费金融产品如表 1.5 所示。

表 1.5 主要电商平台的消费金融产品

公司	京东	淘宝	苏宁易购	去哪儿	小米	唯品会	国美电器	聚美优品
推出时间	2014年2月	2015年4月	2015年5月	2015年7月	2015年9月	2015年12月	2016年1月	2017年5月
消费贷	白条	花呗	任性付	拿去花	小米分期	唯品花	美易分	
现金贷	金条	借呗	随借随还	借去花	小米贷	唯品小贷		颜值贷

1.4.5 我国消费金融快速发展的驱动因素

驱动消费金融行业持续增长的因素主要有以下几个。

1. 政策支持

消费对中国经济的发展有着举足轻重的作用。扩大内需，提高居民消费水平，满足居民对更高生活品质的追求，逐步扩大消费占 GDP 的比重，是我国消费金融市场发展的主旨。从政策上看，2015 年，国务院发布《关于积极发挥新消费引领作用加快培育形成供给新动力的指导意见》，鼓励符合条件的市场主体成立消费金融公司，将消费金融公司试点范围扩大至全国。该政策的颁布，一方面放宽了对消费金融的限制，另一方面也肯定了消费金融的价值。政策的利好，也让资本对消费金融更加看好。

2. 用户群的形成

艾瑞咨询的数据显示，2016 年，按照中国人均可支配收入能力划分，在 30 岁以下的群体中，75.5%的人每月可支配收入低于 6 000 元，如图 1.5 所示；在 40 岁以下的人群中，近45%的人群曾使用过分期消费，超三成人群没有使用过分期消费，但对此很感兴趣，如图 1.6 所示。更值得注意的是，成长于互联网时代的"90 后"等年轻群体的崛起亦给消费金融带来了庞大的用户群。对于以"90 后"为代表的年轻群体来说，便捷化、即时享乐是他们价值观的组成部分，加之支付便捷化弱化了他们的货币观念，在消费受收入水平制约的背景下，他们的超前消费意愿更强烈。

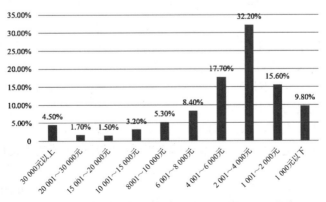

图 1.5 2016 年中国 30 岁以下人均可支配收入人口占比

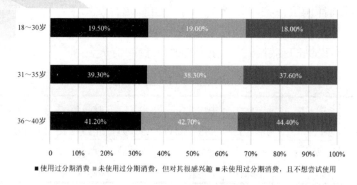

图 1.6　2016 年中国 18～40 岁人群超前消费意愿比例

3. 市场潜在需求

与庞大的用户群相对应的则是极低的中国消费信贷渗透率。我国居民最终消费支出由 2012 年的 27.5 万亿元提升到 2020 年的 56.1 万亿元，最终消费支出占 GDP 的比重由 51.1% 提升到 54.7%，显著低于美欧等西方国家和地区。同时，我国消费信贷渗透率(消费贷款余额/社会消费品零售总额)仅为 38%，显著低于美国 68% 的水平。随着内需在新发展格局中战略基点作用的不断增强，消费占 GDP 的比重将稳步提升，消费信贷渗透率也将进一步提升。假设消费年均增长 8%，渗透率达到 50%，则 2025 年我国消费贷款有望达到 30 万亿元，年均增速约为 15%，将显著高于一般贷款的增速。

艾瑞咨询的数据显示，2015 年，我国信贷人口渗透率仅为 27.6%，而同时期美国信贷人口渗透率为 82.0%。相较于美国，我国信贷人口渗透率明显不足。除了社会观念和顶层设计外，过去传统金融机构的服务能力有限也是造成信贷人口渗透率不足的主要原因。

"随着'95 后'年轻人陆续步入社会，他们是当下社会中最活跃的参与者，也是新生事物的推广者，引领着新一代潮流的兴起。与父辈们储蓄式的消费观念不同，如今的年轻人使用信用卡消费的趋势越来越明显，虽然他们现阶段收入有限，但却蕴含着巨大的消费潜力。"2019 年 11 月，广发银行发布的《95 后人群信用卡消费场景研究报告》显示，近年来在"互联网+"新业态的影响下，互联网消费信贷快速崛起。各大电商推出的互联网消费金融产品层出不穷，如蚂蚁花呗、京东白条、任性付等因其申请门槛低、手续简单、使用便利等特点，深受年轻人喜爱，是许多"95 后"尝试使用信用消费产品的首选。

上述报告进一步指出，"95 后"比其他年龄段的人更敢于进行大额的超前消费。在收支比上，多数"95 后"每月的信用卡消费支出占自身月收入的 20%～60%，而消费大于收入七成以上的情况占了 21.7%，甚至有不少人超过当月收入。由于收入有限，又热衷于消费，而各类消费金融产品又能通过手机快捷获取，所以借贷消费已成为年轻人的重要选择。

2019 年 11 月，尼尔森市场研究公司发布了《中国消费年轻人负债状况报告》，该报告基于尼尔森市场研究公司 2019 年 9—10 月对 3 036 名中国年轻消费者的在线访问得出。报告显示，当前中国年轻人中，总体信贷产品的渗透率为 86.6%，由于"90 后""00 后"约占总人口的 23%，所以他们将主导未来 5～10 年的中国乃至全球的消费格局。

4. 科技推动

相对于传统金融机构的用户群，长尾市场用户规模较大，这为消费金融带来了更大的风险控制和风险定价的挑战，而科技的发展让迎接这些挑战变为了可能。大数据、云计算、机器学习等反欺诈技术的逐渐成熟与应用，对消费金融业务的效率提升起到了举足轻重的作用。它改变了传统授信业务的模式，通过构建数据模型，实现业务的自动审批和流程优化。与此同时，应用机器学习技术的反欺诈模型，也改变了贷后管理的频率，能够高频跟进客户还款情况，及时发现违约风险。

在市场供求方面，依托科技力量的支持和网络环境的优化以及客户终端的普及，消费金融越来越多以线上的方式呈现给客户，其易获得性得到了前所未有的提升。因此，客户对于消费信贷的需求也日益凸显。

1.5　消费金融的产业链

消费金融的产业链一般包括消费供给方、消费需求方、消费金融服务平台以及外围服务方等，如图 1.7 所示。

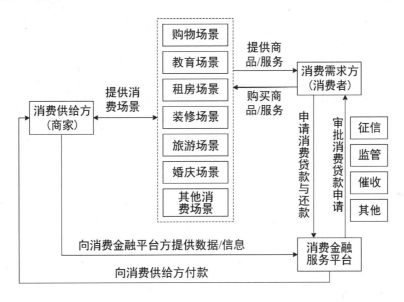

图 1.7　场景消费金融的产业链

1.5.1　消费供给方

消费供给方是指提供消费服务的机构，包括商品供应商、服务提供商等。各大互联网公司持续深挖用户需求，提供质优价廉的商品和服务。各大互联网公司(如阿里、腾讯、百度、京东等)深度参与其中，满足我们日常的吃、喝、住、用、行等需求。

场景消费金融通常需要资金提供方和消费供给方合作，商定资金流转的具体方式，这和传统现金贷业务中贷款和消费分离的情形有着较大区别。

1. 商品供应商

商品供应商主要是以手机、电脑等 3C 产品类信贷为主，特点是单笔借款额低而分散。

2. 服务提供商

服务提供商主要包括医疗、旅游、教育、驾校等领域的生活服务类信贷产品，以及目前由传统银行主营、部分互联网金融平台涉足的房屋装修、房屋租赁等金额较大的信贷产品。

3. 资金提供商

消费金融的核心就是资金。消费金融提供主体获取资金的方式有很多，主要包括以下几种。

(1) 银团贷款：由获准经营贷款业务的一家或数家银行牵头，多家银行与非银行金融机构参加而组成的银行集团采用同一贷款协议，按商定的期限和条件向借款人提供本外币贷款或授信业务。

(2) 股东存款：消费金融公司成立时，有很多控股公司，消费金融公司可用股东自有资金进行放款。

(3) 银行借贷：消费金融公司与银行合作，银行对消费金融公司进行授信，开展联贷和助贷业务。

(4) 信托：信托公司从机构和个人处募集资金后，与消费金融公司开展合作，消费金融公司提供底层资产，信托公司提供资金。

(5) ABS：ABS 融资模式是以项目所属资产为支撑的证券化融资方式，即以项目资产可以带来的预期收益为保证，通过在资本市场发行债券来募集资金的一种融资方式。该模式与信托模式类似，但是底层资金的获取方式和结构不同，消费金融在交易结构中提供底层项目资产。

(6) 金融债：金融债是银行等金融机构作为筹资主体，为筹集资金而面向个人发行的一种有价证券，是表明债权、债务关系的一种凭证。发行金融债券是银行等金融机构为了筹集资金用于特种贷款的一项主动负债业务，是银行及非银行机构筹集资金和扩大信贷资金来源的重要方式。

(7) 同业拆借：经中国人民银行批准，进入全国银行间同业拆借市场的金融机构之间，通过全国统一的同业拆借网络，进行的无担保资金融通行为。

1.5.2 消费金融需求方

消费金融需求方是指在各消费场景中有金融需求的人群。分析不同场景下人群的需求，能更好地为客户提供金融服务。需求的分类维度很多，以下为消费金融客户的常用分类方式。

(1) 按客群进行分类，消费金融客户可分为婴幼儿、学生、蓝领、白领、家庭主妇、码农等。

(2) 按出生年龄进行分类，消费金融客户可分为"80 前""80 后""90 前""90 后""95 后""00 后""05 后"，不同年龄段人群的消费水平参差不齐。

(3) 按地域进行分类，消费金融客户可分为一线城市、二线城市、三线城市、四线城市。

(4) 按行业进行分类，消费金融客户可分为旅游、餐饮、酒店、出行、购物、生活等。

(5) 按需求频率分类，消费金融客户可分为十年单位需求、年单位需求、月单位需求、日单位需求，需求频率越高，越为日常生活的刚需。

需求是消费金融的源头，推动着经济的持续发展。随着科技的发展、社会的进步，需求会发生变化，比如外卖行业、出行行业等。关键要素的变更，使整个行业发生巨大的变化。在消费金融链条中，需求的形式一直在变，满足需求的方式也在不断地变更，但是底层逻辑没变。

1.5.3　消费金融服务平台

消费金融服务平台是指向用户提供信用卡和个人消费贷款业务的机构，消费者可以直接向服务方申请相关服务。另外，消费者也可以在不同的消费场景下通过助贷平台或场景方来满足自己的借款需求，享受产品或服务的分期支付。助贷平台作为消费者和资金方的连接者，以助贷、联合贷款等方式为消费者提供服务。自 2016 年以来，随着国家出台一系列刺激消费的政策，逐渐放开消费金融牌照管制以及消费者消费能力提升和居民消费理念的转变，越来越多的金融机构、金融科技平台和持牌的科技企业为有需求的消费者提供了相应的消费金融产品或服务。消费金融供给主体主要有以下三类。

1. 商业银行

囿于银行传统的风险控制要求和审核流程，这类机构存在门槛高、审核时间长、对借款人信用背景要求高的特点。因此，除了传统的信用卡业务外，这类金融机构的普通消费类贷款业务并不见长。

2. 持牌消费金融公司

这类消费金融公司作为持牌的非银行金融机构将贷款业务嵌入普通的消费场景中，通过与商户合作直接从事个人消费贷款业务。但其同样受到资本充足率、推广人员的水平、合作商户等的限制，只能在某些特定行业(如家电行业)开展有限规模的业务活动，不能在消费贷市场形成大的信贷规模和影响力。

3. 电商金融服务平台

京东白条、蚂蚁花呗等电商金融服务平台，以及一些线下实体企业(如 vivo、OPPO 这类手机厂商)，通过“免费拿，分期付”的消费金融计划扩大产品的销售规模，这些主体依托大型电商平台或者线下销售店铺所提供的销售服务，实现消费与借款的实时匹配。

从市场占有率的角度来看，目前，商业银行依然是我国消费金融行业中市场份额最大的资金提供方。拥有牌照和放贷资格的消费金融公司则在一定程度上作为商业银行消费金融业务的补充，帮助商业银行实现长尾客群覆盖。与此同时，消费金融公司也可以帮助一些城市商业银行突破经营地域的限制，扩大业务范围。

1.5.4　外围服务方

外围服务方是指消费金融运转过程中的监管、助贷机构，以及征信、增信、催收等服务单位。

1. 助贷机构

助贷就是为放贷机构的贷款业务提供支持和帮助。而提供支持和帮助的机构就叫作助贷机构。助贷的历史悠久，在银行过往的房贷、汽车金融及大额消费贷等业务中，都有助贷机构活跃的身影，那时候它们叫"中介"，以线下为主要活动场所，售房处、汽车4S店、大型商场是它们主要的战场。自从2013年互联网金融兴起，银行开始转战线上。但是，这时候，银行要么线上渠道还没有建立起来，要么有线上渠道，但是没有流量。线上贷款时代，银行更需要助贷。在商业银行互联网贷款管理新规颁布之后，银行和互联网平台的很多合作都转移成了助贷模式。

助贷机构是指拥有流量或风控初筛能力的机构。在业务模式上，助贷机构往往与传统金融机构合作开展放贷业务。其中，助贷机构提供导流、面签、风险审核与消费贷款定价、贷后管理等其中或全部环节的服务。需要注意的是，助贷机构本身并不直接发放贷款。

助贷机构分为持牌金融机构与一般商业机构，前者如小额贷款公司、融资担保公司、保险公司等；后者一般包括电子商务公司、大数据公司、信息科技公司、贷款催收公司等。商业银行与一般商业机构在合作或服务上以导流服务(即营销获客)、信息科技与逾期催收三项内容为主。

助贷机构的流量来源于两种渠道：自有平台流量或通过其他平台外采流量。前者多为大型互联网公司，自身拥有丰富的流量资源，在此基础上开展信贷业务，如蚂蚁集团、腾讯金融、美团金融等。后者多为风控初筛能力较强的金融科技公司，外采流量后，通过强大的科技实力对客户做风控筛选，并将筛选后的客户推送给合作方，代表性机构如360数科、信也科技、乐信等。

2. 征信服务方

征信服务方是指为消费金融提供主体提供个人征信信息及大数据的各类机构。除人行征信外，当前获得个人征信牌照的市场化公司只有百行征信及朴道征信。百行征信是我国第一家获得个人征信业务经营许可的市场化公司，由中国互联网金融协会(36%)联合芝麻信用(8%)、讯征信(8%)、前海征信(8%)、考拉征信(8%)、鹏元征信(8%)、中诚信征信(8%)、中智诚征信(8%)、华道征信(8%)等八家机构共同发起组建。公司于2018年3月19日在深圳注册成立并落户福田，注册资本为10亿元。百行征信专注于征信、信用评估、信用评级、数据库管理等业务，是一家从事个人征信、企业征信及相关产业链开发的信用信息产品与服务供应商。其个人征信业务基于百行个人征信数据库的基础征信产品，面向加入百行信用信息共享的机构、消费者依法提供个人信用报告查询服务。朴道征信于2020年12月28日成立，并于2021年2月2日在北京正式揭牌。这是继百行征信后我国第二家个人征信机构。朴道征信的注册资本为10亿元，北京金控集团持股35%，京东数科持股25%，小米持股17.5%，旷视科技持股17.5%，北京聚信优享企业管理中心(有限合伙)持股5%。朴道征信将坚持市场化运作机制，以"征信+科技"为核心竞争力，在法律的框架内专注于非信贷替代数据的深度挖掘分析，致力于解决传统金融服务难以覆盖的信用白户或准白户的融资支持问题。

其他公司主要是金融科技或大数据公司，为助贷方或商业银行提供评分，如同盾、百融云创等。

3. 增信方

增信方是指为供给方提供担保服务的公司。增信方一般只能是融资担保公司或者保险公司。很多互联网巨头成立了融资担保公司，以为资金方提供担保服务。近年来，在互联网金融强监管背景下，互联网金融公司纷纷转型，与银行、信托、消费金融公司等金融机构合作开展助贷业务时，金融机构为了控制风险，一般要求互联网金融公司提供担保。因此，融资担保牌照是互联网金融机构开展助贷业务时必需的。当前，多家美股上市的互联网金融平台都已拿到融资担保的牌照，如嘉银金科、信也科技、乐信、小赢科技、趣店集团、360 金融等。在当前实际业务中，保险公司或融资性担保公司增信的背后，多数会由助贷方签署反担保协议，但实际风险仍由助贷方来承担。实践中不少融资担保公司实际上是"空壳公司"，只具备提供融资担保服务的资质，而不具备承担担保责任的能力。对于这种类型的融资担保公司，商业银行在与其合作时须加强对其增信能力的审查。

4. 催收机构

催收机构负责逾期业务的催收工作。一般金融机构会设自有的催收团队，逾期产品一般由金融机构先期催收，超过一定期限后转交专业的催收公司催收，催收公司按照催回比例分成。当资产超过 180 天或更长时，资产方可以考虑低价出售资产给资产管理公司，由该类公司负责不良资产的处置。不同的资产对应的折价率也有较大差异，消费金融公司的不良资产约为本金的 5%，银行的不良资产为本金的 15%～30%。

企业自行催收、法律诉讼催收和委托专业机构非诉催收这三种催收方式的比较如表 1.6 所示。

表 1.6　企业自行催收、法律诉讼催收和委托专机构非诉催收的比较

项　目	企业自行催收	法律诉讼催收	委托专业机构非诉催收
费用	最少/最高 如果短期收回，费用是最少的，但如果计算机会成本、边际利润、商誉等就价值不菲了	最高 诉讼费用很高，时间长，而且随着时间的推移，无法确定费用数目	中等 没有回款不收取任何费用，大大地减少了前期投入；有回款后按比例支付佣金
效率	中等 企业人员会因为缺乏法律知识、时间缺乏、要面子等问题收不回来	较低 因为所有的工作都要根据法律章程而定，所以时间比较长，而且债务人变化无常	最高 (1) 利用关系网，并配合有丰富经验的商账顾问，将在第一时间内主张客户债权。 (2) 追账人员的收入与回收金额成正比，催收动机强
时间	最少/最差 如能在发生时马上催讨是最好的，但如果担心客户关系，或者因其他工作而一拖再拖，就会变为最差	最少 尤其是异地诉讼，费用、时间都很难把控	最差 当日委托，次日催收，确保最佳时机主张债权
客户关系	最好 债权人了解债务的形成以及债务人的实际情况，可以最大限度地维护客户关系	最差 最具冲突性的方法，事情无法逆转，双方将"老死不相往来"	中等 是在双方尽可能合作的前提下找出适合债务人的催收方法

续表

项 目	企业自行催收	法律诉讼催收	委托专业机构非诉催收
债权保障	最差 缺乏法律知识及权威机构威慑力	最好 对于债权债务的裁决最具权威性	较好 委托信誉良好的专业催收公司，保障也很大
其他	海外欠款，由于语言、法律不通，导致时间、费用无法估量	通常诉讼时间长，不一定保证能胜诉，不管结果如何，前期投入都很大；即使胜诉，法庭也不确保能收回，只是确认了债权	专业催收公司对当地的司法、商业环境以及关系网络都熟悉，对当地的债务人有一定的阻吓力和影响力

5. 监管机构

在消费金融产业链中，直接参与监督管理消费金融公司的监管主体是中国银行保险监督管理委员会(简称银保监会)。消费金融公司的试点和运营过程都受到银保监会的监督。此外，中国人民银行征信管理局监督管理征信系统及其接入机构相关征信行为，维护征信信息主体的合法权益并加强个人征信信息保护。

本 章 作 业

1. 简述我国消费金融的发展现状、特点及其快速发展的驱动因素。
2. 简述外围服务机构在消费金融中的作用。

第 2 章　消费金融的场景化与商业模式

本章目标

- 了解场景和场景金融，熟练掌握场景化消费金融的内涵、特征和作用。
- 了解场景化消费金融的实现条件。
- 熟练掌握场景化消费金融的产业链和场景化消费金融的商业模式。
- 了解家装消费金融、旅游消费金融、医美消费金融和教育消费金融的业务模式。
- 掌握消费金融各参与主体场景化消费金融的应用情况。

本章简介

消费金融是最依赖场景的金融产品。通过本章的学习，读者将对场景金融和场景化消费金融有一个比较清晰的认识，了解场景化消费金融的实现条件；还将了解消费金融各参与主体场景化消费金融的应用情况、场景化消费金融的产业链、场景化消费金融的商业模式；此外，还将了解场景化消费金融细分领域(如家装消费金融、医美消费金融、旅游消费金融和教育消费金融)的业务模式。

2.1　场景化消费金融概述

2.1.1　场景在消费金融中的作用

"场景"一词由"scenes"翻译而来，国外学者对场景的研究更多的是使用"context"。最初根据"场景"在电影中的应用来看，它包括对白、场地、道具、音乐、服装和演员等影片希望传递给观众的信息和感觉。

根据国家统计局每年公布的《国民经济和社会发展统计公报》来看，我国居民消费支出包括八大类，分别是食品烟酒、衣着、居住、生活用品及服务、交通通信、教育文化娱乐、医疗保健和其他用品及服务。我们平时所说的消费场景就是指上述八大类型。场景在消费金融中的作用主要体现在以下三个方面。

1. 场景是批量获取客户的需求

随着金融准入政策不断松绑和技术门槛的不断降低，与居民生活消费相关的各类交易场景天然融合的金融需求将更加容易满足。通过将金融流程和产品围绕交易进行重构，实现物流、信息流、资金流的交易场景化、动态化、可视化，将极大地提高效率，降低成本。因此，消费需求场景将越来越成为消费金融服务的入口，而通过与场景的融合，消费金融将更加受到消费者的青睐。

从客户营销角度而言，单笔支付金额较高的消费场景本身就有信贷的潜在需求，这些场景自然地成为金融机构批量转化客户的入口。加上场景方出于提高自身销售量、增强客户黏性的考虑，可进行适当的补贴，分担金融机构获取客户的营销成本。目前，除了支付金额较高的场景嵌入了金融服务，也出现很多对于小额消费提供分期支付的金融服务。

2. 场景聚焦用户特征

同一类场景下批量获取的信贷客户的特征比较一致，消费能力大体相当，具有相似的消费需求。举例来说，在家装场景中，客户多数是为自有住房装修，这就意味着客户具备购买自有住房的资金实力，在本地拥有稳定居所。向具有这类特征的客户提供信用贷款，并向其他需求进行延伸服务，做到通过场景圈住一批客户，打开深入客户多方面的金融信贷需求的通道。

3. 场景是风险管理的需求

消费金融最重要的是对用户的信用进行把控。场景中的客户资质、消费需求、交易行为、资金流向等信息，可用来对贷款用途的真实性进行判断，防止欺诈、骗贷；对客户资质水平进行评估，预测客户还款能力；同时，控制交易和资金流向，形成了资金、信息、商品的闭环。一些信贷场景具备在一定期限内较强的客户黏性，金融机构能够及时获取借款客户的贷中、贷后信息。举例来说，在就业导向的培训场景下，由于学员需要在一定期限内完成学习任务，金融机构通过培训机构能够充分了解借款学员的最新情况，及时掌握可能出现的退学、无法毕业等特殊情况，并快速地采取保全措施。在学员毕业时，有一些培训机构会为学员推荐就业单位，并且统计就业去向，更新联系方式，这些都为贷后客户触达管理提供了良好基础，避免借款人发生失联。

由此可见，在这些场景下，购买行为伴随着个人信贷需求，场景成为个人消费金融服务一种重要的市场切入方式及风险管理模式，因此场景成为消费金融的必争之地。

总之，消费金融是最依赖场景的金融产品。

2.1.2 场景化消费金融的内涵、特征

1. 场景化消费金融的内涵

根据是否与特定消费场景相结合，消费金融分为无场景(主要为现金贷)消费金融和场景化消费金融。场景化消费金融是指提供消费金融业务的主体将消费金融业务(消费贷)嵌入大众吃、穿、住、行等日常消费的不同场景中，为消费者提供满足需要的各种金融服务。用直白的语言来解释，就是将客户的借款事实放在一个特定的交易背景中，由此，金融机构或平台能够比较容易地掌握客户借款的资金用途与需求额度，有些场景本身也是对借款客户资质的背书。场景的搭建给消费金融市场带来流量和客户，激发消费者产生更多的消费需求。

场景化消费金融以金融为基础，与消费场景深度融合，使金融服务渗透到各种消费场景中，一方面，增强了客户黏性，让客户对产品和平台产生足够的信任感；另一方面，让消费金融产品有了更长的生命周期，让消费者可以得到专业、快捷的金融服务。

对于场景化消费金融中的"场景"，需要明确以下两点。

第一，消费金融对"场景"的应用由来已久。个人按揭房产抵押是银行很早就基于场

景提供的个人消费金融服务。在该场景下，借款资金用途明确，资金流向可控。该场景与现在经常提及的消费场景不同的是，授信额度通常较高、期限长、有抵押，消费过程与贷款申请过程明显拆分成两个环节，即时性欠缺。信用卡作为个人消费金融的重要载体，也尝试引入了消费场景。以某股份制商业银行信用卡中心 2012 年推出的"瞬时贷"产品为例，在合作商户的消费场景内实现了实时办卡、实时消费。其具体流程是：客户在合作商户的卖场内挑选中意的商品或服务，在支付价款时，现场通过 PAD 办理信用卡，实时审批授信，客户就可直接享受所购商品或服务。所办理的信用卡会邮寄至客户指定地址，客户按账单进行还款或办理分期即可。

第二，"场景"并非单纯指线下的消费场景。众多消费金融公司或平台与线下商户开展多种合作，在 3C 卖场、家电卖场、培训机构、医疗美容机构等线下商户驻点办理消费贷款，并掀起对线下消费场景的激烈争夺。这些"场景"也同样适用于线上，典型的如淘宝、京东的电商平台上为客户提供的消费贷款，在支付环节，客户可以选择"花呗"或"白条"产品，本质上都是在线上消费场景内嵌了消费信贷。

2. 场景消费金融与场景金融的比较

场景消费金融不同于场景金融与消费金融，而是两者的跨界融合。场景金融在互联网诞生之前就已经存在。场景金融，顾名思义，即"场景+金融"的模式，是指利用金融科技，将金融活动有机地嵌入各类场景服务中。简单来讲，就是将金融服务融入人们的日常生活中，借助场景提供金融服务解决方案。场景金融包括金融的存、贷、汇，第三方支付以及相关的金融产品延伸服务，主要可分为支付、融资及投资场景。支付金融业务方面，比如支付和打车场景结合；融资金融业务方面，如商业银行的互联网信贷、互联网消费金融等；投资金融业务方面，如阿里巴巴的余额宝销售天弘基金的货币基金、铜板街网站销售银行理财产品等。

提到场景金融，金融机构与场景方合作的第一诉求是"获客"，第二诉求是"增信"。"获客"就是引入客户，即"流量要素"。"增信"就是获得更多的客户信息，即"数据要素"。

场景金融的四要素如下。

一是流量要素。场景通过主营业务积累的上下游客户群体，即为流量要素。流量要素有助于金融机构获取客户数据。

二是数据要素。场景通过主营业务沉淀的商流、物流、资金流等数据，即为数据要素。数据要素有助于金融机构刻画更加全面的客户风险画像。

三是交易要素。场景方将金融产品嵌入场景方与上下游的交易流程中(大多采用"受托支付"和"应收账款融资"等模式)，即为交易要素。交易要素有助于金融机构把控资金用途，全方位刻画客户画像，提升客户黏性等。

四是信用要素。场景方通过保证金、担保、回购、货押等模式，为客户提供第二还款来源，即为信用要素。信用要素的增加，将场景平台进一步与金融机构进行了"绑定"，提升了场景金融的风险复杂度。

场景化金融已潜移默化地融入我们的生活中。随着当前区块链、5G、人工智能、大数据等互联网技术的高速发展，场景金融更是有了互联网科技的支撑。通过新技术环境为客户提供极致服务，使用户及商家共同获益是场景金融的真正意义所在。总之，场景金融通过"金融+场景"的方式，满足了客户端到端的金融需求，创造了客户营销合作新模式，实现了精准化营销的同时，也降低了客户和金融机构的成本。

场景化消费金融只聚焦于融资场景。消费金融既包括场景化消费金融，也包括无场景消费金融。

3．场景化消费金融的特征

1）　注重个性化的消费需求

移动互联网使各种各样的场景相互连接、相互交错，从而形成一张巨大的关系网，差异性的消费个体是关系网中的核心点。移动互联网时代正悄然地改变着我们的生活，消费者更注重个性化的消费需求，尤其是网络时代的原住民——"90 后""00 后"，价格已退位让贤，取而代之的是用户体验及用户满足度，即相比价格敏感性，消费者更具有价值敏感性。灵活地适应消费者的需求，利用"长尾效应"，满足零散的、差异化的尾部需求，将形成庞大的消费群体。

2）　基于可量化的数据挖掘

随着大数据时代的来临，人们生活的方方面面均可被演绎成可量化的数据，场景的背后均是可量化的数据。互联网可对积累的数字进行处理，使其变成适合催生、构建商业形态的数据。通过大数据，不同的机构可以了解消费者是谁、消费者所处的位置、消费者的喜好甚至消费者下一步可能会做什么，不断收集、积累数据，然后通过数据来洞察消费需求，从而搭建新的消费场景，有效地促进消费。

3）　基于消费者体验的情景再现

"体验"是决定消费者消费意愿、消费动机乃至最后转化环节的核心，场景构建是一种基于体验性质的生活情景再现，因为控制权在消费者手中，消费者在体验的过程中会有多种需求，构建有内容、真实的场景才能让消费者有体验的动力，而消费者通过卓越的体验才能成为拥护者。因此，提升消费黏性的前提就是要使场景融入消费者的生活之中，满足消费者新的情感需求，创造极致的用户体验。

4）　场景跨界趋势明显

在基于消费者体验的情景再现的基础之上，消费者被分成了无数小群体，每一个小群体对于场景的需求都是不同的，因此出现了多种场景下的消费金融。在互联网的连接下，多种场景可以串联起来，不同行业、不同领域可以灵活、有效地连接在一起，这种趋势随着移动互联网的发展正演化为常态，场景之间的界限越来越模糊，在服务并拓展了消费者的同时，实现了合作共赢。

2.1.3　消费场景细分及金融产品选择

1．消费场景细分

国家统计局每年发布《国民经济和社会发展统计公报》，其中就包括我国居民消费支出情况。

国家统计局《2021 年国民经济和社会发展统计公报》显示，2021 年，全国居民人均食品烟酒消费支出 7 178 元，增长 12.2%，占人均消费支出的比重为 29.8%；人均衣着消费支出 1 419 元，增长 14.6%，占人均消费支出的比重为 5.9%；人均居住消费支出 5 641 元，增长 8.2%，占人均消费支出的比重为 23.4%；人均生活用品及服务消费支出 1 423 元，增长 13.0%，占人均消费支出的比重为 5.9%；人均交通通信消费支出 3 156 元，增长 14.3%，占人均消费支出的比重为 13.1%；人均教育文化娱乐消费支出 2 599 元，增长 27.9%，占人均消费支出的比重为 10.8%；人均医疗保健消费支出 2 115 元，增长 14.8%，占人均消费支出的比重为 8.8%；人均其他用品及服务消费支出 569 元，增长 23.2%，占人均消费支出的比重为 2.4%。其中，食品烟酒和居住支出占比最高。2021 年我国食品烟酒消费支出和居住消费支出之和占全部人均居民消费支出的 53.2%。图 2.1 是 2021 年我国居民人均消费支出及构成。

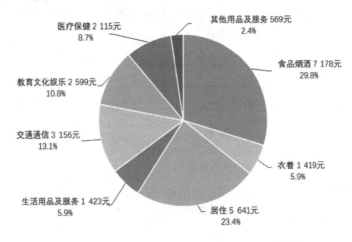

图 2.1　2021 年我国居民人均消费支出及构成

我国居民消费支出呈现以下特点。一是消费需求由满足日常需求向追求品质转变，高品质、多功能、智能型的产品日益受到追捧。二是消费渠道由单纯的线下向线上、线下、O2O 等多种方式融合转变。2021 年全国网上零售额达 13.1 万亿元，同比增长 14.1%，占社会消费品零售总额的比重为 24.5%，对社会消费品零售总额增长的贡献率为 23.6%。三是消费品类从以商品为主向商品和服务并重转变。近年来，餐饮、家政、健康、养老等服务消费快速发展，服务消费起步虽比较晚，但发展速度已经明显快于商品消费，大有后来者居上的趋势。四是消费行为从标准化向个性化、多元化转变。随着我国城镇化的不断发展，城镇居民的消费行为差异化越来越明显，个性化、多品种、定制式的商品和消费越来越多，包括一些体验式的消费，这都是非常体现个性化的总趋势。五是消费理念从讲排场、重攀比向绿色节约转变。高端的消费倾向逐步向平装、简装、大众化、节约型、绿色型等产品和包装发展。我国消费市场的新特点和新变化，为各类消费场景建设提供了广阔的空间，也促使各类场景消费金融模式出现。

2. 场景化消费金融业务分类

无场景，不金融。场景金融和人们的日常生活消费紧密相连，也是金融助推实体经济的鲜明表现，而贴近生活的各种消费场景，正是普惠金融的目标。场景化消费金融根据垂直场景，可分为购物场景、教育场景、旅游场景、房产后市场场景(租房场景、装修场景等)、汽车后市场场景、医美场景等。此外，校园场景作为针对特定人群所开展的消费金融服务，

消费金融

具有无场景和场景化双重属性。表 2.1 所示为场景化消费金融业务分类比较。

表 2.1　场景化消费金融业务分类比较

场　景	服务形式	对　象	主要机构
购物场景	在购买商品或服务时进行分期支付或获得消费贷款，包括银行与商家合作提供的商品分期、互联网电商提供的消费贷款、与电商无关的向银行申请的消费贷款	普通购物消费人群	京东金融、蚂蚁金服等
教育场景	用于购买教育类产品或服务的信用贷款，包括教育技能培训、考试费用、学费贷款等	有课程培训需求的人群，如学生、职场人士等	蜡笔分期、百度有钱、京东教育白条
旅游场景	旅游费用的消费贷款	有旅行需求的人群	携程、途牛
汽车后分期	用于车辆购买后的消费分期	有购车需求人群	易鑫车贷、车国
租房分期	用于租房贷款，由第三方支付	学生和其他有租房需求的人群	会分期、嗨住
装修分期	设计、施工、主/辅材料购买费用贷款	有装潢需求的人群	优优宝
婚庆场景	为婚礼筹办、婚礼服务等场景提供消费贷款	有结婚消费需求的人群	结婚贷、新婚宝等
其他场景	基于其他消费金融场景所提供的消费贷款服务	有其他消费需求的人群	其他消费金融机构，主要为互联网消费金融机构

3. 不同消费场景的消费金融产品选择

在消费支出各大场景中，食品烟酒、交通和通信、衣着等均为小额高频场景，金额小，贷款的必要性也低，支付属性强于分期属性。这部分场景，只能通过先支付、后账单分期的方式来做，市场基本被信用卡和少数带有免息期的支付工具组合(如支付宝&花呗、苏宁支付&任性付等)等占据。

在此背景下，耐用品消费(如手机、家电等)、居住、教育、医疗等大额低频场景，成为消费金融各参与主体争抢的对象。

大额低频场景又可分为两种：一是耐用品消费，如手机等 3C 产品、电视机等大家电、汽车等；二是服务性消费，如租房、教育、医疗、旅游等。

耐用品消费是过去几年消费金融机构的主要分期场景，无论是蚂蚁花呗、苏宁任性付等电商系消费金融产品，还是各家消费金融机构的线上分期平台，3C 产品都是主角。不过从渗透率上看，除了汽车之外，耐用消费品的家庭渗透率已经很高，增长潜力已经趋近天花板。

2.2　商业银行消费金融场景建设

相比电商平台，商业银行并不具备场景化优势，其优势在于具有很强的金融属性，不受消费场景限制，任何消费场景都可以转化成自己的营销场景。商业银行在场景化方面明显的劣势在于缺乏服务内容较少的实际场景的对接。

商业银行在传统的线下业务中建立了巨大的场景优势，但是场景单一和客户覆盖率低的问题使其无法满足高速发展的消费金融需求，且金融服务形式的改变使得其原有场景模式无法进行有效的复制推广，商业银行相当于从头开始重新构建场景金融。由于商业银行的服务会涉及多个具体的行业，所以商业银行的场景金融布局更多的类似于"互联网+行业+金融"这样的组合方式，在银行参与的很多场景活动中，表面只是单一的用户场景需求，其实背后涉及多个产业及场景的整合。商业银行相比互联网公司做场景金融的优势在于其对于传统金融产品的了解，而如何借助互联网的翅膀发挥传统金融的优势，关键在于找出合适的场景，一些银行的产品创新已经开始强调场景的运用。

值得关注的是，消费场景的丰富程度决定着消费金融业务的成长速度，而消费场景单一正是当前银行开展消费金融业务时面临的最大挑战。为解决消费场景覆盖率与渗透率问题，一些银行主动开展"引入式"的消费金融业务，如自建电子商城、专门针对某类消费群体深度研发消费金融产品。同时，一些银行广泛寻求外部合作，如与拥有大量个人客户的大型企业、各类电商、平台服务机构以及各类支付机构合作，开展嵌入式的消费金融业务。

2.2.1　通过自建电商平台构建消费金融场景

1. 商业银行发展电商的目的

美国的花旗银行是建立电子商务平台较早的国外银行。早在 1997 年，花旗银行的电子商务交易总额就超过了 10 亿美元。花旗银行认为，电子商务是扩大销售和增加收入，扩大地理范围，降低运营成本，提高采购、生产力和供应链效率的最优渠道，是银行打开前所未有机遇的大门。因此在经营理念上很大程度看重平台技术优势，通过寻求实现最先进的技术以提供独特的服务。花旗银行积极使用一系列技术来设计和开发产品，从而更好地为远程客户提供管理决策和降低运营成本。花旗银行为世界其他银行电子商务平台的发展提供了实践经验。

早在 2012 年建设银行推出了首家银行系电商平台——善融商务。2017 年掀起了"银行电商热"，大型商业银行和股份制银行都开展了相应的电商业务，为商户和消费者服务，将资金流、信息流和物流融为一体，为客户提供信息发布、商品在线浏览、在线交易、支付结算、融资贷款等服务。

对于商业银行，通过搭建商务平台，可以实现商品交易与支付、融资等金融功能的无缝链接，以增强客户黏性和活跃程度，创新出更贴近市场的金融服务。因此，商业银行建立自己的电子商务平台的目的是获取用户的交易信息，增强用户黏性。在这个大数据时代，谁掌握了用户信息和数据，谁就掌握了核心竞争力，而电商平台恰恰是企业和消费者信息汇集的网络入口。不同于传统电商通过商品价差、交易扣率等获得盈利的模式，商业银行将电商作为一个平台，通过这个平台来向广大消费者提供全面综合的金融服务。具体来说，先向消费者提供多元化的产品信息，促使个人客户和企业客户在自己的电商平台上完成交易，然后通过电子商务平台为客户提供货款支付、物流和售后等服务，并在这个过程中把自己的金融服务渗透进去，使交易资金在银行系统内部完成自循环。商业银行通过利用电商平台不断满足客户全方位需求，提升客户体验，进而挖掘客户的潜在价值，促进银行业务发展，开拓新的利润增长点。

2. 银行电商的模式

一般来说，电子商务模式主要有 B2B 模式、B2C 模式、C2C 模式和 O2O 模式。银行电商的运营模式主要有 B2B 模式和 B2C 模式两种。

1) B2B(business to business)模式

B2B 模式是指商家对商家的电子商业模式，是电子商务应用最多和最受企业重视的形式，也是传统电子商务中发展最快的一种形式。商务交易双方都是企业或公司，通过使用互联网技术和各种商务网络平台完成商务交易的过程。

2) B2C(business to customer)模式

B2C 模式是一种企业对消费者的电子商务形式，以网络零售业为主，其通常依赖 Internet 和独立网店系统软件进行线上销售，同时也是一种全新的企业或品牌推广形式。按目前营运的 B2C 网站，B2C 模式又可以分为百货商店类、综合商城类和垂直商店类。百货商店类模式下卖方与买方之间呈现为一对多的关系。综合商城类模式下买方和卖方呈现为多对多的关系。垂直商店类模式下这些平台的服务对象都是有特定需求的人或是一些特定人群，并为其提供某一领域或行业有关的产品与服务，专业性比较强。表 2.2 所示为主要银行电商运营模式。

表 2.2 主要银行电商运营模式

银行名称	电商平台名称	电商运营模式
中国建设银行	善融商务	B2B+B2C
中国工商银行	融 e 购	B2B+B2C
中国银行	中银易商	B2C
中国农业银行	e 商管家	B2B+B2C
中国交通银行	交博汇	B2B+B2C
中国兴业银行	网上商城	B2C
中国民生银行	民生电商	B2B+B2C
中国平安银行	橙 e 平台	B2B

3. 银行电商与电商金融的比较

将银行电商中交易额第一的建行善融商务与作为电商金融代表的蚂蚁金服进行对比，如表 2.3 所示。

表 2.3　建行善融商务与蚂蚁金服对比

对 比 项	建行善融商务	蚂蚁金服
主营业务	主营 3C 数码、家具等对正品质量要求高的物品，提出"实价买正品，购物到建行"的标语	全业务
为商家赋能	一般不向商家收取任何的保证金、技术服务费和佣金，还提供免费的产品拍照、图片设计、店铺装修等服务，为商家提供贷款	免费服务(经营数据分析)+付费服务(店铺装修、解决方案)；淘工厂加特；为商家提供小额贷款
主要盈利方式	商品买卖盈利、金融服务费(利息)	商家付费服务、商品买卖盈利
连接金融方式	在交易各个环节都推荐适用对应的金融服务，直接对标直销银行	在付款阶段推荐相应金融服务
运营模式	专业做自身金融产品，外包运营、技术、方案等，比如与京东合作，借用京东运营团队和物流	金融产品和电商服务均是自营
平台干预	基本不干预，只是提供一个平台，对货物真假、价高价低不承担责任	有干预，售后、退款等平台参与服务

由此可以看出，无论是银行做电商还是电商做金融，都是在自己的优势和业务基础上进行拓展和建立自己的核心竞争力。

对于商业银行来说，其拥有规模庞大的自有客户资源，同时这些客户在与银行的长期合作中形成了良好的关系，他们对于银行高度信赖，从而对客户有一定的控制力与影响力，有利于控制风险。为了能与淘宝、京东等成熟电商平台竞争，银行利用自己的信任背书和自身优势打造了"精专特优"的品牌特色。银行商城可以为交易客户提供分期付款服务和一定的优惠政策，这是大部分 B2C 电商无法提供的。同时，银行自己就有完善的资金运营系统和金融服务平台，无论是入驻商户还是客户，都可以直接开户做业务，免去了第三方支付的麻烦，资金即刻到账，交易方便，快捷安全。银行区别于普通电商企业的是，银行免费为商家赋能，没有花太多工夫干预。可以看出，它其实真正感兴趣的不是电商，而是利用电商构建消费场景将用户引至背后的金融服务。银行类电商的本质是利用银行信用做背书，通过电商平台获取交易数据，与金融数据整合，最终回归金融产品销售，并且银行在支付环节能更便捷地为商户和消费者提供附加的金融服务。

对于电商企业来说，跨界金融有一定的优势：一方面，拥有足够强大的线上消费场景，能够与金融服务无缝衔接；另一方面，双方都积累了足够庞大的客户量，自身带有巨大的流量，且对于电商巨头来说，这个流量难以被"抢走"。电商企业最大的优势是拥有大量的客户基础数据资料，并且拥有强大的数据处理能力，利用大数据分析把控客户的消费习惯以及诚信，进而建立一套更完善、更个性化的信用体系，如阿里支撑电商平台投入的资金安排、客户安排、物流安排、金融安排、网购保证、创新激励等，银行电商难以望其项背。同时也可以看出，电商企业提供的金融服务都是之前交易的延伸，开展金融服务对电商企业来说是为了补充整个交易环节，利用积累的客户数据和技术进行个性化的金融服务，满足客户所有的需求，增加客户体验，也借此去获取更多的客户数据，优化算法。

2.2.2 跨界合作开展嵌入式的消费金融业务

1. 发行联名信用卡

随着行业竞争的日趋激烈，消费金融特别是信用卡业务逐渐由"跑马圈地"转入"精耕细作"的发展阶段，面向目标客群更多元化的需求，银行围绕个性化发行联名卡积极开展跨界合作。

联名卡是企业一种比较好的服务营销手段，将自身的会员服务体系与银行进行有效合作，以满足消费者更多需求为导向叠加双重服务。通过银行资源合作带来特定或个性化的服务，使消费者在原有企业服务的基础上，将会员体系延伸到金融服务领域以及更多的服务中，让企业会员得到企业与银行的双重服务，以提升其品牌忠诚度。

所谓联名信用卡，可简单理解为互联网公司与有发卡资质的银行合作，面向该平台用户发出的往往拥有该平台定制化权益(如消费折扣、现金红包等奖励)的信用卡。银行信用卡市场经历了 2017 年、2018 年的狂飙放量后，从 2019 年开始出现新增卡量同比增速明显放缓的情况。但是，借势数字化转型、牵手互联网大公司的联名信用卡市场却正悄然崛起、逆势上扬，这反映了数量庞大的中小银行立足本地、以信用卡为抓手谋求零售化转型的需求仍然旺盛。

各家银行紧随目标客群需求变化，不断加强信用卡跨界融合创新，构建权益丰富、特色鲜明的产品体系，"信用卡+互联网""信用卡+娱乐"等合作方式不仅为银行带来了目标客群，还能帮助其塑造品牌形象。多数银行通过与百度、阿里巴巴、腾讯、京东等知名互联网企业合作，重点聚焦千禧一代及优质受薪客群等角度开展联名卡合作，如表 2.4 所示。

表 2.4　部分商业银行联名卡

银行名称	联名卡创新产品
招商银行	持续推进与互联网企业卡产品合作，推出如盒马鲜生、天猫营业厅、今日头条等多款联名信用卡产品
平安银行	深入跨界融合，与盛大游戏合作推出"最终幻想 XIV"系列专属联名信用卡，携手曼联足球俱乐部推出平安曼联红魔白金信用卡，联合腾讯视频推出平安腾讯视频 VIP 联名卡
建设银行	强化年轻客户拓展与经营，创新推出龙卡优享卡、LINE FRIENDS 粉丝信用卡纯爱版、世界杯信用卡、尊享白金卡等产品
兴业银行	聚焦 IP 文化，推出酷狗音乐、PP 视频、芒果 TV 等联名卡及郑容和主题信用卡，打造"兴动韩国"境外营销品牌
交通银行	推出京东白条卡、搜狐视频、蜀门手游、剑侠情缘叁、择天记手游、无锡城市生活卡、悦动人生、足球主题信用卡等新产品，涵盖消费金融、网络视频、IP 游戏等热点领域
中信银行	强化与互联网公司合作，推出京东小白 TWO 卡、淘气卡、猫眼卡、网易云音乐卡、OFO 小黄车卡、易鑫卡、得到卡等多款产品，构建覆盖电商、娱乐、出行、互联网金融、互联网资讯等多消费场景的无界金融生态圈

美团于 2018 年 9 月发行第一张联名信用卡——美团联名信用卡，截至 2021 年年底，美

团与全国多地区域银行联合推出的美团联名信用卡累计发卡已突破 1 500 万张，其中，2021 年新增发卡近 500 万张。美团联名信用卡主打"吃喝玩乐购"等各类生活消费场景。2020 年 10 月 20 日，平安银行与京东数科签署战略合作协议，双方宣布联合推出"平安银行京东白条联名信用卡"，该卡允许消费者"打白条"的场景从线上的京东商城延伸至线下。2020 年 11 月 4 日，交通银行信用卡联手京东打造的"交通银行京东 PLUS 会员联名信用卡"正式上线。

联名信用卡往往会获得平台方的大力推荐，直接效果是银行发卡规模上台阶。有数据显示，在 21 家 A 股上市银行中，通过互联网平台合作发行的信用卡业绩凸显。例如，上海银行 2019 年通过互联网平台合作引流，发放信用卡 95.10 万张，同比增长 110.20%，占全年新增发卡量的 54.89%；北京银行推出京东 PLUS 联名信用卡、首张 DIY 信用卡，信用卡客户数同比增长 30.5%；天津银行 2019 年同比增长 1956%，其中美团联名信用卡发卡占比达 99.2%；江苏银行 2019 年同比增加 6 倍。其中，美团联名信用卡发卡突破百万张，上海银行 2019 年来自美团联名卡的用户累计交易实动率达到 90%。

相比其他互联网金融合作模式，联名信用卡可以把逐渐远离银行的年轻客群重新拉回到银行账户体系，把用户、数据和数字化运营经验留存在体系内，为夯实零售能力、长期稳健经营打下基础，这无疑是一条更加可持续发展的路径。从目前的情况来看，区域性中小银行对于联名卡的认知度、渗透率较头部银行有着明显的差距，旗下产品仍以为数不多的传统信用卡为主。但作为深耕当地特色场景的区域性中小银行，其更需要从自身客群、经济特色等方面考虑，加强当地特色与产品创新的联动，打造契合当地需求的个性化联名卡增值服务，完善服务体系建设与扩容，稳固区域性竞争优势。

值得注意的是，银行与企业合作的步调不一致，合作缺乏深度与广度，"联而不合"的现象屡见不鲜。联名信用卡的运营能力也值得深耕。

2. 与互联网企业合作开展助贷和联合贷款业务

互联网企业有流量、技术和消费场景优势，但规模和资金来源有限。而商业银行有资金优势和风控优势，还能提供清/结算等服务，但缺乏流量和消费场景，二者合作，正好可以弥补各自的不足。银行与互联网平台合作，主要是获取流量、数据和消费场景，弥补自身场景建设短板，同时，不断拓展合作维度，积极借助外部合作渠道切入旅游、家装、教育、社交等消费场景。商业银行与互联网平台合作的主要业务为互联网存款业务和互联网贷款业务。银行与互联网平台的贷款类合作主要有消费贷和经营贷。消费贷主要面向消费者；经营贷则更多在产业互联网平台推出，面向小微商户和供应链企业。

实际上，商业银行和互联网金融公司的合作在十几年前就已经开始了。2004 年，工商银行与腾讯在虚拟联名卡、电子银行、网上安全、风险监控、认证等方面达成合作。2005 年，招商银行和阿里巴巴签署银企战略合作协议，主要聚焦支付结算；建设银行和阿里巴巴合作建立中小企业诚信通网络平台。2015 年，中信银行与百度共同筹建直销银行——百信银行。2016 年，中国银行与腾讯合作推出视频联名信用卡。此时，银行与互联网金融公司的合作范围尽管层层深入，但往往偏重于在一些细分的领域上进行资源互换，如表 2.5 所示。

随着人工智能、大数据管理、智能投顾、云计算、区块链等新兴技术的快速发展，金融与科技的融合成为时代发展的主旋律。在这一背景下，商业银行与科技实力较强的互联网金融公司进行跨界合作也成为大势所趋。

表 2.5　银行外部场景平台合作策略

银行名称	外部场景平台合作策略
工商银行	加强与知名互联网汽车金融平台合作，大力拓展家装、租房、账单分期等领域的业务，推出特色分期业务"工银 e 分期"； 联合境内外商户开展"爱购"系列促销活动，提升品牌影响力
招商银行	入驻百度、京东、天猫、小米四大职能音响平台，探索"终端+云服务"的互联网服务新模式
中信银行	探索建立行业头部企业联盟合作先发优势，与腾讯王卡、小米、网易考拉、易到、四川航空、Luxury Card 等企业实现联盟合作，进一步提升了产品市场影响力
浦发银行	与中国移动、阿里巴巴、腾讯等企业联手打造了"通信+金融""消费+金融"等多样化服务模式，通过广泛融合使金融服务触手可及
华夏银行	华夏银行面向京东、苏宁平台挖掘高频消费客户，开展针对性营销，主动挂载腾讯游戏场景带动双向引流

(资料来源：公司年报，公开资料)

2017 年 3 月 28 日，建设银行与阿里巴巴、蚂蚁金服宣布进行战略合作，开启了大型银行与互联网公司深入合作的先河。后期在联合贷、助贷业务上开展合作；邮储银行和美团也在信用卡、个人贷款、小微企业金融服务等方面开展合作；工商银行则与微信合作发行了工银微信联名信用卡等。银行与第三方机构通过助贷或者联合发放消费贷款，是目前消费信贷的主流形式。

为了规范商业银行互联网贷款业务经营行为，促进互联网贷款业务平稳健康发展，2020年 7 月 17 日，银保监会发布《商业银行互联网贷款管理暂行办法》，规定：商业银行与其他有贷款资质的机构共同出资发放互联网贷款的，应当建立相应的内部管理制度，明确本行与合作机构共同出资发放贷款的管理机制，并在合作协议中明确各方的权利义务关系；商业银行不得以任何形式为无放贷业务资质的合作机构提供资金用于发放贷款，不得与无放贷业务资质的合作机构共同出资发放贷款。商业银行互联网贷款模式如图 2.2 所示。

商业银行场景化消费金融的发展存在诸多问题：一是缺乏丰富的天然场景，无论是在线上、线下还是 O2O 模式中，与充分覆盖吃、穿、住、用、行、乐等的消费场景尚有较大差距；二是已有场景不符合客户需求且客户体验不如互联网公司，其能最终形成高客户黏性的场景不多，而这方面互联网巨头们的优势十分显著；三是获客能力不强，既表现为现有沉淀客户无法转化为场景内的有效客户，又表现为新客户开拓成本高、效率低，此外，客户活跃度、场景使用频率都比较低。整体来说，商业银行的金融场景还是依赖自身金融服务上的优势，并没有打造成良好的场景品牌。

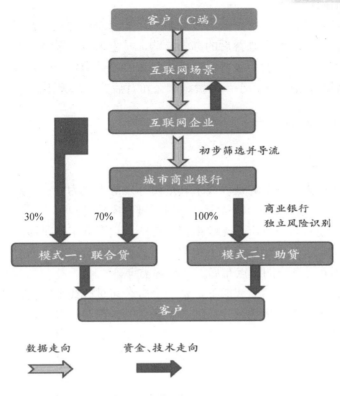

图 2.2　商业银行互联网贷款模式

2.3　持牌消费金融公司场景化建设

随着国家政策的支持与鼓励和社会实际需求的不断增加，从 2010 年开始持牌消费金融公司多头崛起，纷纷通过不同模式切入消费金融行业。最早一批成立的消费金融公司都具有良好的传统金融业背景，且由于当时互联网技术不成熟，其业务推广基本都在线下，建立了如 3C 产品、白色家电、家装购房、教育培训等基于线下拓展的消费金融场景。伴随着金融科技的兴起，诸多资本进军消费金融行业，大多通过某一成熟的线上或线下场景切入，比如网购分期、校园分期和信用卡分期等。相比互联网公司与传统银行而言，消费金融公司在成立之初就定位于银行无法覆盖的客户群体，天然面向的流量就远大于银行，但是其流量的风险也远大于银行；同时，其自身由于定位于金融服务，并不直接接入一线消费场景，在场景端相比于互联网金融公司存在明显的劣势。但是消费金融公司利用自身金融服务的优势与暂无金融服务能力的平台广泛开展合作，充分挖掘了市场的空白点。

消费金融公司的发展速度很快，伴随着场景消费金融概念的提出，如今消费金融公司在成立之初就以场景方式进行立足，无论是进行标准化、大众化的广泛场景接入，还是深耕某些垂直细分场景，基本上是通过立足于某些场景进行营销、风控、定价，从而在这些领域形成一定的壁垒，获得发展的优势。但是由于许多消费金融公司依然存在场景建设能力不足、金融风控能力不强等弱点，其发展的同时面临着互联网企业和银行两类巨头的挤压，想要突围依旧困难重重。

股东原生生态才是传统消费金融的流量源泉，如海尔消费金融背后的海尔，招联消费金融背后的联通，苏宁消费金融背后的苏宁易购，马上消费金融背后的重庆百货、物美、浙江中国小商品城，尚诚消费金融背后的携程旅游，哈银消费金融背后的度小满和同程，包银消费金融背后的新浪微博，小米消费金融公司背后的小米集团。

2.3.1　与线下商户合作

1. 线下商户模式

消费金融公司原本业务范畴是以线下、批量开发等方式为主。因此，线下商户模式是消费金融公司的传统经营模式。消费金融公司通过同零售商户建立合作关系，布局耐用消费品市场，将消费场景与信贷产品无缝衔接，在个人消费环节提供即时分期服务。一般大型商场、家电或者电子产品连锁销售机构都可以成为消费金融公司的合作商户。选择合作商户的重点考量因素是商户的网点布局、产品种类等。

用户通过线下门店购买商品或服务，消费金融公司进行线上授信，将资金放款至商户平台。比如租房场景、健身房场景、培训教育场景等，消费金融公司与商户进行合作，满足用户相关场景的需求。该模式的主要参与方包括用户、商户平台、商户门店、消费金融公司。其基础模式如图 2.3 所示。

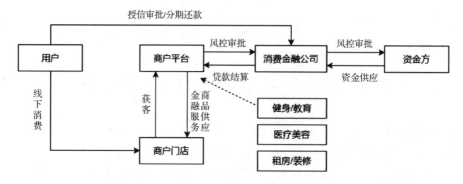

图 2.3　消费金融公司线下商户模式

2. 持牌机构线下商户模式的典型企业

捷信消费金融公司是线下消费金融的典型代表，其业务涉及 29 个省份的 300 余个城市，共 26 万个贷款服务点。捷信与迪信通、苏宁等全国知名零售商建立了紧密的合作关系。目前，已有超过 4 400 万名用户注册了捷信消费金融公司 App。捷信金融 App 旗下的首款循环额度贷款产品捷信惠购(HC Pay)合理嵌套到包括 3C 产品、家电、家装、旅游、职业教育和健身等垂直领域，累计用户已超过 166 万人；2020 年上线的捷信乐易购(ALDI2.0)客户自助服务模式全年覆盖约 14 万家商户。捷信积极布局智能客服，将智能机器人、质检机器人等人工智能产品广泛应用于多种场景，运营效率得以显著提升。

2.3.2　通过自建商城开展消费分期

1. 消费金融公司自建商城的动因

消费金融公司自建商城源于以下几方面。一是与外部平台进行获客合作成本太高。消费金融公司通过与助贷平台合作或者投放广告等方式获客的成本很高。有些公司获客成本加上资金成本，最后对客价(对客利率)也会达到或略高于24%。二是通过自建商城这种模式可以为客户持续提供服务，增强客户黏性。商城业务对于消费金融公司发展自营客户十分重要。商城业务可以和分期支付结合起来，消费贷款用于沟通具体的实物商品，消费贷款有非常明确的用途，能够增强消费贷款对于会员的黏性，提升风控能力。消费金融公司还可以通过自营商城，提升非金融服务对于会员的价值，发展高黏性会员生态，将从外部获得的流量留下来转化为复购会员，降低对于外部流量的依赖程度。

不过，自建商城是比较消耗成本的，不仅有商城平台的运营，还有货物的物流、稳定高质量的供应链，都需要较多的投入。在电商市场格局基本稳定的情况下，消费金融公司的自建商城与成熟的电商平台相比，在品类、价格、服务、促销以及运营等方面都还存在一定的差距。

2. 消费金融公司自建商城情况

近年来，电商场景与消费金融业务融合的趋势越来越明显。一些消费金融公司经过多年的运营，积累了海量用户，通过消费场景既可以更加精细化运营存量用户，又能吸引新的用户。因此，搭建自有场景便成了消费金融公司的一个执念。

据不完全统计，30 家消费金融公司中近半数上线了分期商城。具有分期商城业务的有捷信消金、华融消金、招联消金、中邮消金、马上消金、幸福消金、中原消金、金美信消金、海尔消金(嗨付)、苏宁消金、平安消金、盛银消金等消费金融公司，基本涵盖手机数码、个护美妆、家电家居等领域。从上述商城可以看出，线上商城服务主要分为分期商城和生活服务权益，前者为电商分期，后者为会员、积分兑换、充值等各类虚拟产品服务。其中苏宁消金、中原消金上线了积分商城，其余则提供分期商城。

各家分期商城的年化费率略有不同，在 13%～36%。头部消费金融公司招联消金、马上消金分期商城的年化费率分别为 13.59%、17%。捷信消金、华融消金分期商城已停止分期服务，但可以全款购买商品。

2.3.3　线上商城模式

1. 线上商城运作流程

消费金融公司除了深耕股东生态场景形成比较优势外，还加速和线上大平台合作。商城平台拥有海量用户，可以给用户提供丰富的商品。用户有商品需求，但是缺少相应的消费资金。商家有商品供应的能力，但是需要快速的资金周转。消费金融公司可以提供金融服务，满足用户和商家的不匹配问题。其基本流程是，用户通过线上商城购买商品，消费金融公司提供金融服务费，商家获取周转资金，用户获取需求商品，如图 2.4 所示。

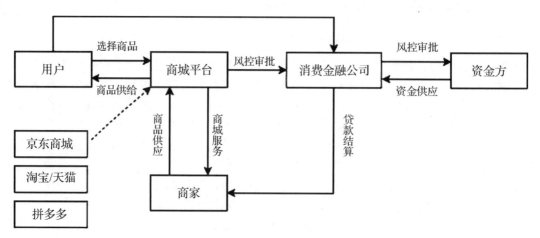

图 2.4　消费金融公司的商城运作流程

2. 线上商城的典型企业

马上消费金融是与线上商城合作的典型。马上消费金融对接了 130 个线上场景。在线上，马上消费金融的商品分期产品嵌入到了中国电信翼支付、OPPO、vivo、唯品会、爱奇艺、上银闪付等 20 多个消费场景，信用借款产品"安逸花"和腾讯、支付宝服务号、今日头条、网易、滴滴等 180 个流量平台合作。目前，马上消费金融赋能机构数量超过 100 家，合作金融机构超过 200 家，场景方超过 200 家，覆盖的消费场景达百万个。

案例：海尔消费金融回归海尔生态

海尔消费金融通过海尔消金、够花、海尔智家三个 App 经营场景。在海尔消费金融中，场景消费金融占到 40%，外部场景聚焦教育和家装，内部场景聚焦家电分期。在 App 方面，海尔消金 App(主打分期商城、会员服务)在华为应用商店上的安装量达 146 万次，够花 App(主打年轻人信用借款)在华为应用商店上的安装量超过 1 394 万次，海尔智家(主打家电电商和分期)在华为应用商店上的安装量超过 2 000 万次。在外部场景方面，2017 年，海尔消费金融与有住网联合推出"有住装修贷"。2015 年 6 月，海尔消费金融与环球雅思合作推出环球游学分期产品——教育贷，可提供给具有境内外游学、外语培训、MBA 教育需求的消费者。2018 年 5 月，海尔消费金融联合知名在线英语教育品牌 TutorABC，共同为用户打造在线教育分期产品。2018 年，海尔消费金融对接了 600 家在线教育平台，比如在线职业教育、在线小语种、在线课程辅导等。2016 年年末，海尔消费金融携手百程旅行布局旅行场景的消费金融，全面布局抢滩出境游金融市场。在内部场景方面，2015 年年初推出了海尔家电"零首付、零利息、零手续费"的"0 元购"消费金融新模式。线下成为 hi 店的海尔专卖店起初仅提供家电的消费分期服务，升级为生态店后，这些专卖店除了家电分期外，还可以提供海尔消费金融的成套户式金融服务，满足消费者多方位需求，从而提升用户黏性，提升到店的客流量，带动家电产品销量，最终打造以专卖店为中心的金融生态圈。在线下，海尔消费金融为覆盖 336 城 4 000 余家海尔专卖店提供家电分期产品"0 元购"，由商户经营者进行贴息，刺激客户消费。这两年，海尔消费金融开始回归母公司生态，和股东红星美凯龙合作推出"星易家居贷"，和海尔公司合作推出"智家白条"和家电分期。2020 年 3 月，海尔消费金融联合海尔智家 App(日活 20 万)推出了线上"智家白条"，为商户提供生活消费金，为消费者提供海尔家电分期服务。

（资料来源：星图金融研究院）

2.4　互联网金融平台场景化建设

场景金融是国内互联网巨头通过实践所创立的一个概念，其凭借技术与渠道的优势成为场景金融的创始者和"领头羊"。其实细究其发展历史可以发现，互联网企业建立场景的初衷并不是为了金融服务，金融场景更多的是因为场景中广泛而突出的金融服务需求使得各家公司开始嵌入相应的金融服务。对于互联网公司来说，传统的线下营销方式不但性价比低，而且未充分利用技术带来的创新红利，于是在实践中便不约而同地选择进行场景化的产品设计。通过商业流程的再造，使得消费场景不再是一个静态的概念，而是人们愿意为一个具体的场景解决方案买单，同时场景下的用户成为新的营销渠道，通过用户的分享来进行场景流量的拓展。在已有场景不断成熟的基础上，互联网企业还进行场景的跨界融合、碎片化场景的整理、小众场景的推广，不断吸纳长尾客户，使得其拥有海量的人口数量和强大的流量基础。互联网巨头对于商业场景的建设使得其在场景金融的竞争中具有明显的先发优势，同时逐渐明确相关概念后进行的主动的场景金融创新也更好地对流量进行了覆盖。

相比于商业银行，电商平台开展消费金融主要依靠其平台客户的线上数据进行风险把控。一方面，电商平台所积累的客户信息以消费信息为主，较为单一，不能全面反映客户的还款能力和还款意愿；另一方面，收集客户信息的方式和手段不够丰富，客户的线下信息或在其他电商平台的消费信息无法收集，这样进一步地凸显客户信息维度单一的劣势，客户信用分析不够全面，仍然有一定的违约风险。另外，电商金融更倾向于利用掌握的数据资源为客户提供一款或两款标准化的产品，这虽然提高了审批效率，降低了成本，但对于用户来说其提供的产品不够丰富，有时并不能满足客户的消费需求。

2.4.1　线上与线下有机融合

线下(实体店)与线上(网店)有机融合，打通线上网店与线下实体店的信息通道，可以实现"双店"融合与资源共享，可以将线上消费者引至线下实体店消费，也可以将线下实体店的消费者引至线上消费，从而实现线上线下的相互增值、资源互通、信息互联。这不仅拓宽了消费渠道，扩大了消费群体，而且转变了经营模式，提高了经济效益。

1. 通过线下实体店的开设来扩大线下渠道

通过在商圈、购物中心等地方开设实体店，不仅可以吸引更多的消费者，增加销售额，还可以使品牌更加可信。在实体店中，电商企业可以通过智能化系统、无人售货机、VR 等技术手段实现线上线下融合，为消费者提供更加便捷、舒适、个性化的购物体验。

2. 通过与线下商家的合作实现线上线下融合

通过与线下商家的合作，电商企业可以将线上的产品和服务推荐给线下消费者，同时也可以将线下商家的产品和服务推荐给线上消费者，实现双方互利共赢。例如，淘宝与星巴克合作，通过淘宝口碑推广星巴克的产品，同时在星巴克门店中安装淘宝智能售货机，为消费者提供更加便捷的购物体验。

3. 通过 O2O 模式实现线上线下融合

O2O 即 online to offline，是一种将线上的用户流量引入线下实体店进行消费的模式。通过 O2O 模式，电商企业可以将线上的优惠活动和促销活动引到线下实体店中，吸引更多的消费者到店消费。同时，O2O 模式还可以通过线上的会员系统和线下的积分系统实现积分共享，提高消费者的忠诚度。

电商企业通过实体店的开设、与线下商家的合作、O2O 模式等手段实现线上线下融合，为消费者提供更加便捷、舒适、个性化的购物体验，从而赢得消费者的青睐。

2.4.2 电商平台跨界融合

随着消费者需求的多元化，电商平台也将加强与其他产业的融合，如与传统零售、餐饮、旅游等产业的融合，为用户提供更加丰富的消费体验。同时，电商平台也将加强与物流、金融等领域的合作，提高整个产业链的效率和质量。

1. 电商与传统零售融合

电商与传统零售业的融合并不是简简单单的线上线下相结合，而是要借助双方的优势资源打通融合的通道，不分彼此地高度交互。

电商融入传统零售业，可以从根本上解决自身的先天不足，这样就能借助线下实体店的优势做好用户体验；传统零售业借助电商优势不但可以扩大用户群体，而且可以解决与用户之间的实时互动问题，这样就可以为用户提供更多有针对性的服务。

现在比较常规的做法就是线上采购、线下提货和线下体验、线上采购。这在一些体验性强的商品中非常普遍，比如手机、大家电产品，客户可以在线下体验产品，感受产品的质感，了解产品的各种功能，然后在线上购买。

2. 分期平台致力于非贷款服务场景

近两年，分期平台的发展已经明显遇到瓶颈，消费金融分期产品已经不足以支撑未来生态和业务规模的增长，分期平台也面临存量分期客户流失的风险。分期平台急需新的非贷款服务的产品，用来增强存量分期客户黏性，同时吸引外部新的高价值客户。

乐信目前在打造"新消费平台战略"，通过分期乐商城、桔子理财、鼎盛资产、乐卡、乐信财富打造消费闭环生态。乐信在分期方面已经和蘑菇街、中粮我买网、锦江 WeHotel、Dunkhome(潮流运动社区)、回收宝、vivo、苹果合作。

趣店近几年不断地尝试自建场景，前后试水的项目有 20 多个，包括大白汽车、趣学习(在线教育)、相同(校园社交)、唯谱家(高端家政)、大白儿童阅读等。2020 年 3 月，趣店自建了奢侈品跨境电商平台——万里目。需要指出的是，自建场景成本较高。

3. 电商金融向电商平台会员渗透

蚂蚁花呗是蚂蚁金服推出的一款消费信贷产品，用户申请开通后，将获得 500～50 000 元不等的消费额度。用户在消费时，可以预支蚂蚁花呗的额度，享受先消费、后付款的购物体验。蚂蚁花呗是消费场景渗透最广的消费金融产品。蚂蚁花呗支持多场景购物使用。此前的主要应用场景是淘宝和天猫。现在，蚂蚁花呗已经走出阿里系电商平台，共接入了 40 多家外部消费平台：大部分电商购物平台，比如亚马逊、唯品会、苏宁等；本地生活服务类网站，比如口碑、美团、大众点评等；主流 3C 类官方商城，比如乐视、海尔、小米、OPPO 等官方商城；海外购物的部分网站；等等。

2.5 场景化消费金融商业模式

场景化消费金融的商业模式主要包括自营贷款模式、联合贷款模式与助贷业务模式三种。

2.5.1 自营贷款模式

1. 自营贷款模式的定义及特点

自营贷款模式是指消费金融提供主体利用自身信誉良好、风控能力强、客户流量大、体系完备等优势拟合多方资源的前提下，完全掌握获客及运营模式并实现完全自主风控的信贷业务模式。根据自营贷款模式的定义，自营贷款的获客、风控、资金全流程均由消费金融提供主体独立完成。消费金融提供主体自主引流，在挖掘自身内部数据的基础上导入外部数据，如纳税、公积金、社保、电商等可信数据，构建风控模型，通过自身的风险防控评级系统对借款人的征信状况、还款来源等基本信息的真实性、合法性开展线上尽职调查，做好风险评估。

自营贷款模式服务于自有客户，对客户的信用要求高，难以覆盖无资产或无信用记录的客户群体。自营贷款模式对资本金、场景和风控的要求很高。

自营贷款的风险由消费金融提供主体承担，并由消费金融提供主体收回本金和利息。在互联网金融业务强监管背景下，一方面，监管方一再强调消费金融提供主体要加强自主经营能力，包括风控体系、营销获客等；另一方面，消费金融提供主体持续推动行业转型升级，加大了数字化能力建设。多采用该模式的传统商业银行和持牌金融机构正在强化该业务的发展。

2. 自营贷款的两种模式

常见的自营贷款模式有两种：一是自营渠道的自营贷款，二是外部渠道的自营贷款。

1）自营渠道——自营贷款模式

消费贷款提供主体自筹资金，以及自己拥有获客渠道和客户群体，信贷放款自营出资；统筹信贷资产分为分期和随借随还贷款。随借随还贷款按一定条件可转换为消费分期和账单分期。

2) 外部渠道——自营贷款模式

与自营渠道的自营贷款模式不同的是，外部渠道的自营贷款模式是通过外部渠道获取客户。常见的外部渠道分为线下渠道和线上渠道。线上渠道(如抖音、美团、360、京东和借呗等)都是流量大户。

2.5.2 联合贷款模式

1. 联合贷款的运作流程

联合贷款模式是指贷款人与具有贷款资质的合作机构基于共同的贷款条件和统一的借款合同，按约定比例出资，联合向符合条件的借款人发放消费贷款的一种消费金融模式。事实上，我们可以简单地将联合贷款看作助贷模式的一种，区别是它涉及两个持牌机构，并且双方都要出资，共同承担风险、分享收益。具有放贷资质的机构一般包括商业银行、互联网银行、信用社、信托公司、小额贷款机构等。联合贷款模式如图 2.5 所示。

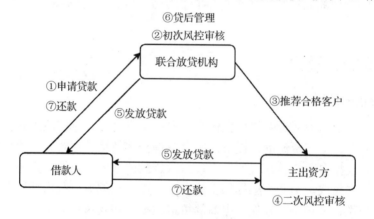

图 2.5　联合贷款模式

一般情况下，由商业银行或持牌消费金融公司作为主要的出资方，把控主要的核心风控环节，其他出资方除了参与资金筹措，还为消费金融的各个环节提供科技服务、数据支持和贷后管理。由于联合放贷机构在获客和风控等核心环节上具备明显优势，因此一般可以分享比出资比例更高的利润。该模式本质上是风险共担的模式，对联合放贷机构的资本金也有一定的要求。当然，从服务内容上看，联合贷款机构除了提供消费贷款外，还能提供包括营销获客、信息科技、逾期催收等相关服务。联合放贷机构基本上会参与贷前、贷中、贷后全流程。

2. 联合贷款与银团贷款的比较

与联合贷款密切相关的一个概念是传统信贷中的银团贷款。在业务模式上，联合贷款与银团贷款有相似之处，但也存在诸多不同。一是银行贷款主要为项目贷款，对抵押品或抵押目标的风险防控依赖较高；而联合贷款以个人信用贷款为主，尤其是小额的消费信贷，无抵(质)押无担保，因此对联合贷款的风险防控与传统信贷风控有所区别。二是银团贷款中合作机构之间基本可以实现信息共享；而联合贷款业务中科技公司(平台企业)更看重数据资源，大量数据内嵌于平台场景之中，科技公司本身不存在足够的激励向银行共享全部数据，而且多数银行自身数据处理能力也有限。三是银团贷款多为线下作业方式，联合贷款则为线上作业，这导致二者在资金用途及追踪、跨区经营等方面的监管要求存在差异。这些差异体现了联合贷款与传统信贷的差异及其与金融科技之间的密切关系。

3. 联合贷款的优势与劣势

联合贷款的底层逻辑是金融需求牵引下基于合作机构比较优势的信贷分工。一般而言，信贷环节主要包括获取资金、客户搜寻、授信评估、风险定价、发放贷款、贷后管理、建立风控模型等。传统信贷是由商业银行完成全部的信贷环节，而在联合贷款业务中，则是由金融科技公司承担客户搜寻、授信评估、风险定价、贷后管理、建立风控模型等核心环节，合作银行只负责获取资金(吸储)和发放贷款两个环节。从联合贷款发展规模和扩张速度来看，这种专业化分工确实给信贷业务的效率带来了极大的提升。

联合贷款模式提高了商业银行、消费金融公司和互联网金融公司的获客能力，又能够增强消费金融公司、互联网金融公司等持牌消费金融机构的信用。但随着联合贷款模式业务量的迅速增长，其潜在的风险也逐步暴露，如主要出资方存在粗放经营管理的情况，忽视风险控制，甚至过度依赖合作方的风控管理，不参与信贷风险管理等现象。实践中，采用该模式容易出现部分联合放贷机构通过少量出资撬动较大的资金规模，存在一定的金融风险。2021 年 2 月发布的《关于进一步规范商业银行互联网信贷业务的通知》中明确提出："商业银行与合作机构共同出资发放贷款，单笔贷款中合作方的出资比例不得低于 30%。"

目前，主流的联合贷款模式是"银行+小额贷款公司"，由一家银行与一家金融科技公司(一般持有小贷牌照)共同放款。

商业银行等传统金融机构的优势在于雄厚的资金流、规模效应和专业服务体验，可以弥补金融科技公司从事金融业务的天然的资金短板，而金融科技公司在移动互联、大数据、人工智能等数字技术的助力下，具备智能风控、前端客户识别和服务下沉等优势，双方各自发挥比较优势，在满足更多消费者贷款需求的同时降低服务成本，缓解信息不对称、定价不准确、资金不充足、风控不健全等现实问题，共同推动信贷审批发放全流程效率的提升。

2.5.3　助贷模式

助贷，顾名思义，就是协助能放贷的机构进行放贷，并从中赚取费用。助贷业务模式是指助贷机构通过自有系统或渠道筛选目标客群，在完成自有风控流程后，将较为优质的客户输送给金融机构，经金融机构风控终审后，完成发放贷款的一种业务模式。助贷业务模式最典型的特征就是贷款资金完全来自银行或持牌金融机构，助贷机构只提供获客引流、技术输出和决策咨询等服务。

从助贷业务整体流程来看，主要参与者有助贷机构、放贷机构和借款用户三方。助贷机构则可分为持牌机构和非持牌机构，前者又可分为两大类，即银行(既可以作为资金方，也可以成为他行的助贷方，如新网银行、微众银行等)和部分金融科技公司(它们通常通过旗下的小贷、网络小贷、融资担保等牌照展业)。而非持牌的助贷机构则包括一些没有获得小贷、网络小贷、融资担保等牌照的金融科技公司和数据公司等。在新的监管要求下，这部分机构不得直接参与贷款的发放(即联合贷款)，主要为资金方提供获客、风控等服务。助贷模式如图 2.6 所示。

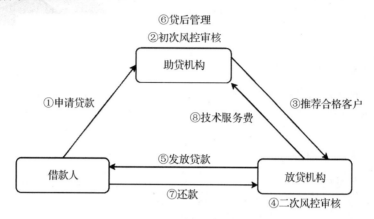

图 2.6　助贷模式

在这种模式下，金融机构一般会通过评估助贷机构的资产质量、股东背景、品牌流量、经营情况等来选择合作机构，并根据合作的助贷机构资质给予一定的授信额度，助贷机构在授信额度内向金融机构推荐合格的借款用户，然后金融机构对助贷机构推荐的借款用户再次进行授信审查、放款等。在这种模式下，助贷机构给金融机构推荐的往往是比较优质的借款用户。

从具体的业务模式来看，助贷业务模式又可以分为以下四种。

1. "客户+数据+技术"一体化输出模式

助贷机构向金融机构混合输出客户、数据、技术，在贷前、贷中和贷后业务中，为金融机构提供获客引流、技术模型、决策咨询、客户运营等服务。在这种模式下，助贷机构的收费方式主要是贷款息费分成，收入和风险按约定的比例获取和承担。

2. 纯导流模式

助贷机构基于自身积累的客户数据，进行场景和数据的评估，直接向金融机构推荐客户。在纯导流模式下，助贷机构仅帮助银行、消费金融公司等资金方完成客户申请和获客引流两个环节，后续环节不与金融机构发生交互。借款用户的筛选、风控、催收等由放贷机构自行负责。在纯导流模式下，助贷机构通常仅负责营销获客，不承担项目逾期风险，其盈利模式主要为推荐服务费，一般采用 CPA(按注册用户收费)和 CPS(按交易额收费)两种收费方式。

3. 贷款超市模式

贷款超市是指各金融机构将其信贷产品集中展示在助贷机构的平台上，客户通过助贷机构的平台选择符合自己需求的信贷产品。贷款超市模式的基本运作方式包括两种。一种是助贷机构基于自身的流量优势，帮助银行完成客户申请和获客引流两个环节。贷款超市模式与纯导流模式的区别是：贷款超市模式下，客户主动向助贷机构发起贷款申请，助贷机构将流量分发至金融机构，贷款流程跳转到金融机构侧完成；而纯导流模式下，客户不主动申请贷款，助贷机构直接分发流量给金融机构，金融机构在分发的流量中挖掘有效的客户需求。另一种是贷款超市，是以 API 的模式来承接金融机构的信贷产品，即用户注册、申请、授信、平台放款、用户还款均在贷款超市中完成。在这种模式下，助贷机构可按照点击量、注册用户数或者交易额收费。

4. "助贷+第三方机构担保"模式

这里的第三方机构主要为融资性担保公司和保险公司。此模式的兴起与 2017 年《关于规范整顿"现金贷"业务的通知》(以下简称"141 号文")的出台有关，其中有部分助贷机构为了合规经营，在"141 号文"出台后成立了融资性担保公司，如趣店、360 金融均在"141 号文"出台后成立了自己的融资性担保公司。其中融资性担保公司担保模式的主要流程为借款用户直接向助贷机构申请借款，助贷机构对借款用户进行初步筛选、资质评估，并将合格借款人推荐给金融机构，金融机构再对借款用户进行风控审核、放款，助贷机构在此过程中会引入关联的融资性担保公司或第三方融资性担保公司，若发生逾期，由融资性担保公司履行担保责任，向金融机构进行代偿。履约险模式与融资性担保公司担保模式相似，区别是在此模式下，助贷机构引入的是保险公司，是与保险公司达成履约险的合作对资产进行承保，在此模式下，保险公司为了规避风险通常会要求助贷机构进行反担保。"助贷+第三方机构担保"模式如图 2.7 所示。

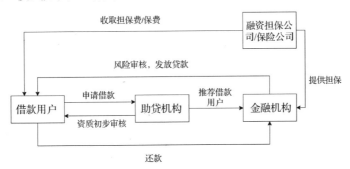

图 2.7　"助贷+第三方机构担保"模式

纯导流模式和联合贷款模式在实际操作的案例中并不是泾渭分明的，往往在一个场景中两种模式兼而有之。

合作模式一：引流

引流模式如图 2.8 所示。

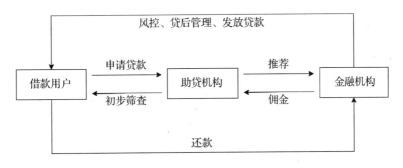

图 2.8　引流模式

合作模式二：引流+联合出资

"引流+联合出资"模式如图2.9所示。

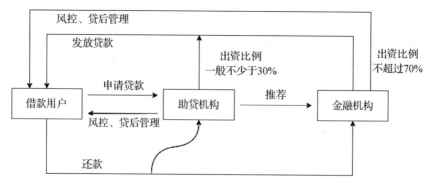

图2.9 "引流+联合出资"模式

2.5.4 联合贷款和助贷的区别

联合贷款和助贷的区别主要体现在以下几个方面。

1. 合作模式上的差别

联合贷款业务是由合作双方按约定比例共同出资，合作双方均具备放贷资质和业务能力，合作双方都是联合贷款业务的核心。对于银行与助贷机构联合贷款来说，银行承担的出资比例会更高一些。而在助贷业务中，银行作为整个业务的核心和主导，提供所有的资金，助贷机构仅作为信息技术服务提供方参与到业务中，向银行收取技术服务费，助贷机构只起辅助作用。

2. 业务门槛的差别

联合贷款业务中的主出资方与联合放贷机构都具有放贷资质，比如，商业银行与微众银行的合作就是联合贷款，而在助贷业务中的助贷平台可以是没有放贷资质的非持牌机构，所以联合贷款业务的门槛比助贷业务更高，受到的监管也更严格。

3. 风险分担机制上的差别

联合贷款中的联合放贷机构和主出资方都会出资，所以都会对贷款进行独立审批，按照各自的出资比例将贷款计入各自的表内资产，并获得相应的风险溢价。而在助贷业务中，只有银行提供资金，所以贷款规模只计入银行的表内资产，银行会按照金融资产风险分类的办法进行处理，并获得全部的风险溢价。

2.6 场景化消费金融细分领域的业务模式

近年来，伴随着国民消费升级及各行各业互联网化，我国消费金融得到了全面化、多样化的发展，其中，基于消费场景的消费金融尤为瞩目，成为金融业的风口。下面针对基于家装、医美、旅游、教育等消费场景的新型消费金融业态进行系统分析。

2.6.1　家装类消费金融

家装消费金融是以家庭住房装修为消费场景的，对具有装修融资服务需求方提供的贷款产品。家装消费金融兴起的根本原因在于家装行业潜在的极大的市场需求。根据公开资料显示，近六年，家装行业市场规模平稳增长，预计未来家装市场空间达 4 万亿元，潜在的极大的市场需求使得金融从业平台纷纷拟布局抢占家装市场以分一杯羹。此外，家装行业的快速互联网化为家装消费金融插上了一对翅膀，加速了家装消费金融的兴起。传统家装市场集中度低，消费金融难以实现规模经济。随着家装行业互联网化，一站式家装服务时代开启，消费金融平台通过与一站式家装服务平台合作，即可完成与千百家家装产业链上的公司合作，实现规模经济。

1. 家装消费金融的产业链

家装消费金融的产业链包括消费供给方、消费金融服务平台、消费需求方、外围服务方等。

(1) 消费供给方是指家装生产和服务方。传统家装生产和服务市场集中度低，上下游产业链长，服务效率低下，故配套的家装消费金融发展较为缓慢。随着家装行业互联网化，一站式家装服务平台兴起，整合并优化了产业链，家装市场得以快速发展，故家装消费金融也受到各金融服务平台的青睐。

(2) 消费金融服务平台是指家装消费资金的借出方。传统家装消费金融主要由银行和消费金融公司提供，目前，家装消费金融服务平台在传统的银行和消费金融公司的基础上新增电商消费金融平台，后者具有效率高、创新力强的特点，推动家装消费金融行业不断向前发展。

(3) 消费需求方是指具有家装消费需求的个人或家装消费资金的借入方。随着消费的升级、房价的上涨，消费需求方呈上涨的趋势。

(4) 外围服务方是指围绕家装消费金融的核心业务，增强核心业务运转效率，提升核心业务质量的服务方，如征信机构及催收公司等。

2. 家装消费金融的业务模式

结合家装消费金融产业链，以及市场现有家装消费金融服务平台和产品，目前家装消费金融业务主要有两种模式。

第一种模式是，消费供给方业务在产业链上延伸至消费金融服务平台。采用这种模式的平台较少，典型的如东易日盛装饰集团入股的易日升金融。易日升金融于 2015 年 2 月成立，专注以家装为入口的消费金融服务平台。其股东之一东易日盛集团成立于 1997 年，是国内首家上市的家装企业，在家装领域有着丰富的经验和资源。因此，易日升金融一上线即有较好的资源和风控优势。截至 2017 年 1 月，易日升金融服务网络已覆盖全国 23 个省，合作商家超过 5 万家。但在这种模式下，借款违约风险并未从消费供给方完全转移出去，且消费金融服务平台承担着更高的杠杆。

第二种模式是，消费供给方与消费金融服务平台合作互补。采用这种模式的平台甚多，典型的如一站式家装平台土巴兔与招联金融合作。土巴兔与招联金融为完全独立的两个主

消费金融

体，招联金融借用土巴兔在家装行业的流量优势，土巴兔借用招联金融在金融领域的资金优势。这种模式对于双方都有更广泛的选择性，且消费供给方能够将风险完全转移给消费金融服务平台，消费供给方为轻资产运营。

两种不同的业务模式有相同的借款资金申请、放款流程，即消费需求方向消费金融服务平台申请家装消费金融贷款，并提交审批材料，消费金融服务平台审批后确定是否通过及放贷金额。值得一提的是，当借款需求通过后，借款资金则由消费金融服务平台直接提供给消费供给方，这能够有效地控制消费贷款资金流向及用途。但同时，由于目前家装行业集中度低，家装公司有倒闭的风险。

目前，家装消费金融以无抵押无担保为主流。其资金主要来源于银行、消费金融公司及电商消费金融平台，因此借款利率较低。可借金额为 50 万元以下，最长期限为 5 年。当然借款金额超过 20 万元、贷款期限超过 2 年的信用贷，从一定意义上来说不是消费金融。

如今，家装消费金融服务平台进入成长期。家装消费金融服务平台 TOP10 如表 2.6 所示。

表 2.6 家装消费金融服务平台 TOP10

平台	背景	最高额度/万元	费用	期限(期)	放款时间	首付	监工
易日升金融	东易日盛、汇付天下	100	6 期 0	6/12/24/36	15 分钟	无	有
土巴兔——装修贷	58 同城、红杉资本、经纬创投等风投	20	0.625%/月	3/6/12/18/24/36/48/60	1 天	无	有
齐家——专享贷	广发信德、鼎晖、百度等风投	50	3.6%/年起	90 天免还款，11～59	3 小时	有	有
我爱我家——爱家金融	我爱我家	50	6 期 0、12 期 3%、24 期 5%	6/12/24	—	无	有
苏宁消费金融——任性到家	苏宁消费金融	40	12 期 0%	3～60	20 分钟	无	无
京东金融——安居白条+	京东金融	50	0.5%/月	30 天免息，12；36	—	无	无
百度有钱花——家装分期	百度金融	20	手续费 0～5%	6～36	15 秒	无	无
有住网——装修贷款	宜华木业等风投	10	手续费 4%	12/24	1 天	无	无
天猫家装——装秒贷	阿里巴巴	50	0	3/6/12	5 分钟	有	无
蘑菇+	亚厦股份	30	0.31%/月	6/12/24/36/48	—	无	无

(资料来源：盈灿咨询、平台官方网站)

2.6.2　医美类消费金融

医美消费金融是以医疗美容为消费场景的，对具有医疗美容服务需求方提供的贷款产品。医疗美容是指运用手术、药物、医疗器械和其他具有创伤性或者侵入性的医学技术、方法对人的容貌和人体各部位的形态进行的修复与重塑。

2015 年，医美消费分期平台兴起。医美消费金融兴起的原因在于医美行业供需两旺。供给端主要受益于民营医院的崛起以及医美技术的升级，需求端主要受益于消费升级、韩流文化、颜值经济、医美服务互联网化。根据公开资料显示，我国医美市场增速快且规模大，激发了医美消费金融的兴起。根据中商产业研究院的数据显示，2015 年以来，我国医疗美容相关企业注册量持续增加，2021 年医疗美容相关企业注册量已突破 20 万家。目前，中国能够开展医疗美容项目的合规机构超过 1 万家。2017 年中国医疗美容手术类治疗市场规模为 592 亿元，2021 年增至 915 亿元。但相比美国和韩国市场，我国市场至少有 4 倍的提升空间。

1. 医美消费金融的产业链

医美消费金融的产业链包括消费供给方、消费金融服务平台、消费需求方、外围服务方等。

消费供给方是指器械及药物生产方、医美服务方。医美消费供给方上游主要包括医疗器械生产商和药物生产商。医美消费供给方中游主要包括民营美容医院、公立医院美容科室、私人诊所。中游的服务机构质量参差不齐且集中度低，故医疗服务中介机构的兴起，提高了美容资源配置效率，同时也为医疗消费金融提供了便利窗口。

(1) 消费金融服务平台是指医美消费资金的借出方，包括银行、消费金融公司、小额贷款公司、电商消费金融平台等。

(2) 消费需求方是指具有医美消费需求的个人，也是医美消费资金的借入方。

(3) 外围服务方是指围绕医美消费金融的核心业务，增强核心业务运转效率，提升核心业务质量的服务方，如征信机构及催收公司等。

2. 医美消费金融的业务模式

结合医美消费金融产业链，以及市场现有医疗消费金融服务平台和产品，医美消费金融业务主要有两种模式。

第一种模式是，互联网医美中介平台与消费金融服务平台合作，由互联网医美中介平台充当流量入口，消费金融服务平台提供贷款审核和资金。医美中介平台作为医美消费的场景入口，有商家，有客户，在医美消费金融业务上有着天然的优势。如互联网医美中介平台更美，当消费者购买更美平台上的产品时，可以选择尾款分期，尾款分期由分期平台趣分期提供。

第二种模式是，消费金融服务平台与医美消费提供方合作，以线下为主要获客渠道。如易日升金融易美贷、麦子金服麦芽分期、么么贷等，即与线下医美商家合作以获取客户。

医美消费金融存在着一定的信用风险，因为医美术后不满意、医疗纠纷的比例较高，所以会影响借款者的还款意愿。目前针对医美消费金融行业的信用风险，市场上存在着风险控制、风险转移、风险承担三种处理方式。风险控制是利用分期平台在信用风控领域的经验预测违约风险，选择放贷与否；风险转移为将风险转移至保险公司，即推出医美保险；风险承担为运用催收方式收回本息及罚金。

由于医美消费金融行业信用风险较大，所以目前涉足其中的主要为银行信用卡分期。同时，由于医美消费多为冲动性消费，故贷款审核效率在医美消费金融中也非常重要。有研究表明，如果审核时间超过 2 小时，消费者的消费热情就会下降，故良好的体验也是医美消费金融平台不断追求的目标。

医疗场景消费金融普及度较低，未来前景可期，医美分期未来将成为一种时尚医疗消费金融，是一种刚需，因为很多家庭由于经济原因负担不起昂贵的医疗费用，这个时候分期医疗付费就诞生了。

虽然有部分医院通过与银行合作推出分期付费的方式，但一直没有形成气候。目前国内还没有单独的医疗金融平台通过与各大医院达成合作而推出医疗金融服务，但随着政策红利的显现，作为普惠金融的一大亮点，越来越多的平台将战略布局医疗场景。以蚂蚁花呗为例，在今年 5 月宣布和超过 150 家医院达成协议，推出针对就医人群的互联网消费金融服务。目前蚂蚁花呗已开通体检场景服务，未来将在诊疗、手术、住院等场景提供金融服务。另外，未来医美分期将成为一种时尚，根据米么金服的数据，在医美分期用户中，年轻女性用户是医美分期的主力军，媒体/体育/娱乐等领域的从业者在医美分期行业人均消费金额最高，鼻综合整形、切开双眼皮和开内外眼角分别是医美分期用户最偏爱的三个项目等。未来根据客户的需求，医美行业可以有针对性地进行场景布局。

2.6.3　旅游类消费金融

旅游消费金融是以旅游为消费场景的，对具有旅游消费需求方提供的贷款产品。旅游消费金融的兴起主要源于人们对于旅游需求的消费升级，加上互联网技术的日益成熟及互联网金融的普及，使得旅游消费金融市场前景广阔。

随着社会压力的增大，越来越多的人在闲暇时间会考虑外出旅游，但往往由于经费不足等原因让旅行成为泡影，而旅游分期消费恰好能满足这类人的需求。目前，在旅游消费金融分期领域，传统金融机构兴业银行、中国银行等先后推出了旅游金融分期消费；京东金融、蚂蚁金服纷纷看好互联网旅游消费分期市场；去哪儿、携程、途牛等在线旅游平台融入金融，同程旅游有"程程白条"，途牛有"首付出发"，驴妈妈有"小驴分期"，众信旅游也推出分期旅游产品。此外，消费金融平台也看好旅游分期前景，如搜易贷旗下小狐分期，深入挖掘场景化消费金融市场，与旅游、电商、游戏、教育、医美等各线上消费平台合作，为数千万用户提供分场景的消费分期服务。

1. 旅游消费金融的产业链

旅游消费金融的产业链包括消费供给方、消费金融服务平台、消费需求方、外围服务方等。

(1) 消费供给方是指旅游服务方。旅游服务方核心企业包括酒店、景区、餐厅、购物及在线旅游平台等。

(2) 消费金融服务平台是指旅游消费资金的借出方，包括银行、消费金融公司、小额贷款公司、电商消费金融平台、在线旅游金融平台等。

(3) 消费需求方是指具有旅游消费需求的个人。

(4) 外围服务方是指围绕旅游消费金融的核心业务，增加核心业务运转效率，提升核心业务质量的服务方，如征信机构及催收公司等。

2. 旅游消费金融的业务模式

旅游消费金融的业务模式主要为旅行分期，即当消费者购买旅行产品时，由旅游消费金融服务平台提供的旅行分期产品。如途牛旅游网的用户支付首付款即可出发看世界，余款支付享受最长 30 天的延后付款或最长 12 期的分期付款服务。表 2.7 所示为旅游消费金融服务平台 TOP10。

表 2.7　旅游消费金融服务平台 TOP10

平　　台	背　景	最高额度	费　　用	期限(期)
凯撒旅游——旅游白条	上市	5 万元	0.3%～0.45%/月	3/10
携程	上市	信用卡额度	0 或信用卡利率	1/6/12
去哪儿——拿去花	上市	—	0.3%/月	3/6/9/12
途牛——首付出发	风投	2.5 万元	0.75%+/月	3/6/9/12
驴妈妈——小驴分期	风投	—	0	3/6/9
同程旅游——程程白条	风投	2 万元	0.5%～1%/月	3/6/10/12
淘宝旅行	阿里巴巴	—	0.33%+/月	3/6/9/12
宜人贷	上市	10 万元	0.78%/月	12～36
爱旅行+京东白条	民营创业	5 万元	0.5%/月	6
首付游	风投	—	0～1%/月	12

(资料来源：盈灿咨询、平台官方网站)

当前，消费金融已经从早期金融产品的"搬运工"步入"场景化"金融时代。虽然说旅游消费金融需求存在，但是旅游消费金融的消费习惯并没有形成，整体来看消费者线上消费市场仍需进一步引导与培育。事实上，旅游金融类产品并不像想象的那样单一，除了比较常见的旅游分期金融服务，还涉足旅游理财、旅游保险经纪、出境游担保等场景。

旅游消费金融平台具有借款额度低、借款费用低、分期时间多为 1 年以内的特点。以途牛旅游网的旅游分期付款业务首付出发产品为例，用户支付首付款即可出发看世界，余款分期支付，并可享受 3 期、6 期、9 期、12 期等多种期限选择，最高 2.5 万元信用额度。旅游消费金融的线上入口已经形成一定的进入壁垒，各在线旅行平台均已获得风投战略注资，相信未来这些平台将更多地与传统金融机构开展合作。

2.6.4　教育类消费金融

教育消费金融是以教育为消费场景的，对具有教育消费需求方提供的贷款产品。教育消费金融包括技能培训消费金融、学业消费金融等。教育消费金融兴起的主要原因在于消费金融的兴起引爆了教育培训的资金需求。教育培训课程费用高昂，"教育培训+消费金融"

的结合带来了"1+1>2"的产业优势互补效果,既缓解了教育培训机构的流动性,又解决了学员培训学费不足的难题。据公开资料显示,教育消费金融市场预计具有万亿元级体量。

1. 教育消费金融的产业链

教育消费金融的产业链包括消费供给方、消费金融服务平台、消费需求方、外围服务方等。

(1) 消费供给方是指教育提供方。按教育形式,教育提供方可分为线上教育和线下教育;按教育内容分,教育提供方可分为语言类、IT类、兴趣类等。

(2) 消费金融服务平台是指教育消费资金的借出方,包括银行、消费金融公司、小额贷款公司、电商消费金融平台等。

(3) 消费需求方是指具有教育消费需求的个人。消费需求方根据身份可以分为学生和职业人士。

(4) 外围服务方是指围绕教育消费金融的核心业务,增加核心业务运转效率,提升核心业务质量的服务方,如征信机构及催收公司等。

2. 教育消费金融的业务模式

目前,市场上教育消费金融的业务已经覆盖了教育过程的各个阶段,根据年龄段和受教育目的的不同大致可以划分为三个阶段:婴幼儿早教阶段、K12教育阶段、职业教育阶段。

教育消费金融服务平台的获客方式为线上和线下相结合。线上主要为与在线教育平台合作,线下则建立合作的小微教育机构。教育消费金融服务平台的收入来源于与教育机构合作学费的差价、学费分期利息、招生返佣。

在风控上,由于我国征信体系的不足,学生的信用记录很少,故仅凭信用模型对学生教育消费金融进行风控不科学,教育消费金融的风控更应拓宽信用维度,如将维度拓宽至社交场合、具体场景中。教育消费金融服务平台TOP10如表2.8所示。

表2.8 教育消费金融服务平台TOP10

平　台	背　景	最高额度	费　用	期限(期)
百度金融——教育分期	百度	—	—	—
课栈网	风投	按学费	1%/月	12/24/36
京东金融——白条教育分期	京东金融	5万元	—	3/6/12
帮帮助学	民营创业	按学费	免息	6/12
米么金服	小米科技投资	—	—	—
孩分期	趣分期(风投)	—	—	—
蜡笔分期	玖富	—	—	—
分期乐——教育培训	风投	—	0	3/6/9/12
乾包	民营创业	—	0	—
麦芽分期	风投	1万元	3%/月	3/6/9

(资料来源:盈灿咨询、平台官方网站)

　　以教育培训领域综合服务平台课栈网的贷款分期产品为例。教育消费金融申请者通过课栈网相应课程界面选择学费分期的金额及期限，提交分期信息及材料，在线签订相关合同，确认分期，即可享受学费分期服务。其额度不高于学费金额。平台创新弹性还款方式，即学生前期只还利息及服务费，后期再偿还本金及服务费。目前平台均为机构贴息还款，即机构补贴利息及服务费，学生贷款期间无任何费用，仅按期偿还等额本金即可。此外，平台鼓励长期贷款，借款期限越长，月综合费率越低。

本 章 作 业

1. 场景化消费金融有哪些商业模式？请详细分析。
2. 简述家装消费金融、旅游消费金融、医美消费金融和教育消费金融的业务模式。
3. 分析银行、持牌消费金融公司和互联网平台的场景化运用情况。

第 3 章　商业银行消费金融

- 了解我国商业银行消费金融发展的情况，掌握商业银行场景化消费金融的搭建方式。
- 熟练掌握消费金融的商业模式。
- 熟练掌握商业银行信用卡分期和个人消费贷款业务。

本章简介

商业银行是消费金融提供的主体。通过本章的学习，读者将了解我国商业银行消费金融发展的情况，商业银行是通过怎样的方式搭建消费金融场景的；还将了解商业银行的商业模式；此外，还将了解商业银行消费金融的两种重要类型。

3.1　商业银行消费金融概述

3.1.1　商业银行发展消费金融的动因

1. 政策的大力支持

为充分发挥消费对经济增长的拉动作用，以消费金融引领消费升级，自 2009 年中国银监会颁布《消费金融公司试点管理办法》以来，国务院、银保监会、中国人民银行等部门多次出台相关政策积极支持消费金融发展。为了规范商业银行互联网贷款业务经营行为，促进互联网贷款业务健康发展，2020 年 7 月颁布实施《商业银行互联网贷款管理暂行办法》(以下简称《办法》)。2021 年 2 月，银保监会发出《关于进一步规范商业银行互联网贷款业务的通知》，对《办法》进行细化和修正，从联合贷款出资比例、集中度、限额管理等三个方面设定严格的定量指标，并严控地方法人银行跨区域经营。2022 年 7 月，银保监会发布《关于加强商业银行互联网贷款业务管理提升金融服务质效的通知》(以下简称《通知》)，从履行贷款管理主体责任、完善贷款资金管理、规范合作业务管理等多方面进一步细化了商业银行贷款管理和自主风控要求。

2. 消费金融发展潜力巨大

伴随人均收入的增长和消费主体、消费观念、消费习惯的改变，我国消费金融逐渐释放出了巨大的发展潜力。未来几年，我国广义消费信贷规模将继续保持 20% 以上的增速，狭义消费信贷(不含住房按揭贷款)规模将继续保持 25% 左右的增速。

促消费是扩内需的重中之重，而内需扩大仍然是未来若干年确保经济回稳向上的重要力量。2022 年 12 月，中共中央、国务院印发《扩大内需战略规划纲要(2022—2035 年)》，强调全面促进消费,加快消费提质升级,并从持续提升传统消费、积极发展服务消费、加快培育新型消费、大力倡导绿色低碳消费等方面提出了明确要求。中央经济工作会议提出,要把恢复和扩大消费放在优先位置。消费对于经济发展的推动作用不断增强,对于经济增长的贡献率不断提升。但从消费对经济增长的贡献率来看,与发达国家平均 80% 左右的高贡献率相比,我国仍有较大差距。

从消费金融的发展趋势来看,一方面,消费金融产品契合了居民教育文化、医疗保健、旅游服务等新消费内容,与传统银行住房贷款、汽车贷款形成了错位发展;另一方面,消费金融业务创新使得新消费板块在个人消费支出中的比例上升,教育消费、文化消费、医疗消费、养老消费、旅游消费、信息消费、绿色消费等消费新业态迎来蓬勃发展。

3. 科学技术支撑

信息技术与大数据运用为消费金融带来了重大的历史机遇。信息科技有力地推动了消费金融服务机构提升数字化运营能力和经营效率。人脸识别、远程签约、线上放款降低了消费金融的运行成本,大数据、云计算助力消费金融实现智能风控,精准判断客户偿还能力,并通过机器学习法和统计分析工具进行自动化和智能化决策,提升服务效率。此外,全流程线上贷款技术的实现为客户提供便捷、高效的金融服务,大幅提升了客户体验。信息技术与大数据运用促进了互联网消费金融的爆发式增长,也必将推动商业银行消费金融快速健康发展。

4. 践行普惠金融

党中央、国务院高度重视发展普惠金融。2015 年《政府工作报告》提出,要大力发展普惠金融,让所有市场主体都能分享金融服务的雨露甘霖。2015 年 12 月,国务院公开发布了《推进普惠金融发展规划(2016—2020 年)》,明确要引导各类银行业金融机构大力发展消费金融,以激发消费潜力,促进消费升级。2017 年李克强总理在国务院常务会议上提出,大型商业银行当年内要完成普惠金融事业部的设立,成为发展普惠金融的骨干力量。

监管部门要求各类银行业金融机构在总结经验的基础上,继续推进各项体制机制改革,探索各种商业可持续的普惠金融服务模式,大力发展普惠金融。商业银行应当积极转型发展消费金融,建立和完善消费金融服务体系,在进一步做好传统银行个人客户金融服务的同时,大力开发中低收入人群的信贷产品,为普惠金融重点服务对象提供适当、有效的金融服务。这既是我国全面建成小康社会的必然要求,也有利于商业银行可持续均衡发展,助推经济发展方式转型升级,增进社会公平与社会和谐。

5. 提升盈利能力

一方面,随着利率市场化改革的深入推进,商业银行利差空间不断缩小,净利差和净息差逐年下降;另一方面,由于宏观经济下行,实体经济经营困难,公司贷款不良率逐年上升,在利差收窄和公司贷款不良率攀升的双重压力下,商业银行迫切需要寻找新的利润增长点。

消费金融具有高频、小额、分散、利率敏感性低、风险相对可控等优势,是商业银行新的利润增长点。一是消费金融具有海量的客户群体,客户基础庞大,且相比企业客户,消费群体受经济周期和行业周期的影响相对较小,盈利基础稳定,波动性较小。二是消费金融客群的利率敏感性低，定价较为灵活，利率收益水平高于公司客户，盈利能力较强。三是消费金融单笔金融较小且客群高度分散，单笔违约影响较小，风险集中度低，资产质量相对可控，能够保障消费金融的盈利能力。

3.1.2 商业银行开展消费金融的优势与劣势

1. 商业银行开展消费金融的优势

1) 商业银行具有广泛的线下渠道

商业银行拥有覆盖全国的营业网点、自助银行、自动柜员机(ATM)等物理网点优势，并且这种优势具有不可转移性，无法和先进技术一样通过学习、模仿来获得，而且能够长期保有。

线下渠道的存在可以增强客户的感知度，提升客户的信赖感和忠诚度，又是销售复杂金融产品的重要渠道。在线下和线上的融合过程中，线下渠道的缺乏是互联网金融的短板，却是商业银行的长处之一。

通过依托现有的物理网点与线上平台的协同营销、交叉获客，提供个人综合化金融服务。从传统金融服务的意义上讲，商业银行网点的分布密度在很大程度上决定了服务客户的广度。

2) 资金实力及成本优势

商业银行拥有存款特许经营权。在金融运转过程中，资金的沉淀是所有经营活动的起点，也是经营活动的终点。经过近几年的快速发展，我国商业银行规模不断扩大，盈利水平节节攀升。2021 年年末，商业银行全年的净利润达到 2.2 万亿元。这使得商业银行具备了雄厚的资金实力，可以为消费金融创新在设备购买、人才引进、技术研发等方面提供足够的资金支持。

由于商业银行可以吸收公众存款，和其他市场参与主体相比，这成为低成本资金的关键来源。在此基础上，进而形成商业银行开展其他业务的基础和优势，可以在市场竞争中获得成本优势和定价优势。

3) 成熟且完善的风控体系

商业银行消费贷款、信用卡业务开展了多年，在面对信用风险、操作风险、市场风险、流动性风险等构成的复杂多变的市场环境方面，商业银行已经形成了一整套相对完整的、成熟的风险管控体系、风险管理框架制度以及风险处置流程，也经历过实际业务的检验，相对于互联网企业以及非银行系消费金融公司，银行的风控体系更加稳健。

4) 丰富的产品体系和综合服务

商业银行不仅向消费者提供房屋消费贷款以及房屋抵押等大额的、长期的消费贷款，还提供个人耐用消费品贷款以及旅游、医疗、教育等消费贷款，产品体系较为完善，服务门类较为齐全，基本涵盖了民生各个领域和居民生活的重要场景。在贷款金额、还款方式、贷款期限上灵活多样，能够满足不同客户的个性化需求。

2. 商业银行开展消费金融的劣势

然而，商业银行开展消费金融业务也存在诸多劣势。

1)　缺乏场景的直接掌控能力

商业银行作为金融机构，一直以来都深耕金融领域，发展金融产品，较少涉足其他领域。只不过发展消费信贷业务所需要的不仅是消费信贷产品，为消费者营造良好的消费场景也是其中重要一环。与互联网企业相比，商业银行不直接掌控客户消费场景，距离客户较远，因此严重缺乏对客户消费场景的直接掌控能力。而互联网企业利用平台优势，紧紧把控着客户的各种消费场景，且具有很强的掌控能力。随着互联网技术的发展，线上、线下联系紧密凸显出消费场景的重要性，越来越多的市场参与者也认识到这个问题并积极细化消费场景，搭建网上消费平台。相较于其他平台消费信贷产品的便捷、易操作等优势，商业银行消费信贷产品便显得过于烦琐，消费场景也过于单一，这就导致了商业银行与消费场景之间的联系不够紧密，当消费者有贷款需求时立即想到的不会是银行，从而挤压了其市场份额。为此，商业银行也试图借助互联网技术进行转型，不过我国商业银行体型大，业务转型不可能一蹴而就。

2)　缺乏系统化的业务体系

商业银行没有专门的消费金融部门。商业银行消费金融的职能分散在信用卡部门、个人贷款部门，有些银行甚至还有专门的汽车金融部门，这就造成内部资源分散，不能形成合力，甚至是内部各部门之间互相竞争，争抢客户，造成产品杂乱无章，给客户造成困扰。除此以外，城市商业银行和农村商业银行在监管层面还面临经营地域问题，这是其无法大面积展开消费金融业务的主要原因。

3)　管理问题

传统商业银行都是人员众多、机构臃肿的庞然大物，经过多年的发展，内部已经或多或少地形成了官僚氛围，冲规模、重房贷的传统经营思维根深蒂固，与需要开放、创新、灵活经营思维的消费金融相去甚远，要在短时间内转变其经营思维较为困难。

4)　门槛高、周期长、效率低

长期以来，银行消费贷款准入门槛高，以中低收入为代表的大量的长尾客户往往被商业银行所忽略，银行现有的服务流程、风控模型等都缺少对这一群体的关注，缺乏长尾客户服务经验成为银行的一大挑战。由于银行自身风控条件有限，所以个人贷款业务审批需要严格且复杂的流程，造成贷款业务周期长，贷款效率低。

3.1.3　我国商业银行发展消费金融的方式

国外商业银行往往采用消费金融子公司与银行相结合的方式来开展消费金融业务。二者根据服务对象的信用等级提供差异化的消费金融产品和服务，该组织架构能够形成优势互补，在一定程度上提高了抵御金融风险的能力，使得消费金融得以健康、全面、快速发展。

美国花旗集团的消费金融业务活动是由花旗银行零售业务部门与花旗控股的消费金融机构共同开展，且花旗控股的消费金融机构占据了花旗集团消费金融业务量的 90% 以上。花旗金融公司作为花旗集团旗下的消费金融子公司，是美国最具代表性的消费金融公司。在风险管理上，银行类消费金融公司根据业务特点，形成一套特有的贷款风险评估方法，采用差异化审核流程和多样化的催收方式保障贷款的回收率，并通过网上流程为消费者提供方便快捷的消费金融产品和服务。

消费金融

法国巴黎银行是一家全球性商业银行及金融服务机构，被标准普尔评为全球四大银行之一。法国巴黎银行的消费业务主要由银行内部的零售部门和全资设立的消费金融子公司——Cetelem 公司共同开展，后者也是欧盟最具代表性的消费金融公司。它是欧洲地区首家向消费者提供消费信贷资金的金融服务机构，成立于 1953 年，现已发展为一家大型跨国集团，业务涵盖了信用卡、分期付款、汽车贷款及个人贷款等多种形式的金融服务产品，通过与许多大型零售商、批发商的合作经营，为全球近 30 个国家和地区的消费者提供多样化的消费信贷产品。

西班牙国际银行也叫桑坦德银行，成立于 1857 年，在全世界排名第九，在欧元区排名第二，其零售业务是桑坦德银行的主要特色，对集团的收入贡献超过 80%，战略目标是成为最好的零售商业银行。在经营策略上，桑坦德银行大力发展消费金融，2015 年消费金融盈利 9.38 亿欧元，占集团盈利的比例为 11%。该业务单元在欧洲市场的领导地位稳固，主要涉及汽车融资、耐用品贷款、个人贷款和信用卡业务，并投资设立了桑坦德消费金融子公司。桑坦德银行通过消费金融公司加强与汽车经销商的紧密合作，通过与遍布欧洲的 13 000 个销售点(汽车经销商和零售商)为客户提供金融服务。

借鉴国外商业银行发展消费金融的成功经验，我国商业银行转型发展消费金融有以下三种方式。

1. 在银行内部成立消费金融中心或消费金融事业部

自 2005 年起，联合国率先在推广小额信贷年时开始广泛使用普惠金融这一概念。普惠金融理念是衡量一国金融体系公平性的最高标准。2015 年，国务院印发《推进普惠金融发展规划(2016—2020 年)》；原银保监会设立银行业普惠金融工作部，牵头推进银行业普惠金融工作。2017 年《政府工作报告》进一步指出，鼓励大中型商业银行设立普惠金融事业部。2017 年 5 月，银监会发布《大中型商业银行设立普惠金融事业部实施方案》，目前各商业银行已相继设立普惠金融部门，以推动本行的普惠金融工作。消费金融是商业银行普惠金融的一个重要组成部分。

商业银行通过开发专门的消费金融产品，借助自身的客群优势，大力发展消费金融业务。如四大国有银行、全国性股份制商业银行、大型城商行都采用了这种方式。商业银行的传统消费贷款以信用卡业务为主，近年来逐渐向旅游、教育、医疗等领域拓展，但门槛仍较高，专业化的细分程度也有待提高。表 3.1 所示为部分银行的消费金融产品。

表 3.1　部分银行的消费金融产品

银　行	主要消费金融产品
工商银行	融 e 借、逸贷
建设银行	家装贷、学易贷、建行"快贷"
中国银行	中银 E 贷、理想之家双享贷、安心宝、安易宝
农业银行	网捷贷、随薪贷、安居好时贷系列
招商银行	购房专享装修贷款、购房专享车位贷款、个人消费贷款、个人汽车贷款
交通银行	个人信用消费贷款、e 贷通、个人住房装修贷款
浦发银行	精英贷、消贷易

银　行	主要消费金融产品
民生银行	消费微贷系列产品、家庭综合消费贷款
兴业银行	简捷贷、随兴游、个人留学贷款、个人综合消费贷款
中信银行	网络信用消费贷、信用贷款
光大银行	循环易贷、白领易贷、薪易贷、快易贷

2. 通过自建电商平台发展消费金融

商业银行自建电商平台是指商业银行自行搭建一个新的电子商务平台，通常不是一个独立的法人机构，而是银行内部组织中的一个部门。

商业银行构建电商平台生态系统的目的在于通过自身资源带动相关金融产品及服务的发展，一方面，商业银行可以通过电商平台的交易获取更多的收入；另一方面，可以通过电商平台内提供的金融服务促进商业银行与消费者、供应商之间的联系，达到提升商业银行金融服务质量的目的。该生态系统的运营离不开四个主体，即电商交易平台、大数据、上游商户和下游消费者群体，四者缺一不可。由于电商交易平台实际的运营主体是商业银行，所以商业银行负责提供交易的相关信息及记录，并对有融资需求的商户进行综合跟踪及监控，确保金融业务有效地进行。大数据分析是商业银行开展电商平台业务的必要条件，大数据分析有助于建立客户精准画像、识别风险。上游商户通过在银行电商平台内的经营，积累了丰富的交易数据，商业银行可以根据该交易数据建立信用评级，并对这些上游商家提供供应链金融服务。而电商交易中的下游消费者群体在购物交易的过程中形成了信用评级的基础，商业银行通过消费者的交易数据建立风控模型，发展消费金融业务。同时，通过掌握不同消费者的消费偏好，创新出更多适合市场需求的金融产品和服务。商业银行开展电商业务，不仅是为了在电商平台业务中获利，更重要的是从电商平台的交易数据中提取有效信息，更好地创新金融业务，通过供应链金融缓解小微企业的现金流难题，促进资金周转，增强商户对商业银行的依赖；与此同时，通过消费金融贷款促进消费者购买，扩大平台交易额，增强消费者的黏性和忠诚度。

我国商业银行和自营电商合作兴起于 2015 年，目前建设银行、工商银行等各大银行都有自己的电商平台。

3. 投资设立消费金融公司

银行本身可以直接发放消费贷款，为什么还要成立消费金融公司？原因主要有以下几个方面。一是出于合规、风险控制等需求，避免对主业造成影响。在我国，由于金融监管部门对商业银行有着严格的业务规范和控制，如资本充足率、覆盖率、不良贷款率等指标都有特别要求，每年还有监管评级，这些都关乎银行的切身利益，银行业有严格的贷款管理规则，包括贷款和还款、逾期的比例等，各银行在金融系统中一直将系统风险控制列入重要任务之中。而消费贷款以信用为主，容易出现逾期和失信的情况，对银行经营有重要影响。正因为如此，在某种程度上，限制了银行业务的发展，使银行处于谨慎的地位。而消费金融公司主要是面向个人业务的消费贷，由股东承担风险，对于社会以及市场的影响没有那么大，相比之下，它的监管程度会相对宽松一些。二是出于跨区域经营和专营化管理的需要。在国内经济增长由主要依靠投资、出口拉动向依靠消费、投资、出口协调拉动转变的新形势下,有战略眼光的商业银行纷纷投资设立消费金融公司。由于消费金融公司可进行线上申请和审核,将业务变成全国性业务,商业银行尤其是城市商业银行,由于其区域性特点决定其服务范围受限,而通过设立消费金融公司可以"借船出海",实现跨区域经营和专营化管理,因而城市商业银行热衷于投资设立消费金融公司。至 2021 年年底,全国持牌消费金融公司达 30 家。其中,有 20 家持牌消费金融公司由银行出资共同成立,如表 3.2 所示。

表 3.2　银行参股的消费金融公司名单

序　号	名　　　称	参股银行
1	中银消费金融	中国银行
2	招联消费金融公司	招商银行
3	中邮消费金融	中国邮政邮储银行
4	哈银消费金融	哈尔滨银行
5	苏宁消费金融	南京银行
6	杭银消费金融	杭州银行
7	锦城消费金融	成都银行
8	中原消费金融	中原银行
9	北银消费金融	北京银行
10	尚城消费金融	上海银行
11	长银五八消费金融	长沙银行
12	晋商消费金融	晋商银行
13	湖北消费金融	湖北银行
14	包银消费金融	包商银行
15	盛银消费金融	盛京银行
16	长银消费金融	长安银行
17	金美信消费金融	中国信托商业银行
18	兴业消费金融	兴业银行
19	幸福消费金融	张家口银行
20	马上消费金融	重庆银行

3.2　商业银行消费金融的模式

传统商业银行依托长期积累起来的用户口碑和丰富的物理网络及人员优势,在传统消费金融领域占据着绝对的优势地位。目前商业银行消费金融业务主要有两种模式。一是信用卡分期贷款,简称信用卡分期。各家银行针对不同的客户,或与相关企业合作,纷纷推出多款联名卡,如农行公务员卡、漂亮妈妈卡、商旅卡等,通过特色化产品吸引大量客户。二是个人消费贷款。

3.2.1　商业银行消费金融的基础模式

国内最早提供消费金融的机构是商业银行。1999 年，中国人民银行发布的《关于开展个人消费信贷的指导意见》指出，从 1999 年起，允许所有中资商业银行开办消费信贷业务。商业银行主要通过信用卡和消费贷款(含抵押消费贷款及信用消费贷款)两大产品为消费者提供消费金融服务。其中，信用卡通过分期和预借现金，简单、快捷地满足持卡人的日常消费需求。而消费贷款则是由消费者提交个人资料，然后向银行申请消费贷款业务，银行审核客户基本资料后发放贷款，消费者获得贷款之后购买相应的产品或服务。商业银行消费贷款具有金额大、期限长、还款方式多样等特点，给消费者提供了更多的选择。商业银行在传统消费金融市场占据着绝对的霸主地位。图 3.1 所示为商业银行消费金融基础模式。

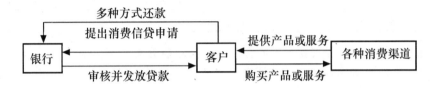

图 3.1　商业银行消费金融基础模式

3.2.2　商业银行消费金融的商业模式

1. 自营模式

商业银行消费金融自营模式主要通过两种途径来实现。一种途径是通过银行自建的 App，消费者直接向商业银行提出贷款申请，银行审核通过后向消费者发放消费贷款，如图 3.2 所示。这是商业银行最直接、最基础的消费金融业务模式。另一种途径就是商业银行建立自有电商平台，如工商银行建立的"融 e 购"、建设银行建立的"善融商务"等，消费者通过该平台进行购物消费。

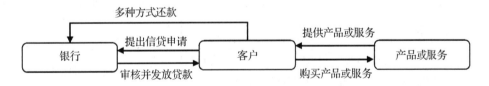

图 3.2　商业银行消费金融自营模式

2. 联合贷款模式

从实践来看，目前互联网联合贷款中传统银行的合作机构主要是蚂蚁金服、微众银行、京东金融、新网银行和度小满金融等大型互联网平台与新兴互联网金融机构(见表 3.3)。这些合作机构或者由于相关的业务而有着大量的客户资源与数据，或者掌握着基于最新金融科技的客户获取与甄别方法，因此在业务引流、客户发掘、信用鉴别等方面具备传统银行所没有的优势。与此同时，这些机构在资金规模和成本、金融功能完备性等方面则存在着各自的短板，因而与传统银行合作实现优势互补成了最佳选择。

表 3.3　部分商业银行的联合贷款合作机构

银行机构	联合贷款的主要合作机构
中国工商银行股份有限公司	四川新网银行
中国进出口银行	深圳前海微众银行
上海浦东发展银行股份有限公司	蚂蚁金融服务集团、京东科技集团
兴业银行股份有限公司	深圳前海微众银行
华夏银行股份有限公司	蚂蚁金融服务集团、深圳前海微众银行
中国民生银行股份有限公司	深圳前海微众银行
浙商银行股份有限公司	蚂蚁金融服务集团
上海银行股份有限公司	蚂蚁金融服务集团、深圳前海微众银行、京东科技集团
天津银行股份有限公司	蚂蚁金融服务集团、深圳前海微众银行、度小满金融

对比国内外助贷和联合贷款机构的合作方式与收益分配比例(见表 3.4)，可以看出，美国的金融科技公司更多的是提供助贷服务，基于先进的数据挖掘和算法分析提供信用评估和风控支持，这与美国充分市场化的征信空间、深度学习和人工智能的发展以及完善的法律和政策密切相关。国内头部的互联网贷款机构开展的联合贷款业务较多，通过与多家商业银行合作，可以占据较大的市场份额，实现收益的规模化。从收益分配比例来看，国内外的收益分成相差不大，收益空间基本在 20%～35%，不过随着市场竞争的加剧，信贷定价可能会出现下降趋势。

表 3.4　国内外助贷和联合贷款机构的合作方式与收益分配比例

公　司	合作方式	收益分配比例
美国消费金融公司 Synchrony Financial	提供导流获客服务	基于信用卡/零售卡收益分成，相当于贷款息费收入的 25%～30%
美国头部线上个人信用顾问服务平台 Credit Karma	提供导流获客和信用评估服务	基于放款额收费，收费约为放款额的 3%，折合约为贷款利息收入的 20%
美国上市信贷科技公司 Upstart	提供 AI 风控模型、导流获客和信贷资产管理服务	基于放款额收费，收费约为放款额的 7%，折合约为贷款利息收入的 30%
中国头部互联网贷款机构(蚂蚁、腾讯、京东、百度、美团等)	提供导流获客、风控模型和联合放款服务	收取贷款利息收入的 25%～35%

作为互联网时代的新型金融业态，联合贷款业务突出地体现了传统金融机构与金融科技平台之间的优势互补，从而为信贷乃至更一般的金融模式创新提供了可能。

首先，互联网联合贷款有助于提升普惠金融的覆盖面和渗透率。随着数字技术的快速发展，小微企业、弱势群体和偏远地区的金融需求被逐渐发现识别，普惠金融信贷供给"最后一公里"难题成为政界、业界和学界高度关注的焦点。联合贷款业务有利于突破传统商业银行既有的网点服务网络和授信逻辑，以更加便捷立体的渠道触达长尾人群，并通过广泛场景累积的金融产品数据、行为偏好数据和生物信息数据等精准刻画金融消费者的信贷画像，在一定程度上代替抵押物或担保保证，提高信贷产品的可得性，改善金融排斥现象，缓解小微企业融资难、融资贵的困局，增强金融服务实体经济的能力。

其次，互联网联合贷款有助于实现优势互补，推动商业银行的业务转型。联合贷款的本质是金融科技公司和互联网平台在一定程度上向商业银行开放场景和数据，提供智能金融技术和大数据风控能力，配合商业银行强大的资金优势，发挥各自的资源禀赋，实现资金与流量的匹配、金融牌照与展业半径的匹配。在此基础上，可以改善部分商业银行，特别是中小型商业银行和城市商业银行的授信区域、业务领域过于集中的问题，降低风险集中度、信用风险和流动性风险。商业银行等金融机构也会在与金融科技公司合作的过程中，积累并沉淀一定的客户数据，逐步研发自身的客户识别系统与风控模型，使得银行在新兴业务中的风险承担行为保持在其拨备和资本承受范围内，稳步推动商业银行向零售转型。

最后，互联网联合贷款有助于完善金融市场信贷供给体系。传统金融机构受限于风控技术、信用资质、服务成本等因素，无法为小微企业提供商业可持续的信贷产品与信贷服务。联合贷款的出现有利于丰富金融市场上的信贷产品结构，增强商业银行为小微企业提供信贷供给的主动性，促进形成多层次、广覆盖和高质量的金融市场信贷体系，助力金融供给侧结构性改革。此外，联合贷款在满足居民消费需求的同时，也会进一步提高消费信贷参与率，释放消费金融领域的发展潜力，助推新常态下经济结构转型升级。

具有放贷资质的机构一般包括商业银行、信用社、信托公司、小额贷款机构等。在该模式下，通常由银行作为资金主要提供方，并主要负责风控、贷后管理。联合放贷机构除提供部分资金外，更重要的是利用大数据广泛地收集客户信息、拓宽获客渠道的优势作为流量方提供客户流量，同时分散潜在风险。由于联合放贷机构在获客和风控等核心环节上具备明显优势，因此一般可以分享比出资比例更高的利润。该模式本质上是风险共担的模式，对联合放贷机构的资本金也有一定的要求。当然，从服务内容上看，联合贷款机构除了提供互联网贷款外，还提供包括营销获客、信息科技、逾期催收等相关服务。联合放贷机构基本上会参与贷前、贷中、贷后全流程。实践中，该模式容易出现部分联合放贷机构通过少量出资撬动较大的资金规模，以及商业银行联合放贷规模过度集中等问题，存在一定的金融风险。因此，2021 年 3 月 29 日银保监会发布的《关于进一步规范商业银行互联网信贷业务的通知》明确提出："商业银行与合作机构共同出资发放贷款，单笔贷款中合作方的出资比例不得低于 30%，商业银行与单一合作方发放的本行贷款余额不得超过一级资本净额的 25%；限额指标，即商业银行与全部合作机构共同出资发放的互联网贷款余额，不得超过全部贷款余额的 50%。"

联合贷款模式的特点有三个。一是独立风控，即核心风控环节不得外包，银行应当独立对所出资的贷款进行风险评估和授信审批。二是遵守跨区经营限制的规定。地方法人银行的互联网贷款不得突破区域经营范围的限制。三是有限额管理和比例管理，同时单笔贷款的资金比例应该是定区间管理。

通过联合贷款和助贷，部分商业银行可以改善其授信区域和行业单一的问题，改善其业务规模集中问题，改善其风险集中度和流动性问题。同样通过更多地与互联网公司及金融科技公司的合作，重塑金融机构业务流程，再造组织结构体系，进一步实现前台场景化、中台智能化和后台上云化，实现商业银行的转型升级。

联合贷款模式如图 2.5 所示。

3. 助贷模式

商业银行可以与助贷机构在多个业务环节开展合作。助贷机构通常包括小贷公司、担保公司、融资租赁公司等众多非持牌机构，它们在客户流量、场景获客、科技技术、贷后管理方面的优势，可以为商业银行营销获客、风险控制、贷后催收等提供智能化服务。助贷机构的专业化服务降低了商业银行消费金融的运营成本，可以较好地实现双方优势互补。

商业银行与助贷机构的合作要在《商业银行互联网贷款管理暂行办法(征求意见稿)》(以下简称《管理办法》)规范的框架下展开。《管理办法》放松了合作机构准入与收费的要求，为商业银行与助贷机构深入合作创造了更加广阔的空间，有助于商业银行吸收新的技术和先进经验，推动消费金融在发展过程中兼顾变革创新与安全合规。但商业银行要对消费金融的核心风控环节进行独立自主管理，与助贷机构的合作模式和内容要通过书面协议明确，合作各方要做好信息披露。

3.2.3 商业银行消费金融的业务模式

1. 信用卡消费

信用卡是商业银行较为成熟的消费金融产品。信用卡消费是消费者从商业银行获得授信后向商家购买商品，由商业银行向商家支付全额货款，消费者再向商业银行还款的消费模式。信用卡消费方式包括信用卡分期、循环信用、预借现金等。信用卡分期产品主要集中在汽车分期和家居分期两个方面。目前，商业银行已形成较为稳定的信卡市场格局，截至 2021 年年末，我国信用卡和借贷合一卡的数量为 8 亿张，授信总额为 21.02 万亿元。

2. 个人消费贷款

个人消费贷款是指银行向个人客户发放的有指定消费用途的人民币贷款。贷款可用于住房装修、购买耐用消费品、旅游、教育等。商业银行个人消费贷款的借款人必须是在中国境内有固定住所、具有完全民事行为能力的自然人。消费者向商业银行申请消费贷款，经审核通过后即可获得贷款。相比信用卡分期，个人消费贷款一般具有贷款品种多、消费用途广、贷款额度高、贷款期限灵活等特点。通过个人消费贷款这一产品，可以让消费者提前实现远期的消费目标。商业银行自 20 世纪 90 年代开办个人消费贷款业务以来，经过多年的发展，个人消费贷款逐步从线下往线上模式发展，业务形态也发生了较大变化。基于互联网技术，消费贷款产品的申请门槛降低，流程更加便捷、高效。商业银行通过多年消费贷款业务的经营，已基本形成一套包括教育留学、旅游、家居装修等在内的较为成熟的个人消费贷款产品体系。

商业银行个人消费贷款的期限一般为1~5年，最长不超过 5 年，贷款利率按照中国人民银行规定的同期同档次贷款利率执行，一般没有利率优惠。银行对借款人的资质要求高，对额度的审批也比较严格，给的额度一般较低。

3.3 信用卡分期

3.3.1 信用卡分期概述

1. 信用卡分期的内涵

信用卡是指商业银行或信用卡公司向符合条件的消费者发行的信用凭证。持卡人能在规定的信用额度内从特定的金融机构中存取现金、转账或者在特定商户进行购物消费。信用卡既是支付工具，也是信用工具。信用卡是一种集信贷、转账、取现、汇兑、结算等功能于一身的金融产品，属于消费金融的范畴。随着电子化支付程度越来越高，信用卡在居民消费支付过程中发挥的作用也越来越大。它分为贷记卡和准贷记卡，通常所说的信用卡指的是贷记卡。

随着我国各项拉动内需措施的出台和人们消费需求的扩大，信用卡业务得到了迅速发展，其中最大的亮点就是信用卡分期付款业务已经成为商业银行新的利润增长点。

信用卡分期，即信用卡分期付款业务，是指信用卡持卡人在进行消费时申请发卡机构一次性向特定商户支付持卡人所购商品或服务的全部款项，再将交易金额平均分成若干期，持卡人根据发卡机构的规定在约定期限内逐期还款。分期还款能缓解客户的资金压力。信用卡分期之后是没有利息的，只收取分期手续费，信用卡分期手续费=分期余额×分期费率。信用卡分期手续费率一般和分期期数有关，分期期数越长，手续费率越高。不同银行的分期手续费率存在差异，分期手续费率推算到实际的年化利率在 12%～15%。

信用卡分期过程中涉及三个角色——持卡人、发卡机构和商户，而发卡机构主要是指商业银行，三者的关系如图 3.3 所示。

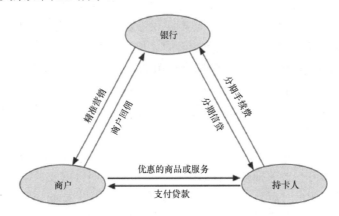

图 3.3　信用卡分期业务中三者之间的关系

该业务实质上是发卡机构为持卡人提供的一种个人消费信用贷款，信用卡由此转变成了一种"信贷卡"。它是一种较为新颖的支付方式，也是一种新的消费理财方法。

2. 信用卡分期付款业务的发展背景

信用卡分期付款业务实际上是一种基于信用卡业务之上的分期业务，是信用卡业务和分期业务的有机结合。

分期付款业务起源于 19 世纪的美国。1855 年，当时美国最大的缝纫机公司——I.M.Singer(胜家)推出了一个分期付款计划，在 I.M.Singer 公司购买缝纫机的客户只需支付 5 美元作为首付就可以获得所购商品，之后每月再支付 3～5 美元直到付清全款。由于当时的生产技术水平低，缝纫机的价格十分昂贵，只有少数富裕家庭才有能力一次性付清全款。这个分期付款计划推出后，立刻受到了消费者的欢迎，缝纫机进入了寻常百姓家，I.M.Singer 公司的业绩也随之大增。这种成功的分期付款业务模式很快就被其他行业复制。

起初分期业务都集中于大宗商品的交易，如高档奢侈品、房地产、车辆等。随着消费金融市场的活跃，小宗商品也逐渐被列入了分期业务的范围，如分期购买手机、电脑、服装、日用品等。同时分期业务也扩展到了服务行业，如教育培训、医疗保健、整形美容等。

信用卡业务萌芽于 1915 年，同样起源于美国。最早发行信用卡的机构并不是银行，而是那些百货商店、饮食业、娱乐业和汽油公司。美国的一些商店、公司为招揽顾客、推销商品、扩大营业额，有选择地在一定范围内发给顾客一种类似金属徽章的信用筹码，后来演变成为用塑料制成的卡片，作为客户购货消费的凭证，顾客可以在这些发行筹码和卡片的商店及其分店赊购商品，约期付款，这就是信用卡的雏形。

有一天，美国商人弗兰克·麦克纳马拉在纽约的一家饭店招待客人用餐，就餐后发现忘记带钱包，不得不打电话叫妻子带现金来饭店结账。因此麦克纳马拉产生了创建信用卡公司的想法。1950 年春，麦克纳马拉与他的好友施奈德合作投资 1 万美元，在纽约创立了"大来俱乐部"(Diners Club)，即大来信用卡公司的前身。大来俱乐部为会员提供一种能够证明身份和支付能力的卡片，会员凭卡片可以记账消费。

1952 年，美国加利福尼亚州的富兰克林国民银行作为金融机构首先发行了银行信用卡。1959 年，美国的美洲银行在加利福尼亚州发行了美洲银行卡。此后，许多银行加入了发卡银行的行列。信用卡不仅在美国，而且在英国、日本、加拿大等国也盛行起来。

从 20 世纪 70 年代开始，新加坡、马来西亚等发展中国家也开始发行信用卡。中国银行于 1986 年开始在我国范围内发行统一命名的"长城信用卡"，简称"长城卡"，该卡使用人民币为统一的结算货币，自此我国国内通用的人民币信用卡诞生了。"长城卡"也是第一张在全国范围内发行的信用卡。

信用卡分期付款业务随着信用卡业务逐渐发展起来，具体形成于 20 世纪 80 年代，当时世界经济进入了一段相对稳定的繁荣期。西方国家的信用卡业务在这个阶段发展迅速，逐渐形成了一个比较成熟的信用卡业务体系。为了适应日益增长的消费需求，扩展商业银行的利润增长点，西方的各家商业银行纷纷推出信用卡分期付款业务，取得了良好的效果。目前，信用卡分期付款业务已经成为西方国家大宗耐用商品主要的交易形式。

招商银行作为国内零售业务的标杆银行，早在 2001 年就设立了信用卡中心并采用全国集中化运作模式，成为国内首家真正意义上独立运行信用卡业务的商业银行。自 2002 年以来，以工商银行、建设银行等为代表，各家银行纷纷成立信用卡中心，作为总行内部相对独立核算的专业化运营单元。2012 年年底，原中国银监会发布实施《中资商业银行专营机构监管指引》，允许商业银行针对某一特定领域业务单独设立领取金融许可证的专营机构，平安银行、北京银行等纷纷获批，将信用卡条线升级为具有二级法人资格、相对独立运作的信用卡专营机构。2015 年中国银监会明确提出探索银行部分业务板块和条线子公司制度改革，此后，中信银行、光大银行、浦发银行等股份制商业银行相继成立信用卡子公司，市场化改革步伐再迈进一步，以谋求更大的中间业务收入。

我国的信用卡分期业务发端于 2003 年，招商银行推出的国内首创的旅游分期免息信用卡分期付款业务开辟了国内信用卡分期业务的先河。此后各家银行纷纷效仿，并不断地推陈出新，将产品服务延伸到日常购物、教育培训等。目前，股份制商业银行已经成为我国主要的信用卡分期业务办理机构。

3. 我国信用卡分期付款业务发展现状

虽然我国的信用卡分期业务起步较晚,落后于西方国家近 20 年,但是其发展速度十分迅速。

中国人民银行的统计数据显示,2013—2021 年我国信用卡的业务规模不断扩大,信用卡发卡量总体上呈波动增长态势,年均复合增速为 11.37%。2021 年我国信用卡发卡量为 8 亿张,较 2020 年增加了 0.22 亿张,同比增长 2.83%。图 3.4 所示为 2013—2021 年我国信用卡发卡量情况。

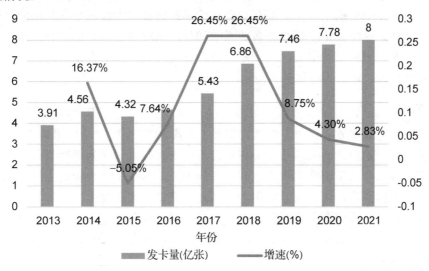

图 3.4　2013—2021 年我国信用卡累计发卡量情况

随着信用卡和借贷合一卡数量的增加,银行卡授信总额也随之增长,2021 年我国银行卡授信总额达 21.02 万亿元,较 2020 年增加了 2.06 万亿元,同比增长 10.86%。图 3.5 所示为 2014—2021 年我国银行卡授信总额。

图 3.5　2014—2021 年我国银行卡授信总额

3.3.2 信用卡分期付款业务的特点

信用卡分期付款业务作为一种崭新的业务模式,具有以下四个特点。

1. 债权债务关系转移

在信用卡分期付款业务中,商业银行和其他发卡机构代替信用卡持有人一次性支付了持卡人所消费商品或服务的全部款项,规定持卡人在约定期限还清款项并支付一定的手续费。在这个过程中,信用卡充当了融资工具的角色,持卡人所消费的商户在此过程中获得了全部款项,而发卡机构承担了之前商户存在的不能向持卡人收回全部款项的风险,从而实现了风险转嫁。这时发生了债权债务关系的转移,债权债务关系由原来的商户与持卡人之间转移到了发卡机构与持卡人之间,原先商户是债权人,持卡人是债务人,现在变成了发卡机构是债权人,持卡人是债务人。

2. 增值性

信用卡分期付款业务具有增值性,它实现了消费者(持卡人)、金融机构(发卡机构)、商户三方共赢。对于消费者而言,该业务将消费者的未来收入转化为即期收入,解决了消费者即期可支配收入与所需消费的价格之间存在的矛盾,提高了消费者的生活质量和生活水平。对于金融机构而言,可以通过信用卡分期业务获得手续费收入,增加利润来源,同时能够优化资产结构,推进多元化经营。对于商户来说,该业务不仅能保证商户收到全部商品或服务的款项,而且能在一定程度上扩大商品或服务的销量,从而提高经济效益。

3. 信用额度放大

信用卡持卡人在信用卡分期业务中进行分期付款时,在原来给定的基础信用额度上又增加了分期付款消费的信用额度,实际上持卡人享受了"双重额度",从而使综合的信用额度放大。这一特点增强了消费者的即期消费能力,但同时也放大了信用风险。

4. 便捷性

信用卡分期付款业务操作简便,手续简单,它直接以给定的信用卡的信用额度为基础,不需要再经过信用申请和审批过程,减少了烦琐的流程。而且目前已经实现了随时随地办理,在银行网点、部分商品门店等均可办理。另外,也可以通过电话热线、网上银行等方式开通信用卡分期业务。随着互联网和通信技术的发展,持卡人可以在手机终端或者电脑端直接进行还款操作,无须实地办理,这给持卡人带来了极大的方便。

此外,它还有灵活的还款方式。一般的信用卡刷卡消费要在约定的到期还款日之前还款,且最长不得超过56天,而信用卡分期业务中持卡人可以根据自身收入状况灵活地选择还款金额及还款期数(如3期、6期、12期甚至24期),这给了持卡人合理安排收支结构的空间。

3.3.3 信用卡分期付款业务的分类

按照信用额度管控方式分类,信用卡分期付款业务可分为一般分期付款业务和专项分期付款业务。其中,在一般分期付款业务下,当持卡人进行分期付款时,信用额度被占用,但是持卡人在此后逐期偿还时,信用额度可以逐期释放,并可以循环使用。而专项分期业务下的信用额度是额外的专项额度,不可循环使用。

按照业务办理方式分类,信用卡分期业务可分为普通账单分期和特约商户分期两类。普通账单分期不限定商户,只要持卡人消费达到一定的金额,就可以将其消费金额在持卡人信用额度内进行分期偿付。而特约商户分期一般涉及的交易金额较大,发卡银行需要对持卡人的信用额度进行重新审批,客户只有在发卡银行指定的商户通过 POS 机刷卡才能完成分期付款业务。目前,这种特约商户分期业务主要集中在家装、教育、家电等行业。

按照每期还款额度是否相等分类,信用卡分期业务可分为等额信用卡分期业务和不等额信用卡分期业务。

按照业务产品分类,信用卡分期业务可分为安居分期、账单分期、商户分期和邮购分期四类。

1. 安居分期

安居分期又称家装分期,是指持卡人使用信用卡在发卡银行指定的家装商户购买产品或服务,经过银行的批准后,持卡人在银行合作的家装商户通过专业的分期 POS 机支付家装款项,由发卡银行先行垫付全部的家装款项,而交易款项平均分成若干期,持卡人要在约定的期限内逐期还款并支付一定的手续费。如中国银行的"易家通"、招商银行的"家装易"以及建设银行的龙卡家装分期等都属于安居分期业务。家装分期是近几年才兴起的信用卡分期业务,随着家装市场需求的扩大,该业务具有极大的发展潜力。

2. 账单分期

账单分期的全称为信用卡账单分期付款业务,是指信用卡持卡人在进行信用卡消费时向发卡银行提出分期申请,发卡银行审批后先行支付持卡人应付的款项,并将其款项分成若干期,由持卡人按照约定条件逐期还款并支付一定的手续费。如果持卡人用信用卡进行房产、汽车以及家装交易,那就不属入账单分期的范畴。在账单分期下,通常申请金额有一定限制。以建设银行为例,持卡人的申请金额不得低于 500 元,最高不得超过已出账单中人民币消费总金额(不含取现、分期付款)的 90%。

账单分期与消费分期既有区别又有联系。两者的共同点是:其一,两者的手续费率基本上是一致的,但不同的银行规定的费率是不同的;其二,两者的申请途径相同,都会占用信用额度且在申请时立即生效。两者的不同之处在于:第一,账单分期针对的是一定时间内所有消费账单总额的分期,而消费分期是指进行单笔消费的交易款项的分期,两者是整体与部分的关系;第二,两者申请时效不同,消费分期是在持卡人消费后到出账日前 3 天申请,账单分期是出账后至最后还款日前 3 天申请;第三,两者的起点金额不同,账单分期业务申请的起点金额比消费分期高;第四,收取的手续费不同,账单分期收取的手续费通常要高于消费分期。

3. 商户分期

商户分期又称 POS 分期,是指信用卡持卡人在已与发卡银行合作的商户购买商品或服务时,申请发卡银行先行垫付消费的总金额给商户,再将总金额平均分成若干期,持卡人按照约定条件逐期还款并支付一定的手续费。发卡银行会与商户合作,给商户安装一个专门刷分期付款的 POS 机，持卡人使用 POS 机收单银行发行的信用卡刷卡的同时完成分期交易。

商户分期是近年来发展比较快的一种分期方式，目前与发卡银行合作的商户大多为教育机构、大型电器商城、大型超市、连锁商店等。可以看出，商户分期的一个限制就是指定了商户，但是随着发卡银行加大 POS 机业务的推广，和发卡银行合作的商户会越来越多，商户分期业务也会越来越普及。

4. 邮购分期

邮购分期，是指信用卡持卡人在发卡银行指定的商户购买商品或服务后，向发卡银行提出申请，由发卡银行先行垫付全部交易款项，并将所购商品金额平均分成若干期，持卡人按照约定条件逐期还款，在发卡银行审核批准后，商户为持卡人提供送货上门服务。

在该业务下，发卡银行会提供邮寄目录手册或者一个网上分期商城给持卡人，持卡人在限定的商品中选择。邮寄方式与众不同之处在于持卡人可以足不出户地分期购买商品和服务，无须现场刷卡，且能享受送货上门服务。

邮购分期一般无论期数多少都不会单独另收手续费，但值得注意的是，发卡银行所提供的商品的分期价格其实囊括了分期手续费在内的成本，且在邮购分期下，订货周期较长，退换货手续相对烦琐，故持卡人应当在消费时多比较。

目前已经有多家银行开展邮购分期业务，如中国银行、广发银行、平安银行、浦发银行等。

3.3.4 信用卡分期与传统消费贷款的区别

信用卡分期与传统的消费贷款相比有诸多不同之处，主要表现为以下几个方面。

1. 两者的使用条件不同

当客户申请办理信用卡时，商业银行会根据客户的收入状况、职业、学历、信用记录等多种因素对客户进行信用评估，并根据评估结果授予相应的信用额度。资信状况越好，授予的信用额度越大。信用卡分期业务就是以信用卡持有人的信用额度为基础。而传统的消费贷款通常是以某些特定的财产或者第三方保证作为还款保证的贷款业务，是以抵押和担保为主，商业银行根据抵押物品和担保情况的不同而授予不同的贷款额度。从这方面看，传统消费贷款强化了银行的贷款条件，能够减少风险损失。而信用卡分期主要依赖持卡人的信用，缺乏抵押、担保，当客户出现违约状况时没有抵押品作为补偿，因此风险较高。

2. 审批程序不同

传统的消费贷款需要对每一笔业务进行审批，客户要提供每一笔业务的相关材料并办理多种手续，程序十分烦琐，且需要耗费一定的时间，审批效率低。而在信用卡分期业务中发卡银行只需对持卡人进行初始额度的核定和审批，当银行审批通过后，持卡人只需刷卡即可办理分期业务。与传统消费贷款相比，信用卡分期业务审批程序较为简单，效率更高。

3. 规模不同

信用卡分期业务由于受到信用额度的限制，目前只适用于小额的贷款业务，如家装分期、商户分期等。而传统的消费贷款的规模较大，以住房抵押贷款和汽车贷款为主，动辄数十万元甚至上百万元。

4. 受理渠道不同

信用卡分期业务具有多种受理渠道，持卡人可以通过客服热线、银行网点、互联网、部分商户办理信用卡分期业务。而传统的消费贷款只能去银行网点办理。

5. 计费方法不同

持卡人申请信用卡分期后，无须支付利息，但要按照规定支付一定的手续费。手续费的计算公式为

$$信用卡分期业务手续费总额=款项总额×分期手续费率×分期期数$$

6. 还款方式不同

信用卡分期业务更加灵活，持卡人可以根据自身的实际情况灵活选择还款期限和每期还款金额。而传统的消费贷款偿还期限是固定的。

此外，信用卡分期业务采取积分制，持卡人每进行一笔分期业务都可以获得积分，积分累积到一定数目后就可以去发卡银行换取礼品。实际上，这是银行鼓励持卡人多使用信用卡的一种手段。

信用卡分期与传统消费贷款的区别如表 3.5 所示。

表 3.5　信用卡分期与传统消费贷款的区别

	信用卡分期	传统的消费贷款
使用条件	信用	抵押、担保
审批程序	只需初始额度、刷卡	逐笔审批
规模	较小	较大
受理渠道	客服、网点、互联网、商户	网点
计费方法	无利息，收手续费	计息收费
还款方式	弹性贷款	固定期限
积分制	有	无

注：弹性贷款是指持卡人可以根据自身需要灵活选择还款期数及每期还款金额。

可以看出，与传统的消费贷款相比，信用卡分期业务具有更多的优势，其便捷性和灵活性也更符合现代人的理财需求。

3.3.5　信用卡分期数与费率

目前，我国大多数信用卡可分为 3 期、6 期、9 期、12 期、24 期，个别银行可能还提供 36 期。这样就使得原本看上去比较昂贵的商品价格变得相对便宜了。比如，一件价值

3 600 元的商品,按 12 期分期,每月只需要支付 300 元;按 24 期分期,每月只需要支付 150 元;按 36 期分期,则每月只需要支付 100 元。同时,由于本来一笔支付的款项分为多期支付,这部分卡都会被统计为活卡,减少了"睡眠卡"或"低效卡"的比例。有些银行甚至出现了一百多元也可以分期,每月支付 9.9 元的商品。由此可见,这就是银行热衷于开展免息分期业务的根本原因。

分期时选择的期数越多、金额越大,需要支付的分期费率就越高。3/6/12/18/24 分期相对应的分期费率范围大致为 1%~2%、3.6%~4.2%、5.4%~6.4%、7.2%、12%,最高为 17.28%。听起来差别很大,其实因为我们要按实际发生的费率算。举例来说,10 000 元的分期,6 期费率是每期 0.6%,即,10 000×0.6%=60(元)计算每期手续费,为了让大家计算方便,我们上面的是总费率,即半年 3.6%,也就是这次半年的分期,你付出的手续费总额是 10 000×0.6%×6=360(元),信用卡分期真实利率测算如表 3.6 所示。简单来说,分期金额乘以上面的数值,就是这笔借款的总成本,如果我们再把这个成本折算成年化,借贷成本大概为每年 10%~17%。分期越少,付出的年化成本越低。

表 3.6 信用卡分期真实利率测算表

期数	1	3	6	9	12	18	24	36
每期手续费	1.50%	0.80%	0.80%	0.76%	0.73%	0.75%	0.75%	0.75%
内部收益率(年化)	18.00%	14.34%	16.27%	16.13%	15.79%	16.42%	16.43%	16.24%

花呗目前可提供 3/6/9/12 这几种分期期数,相对应的手续费率分别为 2.5%、4.5%、6.5%、8.8%;京东白条可提供 3/6/12/24 这几种分期期数(具体可能因可分期商品而不同),相对应的手续费率分别为 1.5%、3%、6%、12%。从实际发生费率来看,京东白条的手续费率要低于蚂蚁花呗的手续费率。

但无论是电商还是银行,都会不定期地推出一些分期免息、免手续费的促销活动来鼓励甚至培养大家分期的消费习惯。比如,目前京东白条就有针对部分品类或特定商品的免分期服务费券。

信用卡及银行无抵押贷款是可以提前还款的,但是提前还款必须一次性偿还剩下的手续费。花呗可以提前还款,并且提前还款的话,剩余的分期手续费都可以减免掉;京东白条可以提前还款,但是提前还款不会减免剩余的手续费。

对比分期利率来看,京东白条的分期利率是最低的,银行系信用卡及消费贷款次之,花呗的分期利率最高;从分期期数来看,信用卡的分期期数最多,客户可选择的空间更大,京东白条次之,花呗分期选择最少;对比还款费率来看,花呗提前还款最划算,京东白条和信用卡提前还款不划算;从申请手续上来看,花呗和京东白条最简单,活跃用户只需在客户端实名认证绑定银行卡开通即可获得额度,信用卡次之,无抵押贷款的手续最多;对比授信额度来看,由于无抵押贷款的手续复杂,相对应的风险更小,银行会给予尽可能多的额度,信用卡次之,花呗和京东白条的额度最低。

3.4　个人消费信贷

3.4.1　正确认识商业银行个人消费信贷业务

对于国内银行来说，其基本业务可以分为两种：一种是对公业务，另一种是对私业务。所谓的对私业务，指的是服务对象是个人的业务，也称个人业务。个人业务还可以进行不断的细分，一般情况下，被分为五个类别：信用卡业务、个人存款业务、个人贷款业务、个人中间业务、个人理财业务。个人消费信贷业务在本质上属于个人贷款业务的范畴。个人贷款业务的细分标准很多，有些分为个人信用贷款和个人消费贷款。对于个人信贷的合同方，甲方是银行，乙方是个人，这是结合主体所呈现出来的特征标准对具体的贷款进行相应的分类。需要注意的是，消费贷款和投资生产的贷款本质上存在一定的区别，其主体往往偏向于生活消费领域。

对于银行来说，其所提供的贷款业务实际上就是银行自身结合自己的资金成本和水平为客户提供资金方面的支持，然后通过客户分期或到期支付来获得资金的利息，无论是在具体的费用方面还是在具体的偿还方面，都是建立在承担相应债务的基础之上的。对于个人消费信贷业务来说，其本质上就是对象为一个个体而展开的业务，换言之，就是专门针对某个人而进行的信贷业务。其调查评估的重要核心内容是个人信用，即更加偏向于借款人的未来预期收入。消费信贷业务的根本目标就是促进消费。

3.4.2　个人消费贷款的种类

在目前信贷市场上，个人消费信贷品种非常多，涵盖生活的各个方面，以无特定用途和有特定用途区分，如下几种消费信贷市场知晓度和使用频率最高。

第一，无特定用途个人消费信贷。无特定用途个人消费信贷是指金融机构向符合条件的个人发放的用于其本人及家庭具有消费用途的人民币贷款，包括普通贷款和额度贷款，贷款用途将标记此类消费信贷不可以使用的范围，通常为个人投资理财和特定用途消费贷款的领域。贷款期限通常不超过 60 个月，贷款利率相较特定用途的贷款高。贷款可分为普通贷款的快贷业务和额度贷款的分期通业务。

第二，特定用途个人消费信贷。特定用途个人消费信贷是指金融机构向符合条件的个人发放的用于其本人及家庭具有明确消费用途的人民币贷款。此类贷款以额度贷款为主，需要个人消费者在向金融机构申请贷款时提供相应的材料，以证明贷款的用途。金融机构会根据消费者提供的材料进行专项消费信贷额度的审核，通常此类个人消费信贷对于用途的把控非常严格，资金的流向非常明确。

信用消费类信贷业务，主要是面对银行一些比较特殊的客户群体。这类客户主要包括：一是拥有信用水平良好的优质个人客户；二是客户个人年均收入要达到信用额度的 1/3 及以上。该类贷款的利率一般为浮动利率，不同的客户享受不同的利率标准。

3.4.3 个人消费信贷的特征

近年来，随着消费者生活质量和生活水平的提升，及时享受生活已经成为大众的共识。在国家进一步扩大内需政策的引导下，人们的消费观念不断与时俱进，人们开始注重目前的生活质量和生活水平。然而，个人资产的积累是需要时间的，在个人收入没有大幅提升的前提下，如果要快速提升个人消费水平，满足超前的物质需求和精神需求，那么个人消费信贷是目前个人客户解决这一难题的可行方法。因此，金融机构和其他有资格发放个人信贷的渠道迅速布局，拓展客户市场。商业银行个人消费信贷业务主要有以下几个特征。

第一，贷款期限灵活度高。根据目前个人消费信贷产品的设计理念，方便申请人灵活安排资金，调整短期头寸，贷款通常可以给予申请人最短 3 个月、最长 24 个月的期限，利息按月收取，等额本金还款。消费者可以根据自身实际情况选择贷款期限，通常金融机构还会免除提前还款的手续费并减免后续的利息，真正做到随借随还。

第二，贷款用途明确且单一。个别金融机构存在无指定用途贷款，但收取的手续费相对较高，目前个人消费信贷的主流产品对于申请人的消费用途有明确且单一的要求，同时严格限制贷款资金进入投资领域，必须将贷款资金投入消费市场的指定领域。放款机构会通过后台数据监控资金流向。

第三，贷款金额数据测算。目前在金融机构给予授信额度时，通常以消费者所在公司每月发放的薪酬和缴纳的社保金额推算出申请人月度还款能力，这个数据需要减去申请人在本机构或者其他机构每月的负债支出。这个数字通常为月贷款支付与月收入的比例，这个比例需要控制在 50%(含 50%)以下，以及家庭月负债支出与家庭月收入的比例，这个比例需要控制在 55%(含 55%)以下。如果超过这个比例，审批人将以申请人存在多头授信、套现及还款能力不足为由拒绝放款。

第四，贷款主体明晰。个人消费信贷的贷款主体通常是自然人，而不是公司、机构或者组织。此处所说的自然人，特指具有完全民事行为能力的个人。但是在校的大学生这一群体暂时无法单独申请个人消费信贷，根据我国目前的法律法规和人民银行的指导性政策，在校大学生仅可以在某些特定场景下，由直系亲属代替其作为贷款人申请消费类信贷。

3.4.4 商业银行个人消费贷款互联网模式

1. 商业银行传统消费贷款业务互联网化模式

2020 年 7 月实施的《办法》指出，商业银行互联网贷款是指商业银行运用互联网和移动通信等信息通信技术，基于风险数据和风险模型进行交叉验证和风险管理，线上自动受理贷款申请及开展风险评估，并完成授信审批、合同签订、贷款支付、贷后管理等核心业务环节，为符合条件的借款人提供的用于消费、日常生产经营周转等的个人贷款和流动资金贷款。以下三类贷款不属于互联网贷款：①借款人虽在线上进行贷款申请等操作，商业银行线下或主要通过线下进行贷前调查、风险评估和授信审批，贷款授信核心判断来源于线下的贷款；②商业银行发放的抵(质)押贷款，且押品须进行线下或主要经过线下评估登记和交付保管；③中国银行保险监督管理委员会规定的其他贷款。《办法》规定，互联网贷款应当遵循小额、短期、高效和风险可控的原则。单户用于消费的个人信用贷款授信额度应当不超过人民币 20 万元，到期一次性还本的，授信期限不超过 1 年。

目前，商业银行个人消费金融业务之一是零售信贷，针对优质的客户提供抵押消费贷款和信用贷款。如农行"网捷贷"、工行"幸福贷"、中银"e 贷"、建行"快 e 贷"、招商"闪电贷"等一系列产品，可通过网银 App 直接申请。借款利率是在央行基准利率的基础上上浮一定比例。

2014 年 12 月，中国建设银行正式推出个人信贷产品"快贷"。其作为业内首个全流程个人网上自助贷款产品，利用互联网低成本的运营优势为广泛的小额信贷消费者提供普惠金融的服务。快贷产品包括"快 e 贷""融 e 贷"等产品，普通客户贷款额度最低为 1 000元，最高为 5 万元，私人银行客户最高可达 50 万元，在授信额度内，按实际使用金额和实际使用天数计息，贷款利率年化为 7.2%。快贷产品的目标客户主要是在中国建设银行有一定的金融资产或者按揭贷款达到一定条件的客户，且个人信用良好，无违约情况。符合上述条件的个人就可以在中国建设银行网上银行进行贷款申请，全部流程都在互联网上完成，无须人工审核，只需要填写相应的基础信息，后台系统模型就可以很快完成授信评价和贷款审批流程，给予客户相应的审批结果和相对应的贷款额度。客户申请到贷款后可以通过网上银行在任意电商平台下单支付，或者线下直接刷建设银行借记卡进行消费。

快贷产品一改之前传统消费金融业务必须前往物理网点办理的诟病，审批流程从一开始试运营的十几个页面到现在的 9 个操作页面，不断地进行简化，充分提升了客户体验。另外，中国建设银行还推出了支持网购客户 7×24 小时实时网上交易的全新贷款支付手段——借贷通，用于更好地满足在线支用贷款资金的需求。客户只需要将借记卡和贷款额度绑定，就可以让借记卡拥有相应的贷款额度，进而利用借记卡直接支用贷款资金。

中国建设银行推出的快贷产品对传统个人消费信贷的业务内容和业务流程重新进行了设计，充分融入了互联网思维、技术和优势，为广大消费群体提供了更加人性化、个性化、便捷化的消费金融服务。

工行融 e 借是由中国工商银行向符合特定条件的借款人发放的，用于个人合法合规用途的无担保、无抵押的纯信用的人民币贷款。融 e 借可用于购车、家装、旅游、购物等用途。这类贷款按日计息，随借随还，成本更低。600 元起借，最高额度为 80 万元，额度可循环使用。贷款期限最短为两个月，最长一般为两年，部分客户可享受更长期限，客户在最长贷款期限内可以灵活选择贷款期数。融 e 借支持等额本金、等额本息两种还款方式，部分客户可按期付息一次性还本。借款人可通过网上银行、手机银行的"一键即贷"办理，也可在营业网点办理。拥有固定工作、稳定的收入来源或可靠的还款保障的人可以申请工行融 e 借。

农行网捷贷是指农业银行向符合特定条件的农业银行个人客户发放的，由客户自助申请、自动审批、自助用信的小额消费贷款，它是一款"纯线上、全自助"信用产品。只要是年满 18 周岁且不超过 60 周岁具有完全民事行为能力的中国公民，信用状况良好的均可申请。贷款对象是农行个人住房贷款客户、代发工资客户、贵宾客户、部分地区按时缴纳住房公积金的客户、其他白名单客户。最高额度为 20 万元，贷款期限为 1 年，场景消费客户最长可为 5 年。

中银 e 贷的全称为中国银行个人网络消费贷款，是中国银行利用互联网和大数据技术，为优质客户提供全流程在线的信用消费贷款。贷款资金可用于家居装修、教育助学、度假旅游、购买大额耐用消费品等。在贷款额度上，中银 e 贷的额度为 5 000 元至 30 万元，贷款额度的有效期为 12 个月，额度期限内借款人可循环使用该额度。中银 e 贷仅向特邀客户开放。贷款人可通过网上银行或手机银行等进行自助用款和还款操作，可随借随还、循环使用。

表 3.7 所示为四大银行主要个人信用消费贷款产品比较。

表 3.7　四大银行主要个人信用消费贷款产品比较

	工行融 e 借	农行网捷贷	建行快贷	中行中银 e 贷
贷款对象	对符合特定条件的借款人发放	农行个人住房贷款客户、部分地区按时缴纳住房公积金的客户	信用良好的建行个人客户，只要在建行办理业务都可获得额度，且办理业务越多，额度越高	优质代发薪客户、财富私行客户、房贷客户、部分地区缴存公积金/社保/税务客户等
额度	600 元～80 万元。等额本息、等额本金、按期付息一次还本、一次性还本付息四种还款方式，支持提前还款	最高 20 万元。贷款到期一次性还款。支持提前还款	10 元～30 万元。可签约锁定额度和利率，一年内有效，不使用不计息。根据实际使用天数，按日计息	最高可达 30 万元。单笔用款可以采用到期一次性还本付息、按月付息到期还本等还款方式
期限	贷款期限一般为 2 年，最长为 5 年，循环使用	1 年。场景消费客户最长可为 5 年	最长 1 年，循环使用	贷款额度有效期为 12 个月，额度期限内借款人可循环使用该额度
办理方式	工行网上银行、手机银行，营业网点	农行网银、手机银行	建行手机银行、网上银行、智慧柜员机	中行手机银行、网上银行

2. 商业银行电子商务平台模式

商业银行开展消费金融业务互联网化的另一种模式是发展电子商务平台。商业银行建立自己的电子商务平台的目的是获取用户的交易信息，增强用户黏性。在这个大数据时代，谁掌握了用户信息和数据，谁就掌握了核心竞争力，而电商平台恰恰是企业和消费者信息汇集的网络入口。不同于传统电商通过商品价差、交易扣率等获得盈利的模式，商业银行是将电商作为一个平台，通过这个平台来向广大消费者提供全面综合的金融服务。具体来说，商业银行先向消费者提供多元化的产品信息，促使个人客户和企业客户在自己的电商平台上完成交易，然后通过电子商务平台为客户提供货款支付、物流以及售后等服务，并在这个过程中把自己的金融服务渗透进去，使交易资金在银行系统内部完成自循环。

目前，我国很多商业银行已经开始在电子商务平台上进行尝试，做得比较突出的有中国建设银行的"善融商务"和中国工商银行的"融 e 购"，它们的特点都是综合了个人零售的 B2C 业务和企业的 B2B 业务。

1) "善融商务"电商金融服务平台

"善融商务"个人商城为消费者提供了多样化的消费金融服务项目,其中,"分期优选"专区向消费者提供能够分期付款的各类商品。建行信用卡用户在善融商城进行消费时,对于支持信用卡分期的商品,不需要进行任何申请审批,直接进行分期支付,并且免息免手续费,整个流程更加简单、方便、快捷。但其也有一定的局限性,"分期优选"专区仅支持建行信用卡用户进行消费,且分期支付的商品价格在 5 万元以内,分期期限没有选择,一般为 12 个月。

2) "融 e 购商城"电商金融服务平台

"融 e 购商城"是中国工商银行在 2014 年 1 月 12 日正式营业的电子商务平台,其开展的消费金融服务是将工行"逸贷"业务与该平台网络购物结合起来。

"逸贷"是中国工商银行对持本人工商银行借记卡(或存折)、信用卡的用户在工商银行特约商户进行刷卡消费或网上购物时,按一定规则联动提供的信用消费信贷服务。

消费者持有工行银行卡(或存折)在"融 e 购商城"上进行购物时,如果满足相关条件,就会收到系统发送的提示信息询问是否办理"逸贷"服务,如果用户同意办理,只需要通过网银或者手机进行确认,贷款资金即可瞬时到账。相对于工行传统线下消费金融服务,其办理流程更加简单、快捷。另外,如果消费者在购物消费当时没有办理"逸贷"服务,开通相应功能后,还可在消费后 3 天之内登录工商银行网银或手机银行申请补办。单笔消费满 600 元即可办理,单户最高贷款金额可达 60 万元。借记卡、信用卡均可办理,贷款期限最长为 3 年,还款无须预约,随借随还,在网上银行、手机银行、短信银行、营业网点均可办理还款。但其也有一定的限制,客户必须为工商银行借记卡(或存折)或信用卡持卡人,并且如果用户使用借记卡(或存折)消费并办理逸贷,在完成消费交易前,付款账户的自有资金余额须不低于消费交易金额。

3. 电商平台互联网消费金融与传统消费金融互联网化模式的比较

商业银行是金融领域的"航母",无论是其业务规模还是客户群体,都是电商平台无法比拟的,当商业银行将其个人信贷业务互联网化,解决了被诟病多年的线下开展消费金融业务时的流程烦琐问题时,其本身拥有的多维度的客户信用信息、成熟的风险管理控制体系、线上线下多渠道消费生态场景,开始在电商平台互联网消费金融面前彰显优势,在消费金融业务板块收复失地。

在互联网技术不断成熟的今天,利用大数据技术挖掘和积累客户信息进而分析和判断的能力直接决定一个金融机构对风险的甄别和控制能力,从而进一步影响其核心竞争力。相比于电商平台经过多年的经营积累了庞大的客户交易消费信息,银行掌握的客户信息更加全面和多元化。首先是客户资产信息。中低收入群体作为消费金融业务的主要客户群体,其资产大部分都与银行相联系,不管是存款理财还是房贷车贷,银行都参与其中,并且对其进行分析就可以对用户资产信息有一定程度的掌握。其次是工作收入信息。商业银行通过代发工资业务和每月缴纳医保信息就可以核实客户的工作单位、客户的收入水平,进而分析其还款能力和信用水平。最后是消费信息。通过线上网上银行消费记录和线下 POS 机刷卡信息,银行能够轻松掌握客户的消费行为和习惯,根据客户的消费需求来设计个性化的互联网消费金融产品。

另外，商业银行既可以通过互联网渠道开展线上小额个人消费信贷业务，也能够发挥线下业务的优势，利用物理网点办理抵(质)押大额贷款业务，贷款额度相比线上大幅增加，能够扩大业务范围以覆盖客户多类型的消费融资需求，这是对信用消费贷款业务的很好补充。

相比于商业银行，电商平台开展消费金融主要依靠其平台客户的线上数据进行风险把控。一方面，电商平台所积累的客户信息以消费信息为主，较为单一，不能够全面反映客户的还款能力和还款意愿；另一方面，收集客户信息的方式和手段不够丰富，客户的线下信息或在其他电商平台的消费信息无法收集，这样进一步凸显了客户信息维度单一的劣势，客户信用分析不够全面，仍然有一定的违约风险。另外，互联网金融更倾向于利用掌握的数据资源为客户提供一款或两款标准化的产品，这虽然提高了审批效率，降低了成本，但对于用户来说其提供的产品不够丰富，有时并不能满足客户的消费需求。首先，电商平台开展的互联网消费金融更多的是针对网络消费方式，线下消费渠道并没有打开。其次，电商平台对信贷消费细分市场领域的参与程度不高，客户的消费选择面较窄。由于信贷消费的各个细分市场刚刚被打开，参与企业市场份额都不是很大，其未来发展潜力不容忽视，这将是电商平台今后发展消费金融的主攻方面。

4. 商业银行互联网贷款与合作机构的合作模式

1) 什么是商业银行互联网贷款的合作机构

《办法》指出："合作机构是指在互联网贷款业务中，与商业银行在营销获客、联合贷款、风险分担、信息科技、逾期催收等方面开展合作的各类机构，包括但不限于银行业金融机构、保险公司等金融机构和融资担保公司、电子商务公司、大数据公司、信息科技公司、贷款催收公司以及其他相关合作机构等非金融机构。"在商业银行互联网贷款的合作机构中，机构类型越来越多元化，业务分工越来越细，电商、大数据公司、信息科技公司都是目前为银行提供助贷等业务的常见机构类型，它们提供营销获客、数据、风控等方面的服务。

2) 商业银行互联网贷款与第三方机构合作可以实现优势互补

一般而言，信贷环节主要包括获取资金、客户搜寻、授信评估、风险定价、发放贷款、贷后管理、建立风控模型等。传统信贷是由商业银行完成全部的信贷环节，但是这种业务模式存在获客成本高、效率低下等难以突破的瓶颈。

信息科技公司在移动互联、大数据、人工智能等数字技术的助力下，具备智能风控、前端客户识别和服务下沉等优势。

银行与保险公司合作，双方可以共同发挥长期积累的征信数据优势、风控实操等经验，并且银行与保险主体间的风控资源具有一定的互补性。两个主体之间强强联合、联合风控，不仅能够提升商业银行互联网贷款的整体供给效率，同时也构建出多层次、多维度风险互抵的稳定金融体系，合力推进普惠金融的进一步发展。

在现有的操作实践中，除了极少数在银行资信度高，被银行认为是优质的贷款户外，其余需要在银行贷款的个人都会被要求通过担保公司担保来贷款。通过担保公司担保的贷款，银行自身的风险完全被转移，不担心收不回贷款。因为担保公司的担保就是保证银行能收回贷款的，如果借款人还不了贷款，那么担保公司就需要代替借款人还款给银行，所以，商业银行与合作机构合作，通过这种专业化分工可以带来商业银行互联网贷款业务效率的极大提升。

　　3)　商业银行与合作机构合作的模式

　　近年来，不少银行在进行互联网贷款的尝试，并且很多是采取与第三方机构合作的方式，合作的模式主要有以下两种。一是助贷业务合作模式。这是指助贷机构通过自有系统或渠道筛选目标客群，在完成自有风控流程后，将较为优质的客户输送给银行风控终审后，完成发放贷款并获取相关服务费用的一种业务。目前包括百度、阿里巴巴、腾讯、京东和分期乐等金融科技公司都已经在与商业银行尝试合作放款，并且初具规模。二是联合贷款模式。联贷类则是指银行与具备贷款资质的合作方按约定比例出资，并联合向符合条件的借款人发放互联网贷款。联合贷款业务有利于突破传统商业银行既有的网点服务网络和授信逻辑，以更加便捷立体的渠道触达长尾人群，并通过广泛场景累积的金融产品数据、行为偏好数据和生物信息数据等精准刻画金融消费者的信贷画像，在一定程度上代替抵押物或担保保证，提高信贷产品的可得性，改善金融排斥现象。

　　互联网贷款涉及与合作机构开展营销获客、支付结算、信息科技等合作的，商业银行应当加强核心风控环节的管理，不得因业务合作降低风险管控标准。根据《办法》的规定，互联网贷款业务涉及合作机构的，授信审批、合同签订等核心风控环节应当由商业银行独立有效地开展。在与合作机构共同出资发放贷款时，商业银行应当按照自主风控的原则审慎地开展业务，避免成为单纯的资金提供方。

本 章 作 业

　　1. 简述商业银行消费金融场景的搭建方式。

　　2. 简述商业银行消费金融的商业模式。

　　3. 什么是信用卡分期？信用卡分期业务有哪些类型？信用卡分期与传统消费贷款有什么区别？

　　4. 论述商业银行个人消费贷款的互联网模式。

第 4 章　持牌机构消费金融

■ 本章目标

- 了解消费金融公司产生的背景，掌握消费金融公司的定义、特点和分类。
- 掌握消费金融公司与商业银行业务的区别，掌握消费金融公司与小额贷款公司业务的区别。
- 熟练掌握消费金融公司的商业模式和业务模式。
- 了解主要消费金融公司的信贷产品及风险控制。

■ 本章简介

作为传统商业银行重要补充的消费金融公司，凭借小额、快速、服务灵活、细耕场景的特色，极大地迎合了年轻群体的快节奏消费需求，已经成为我国消费金融发展中的重要力量。通过本章的学习，读者将了解我国消费金融公司产生的背景、消费金融公司与传统商业银行业务及小额贷款公司业务的区别；还将了解我国消费金融公司的商业模式及业务模式，以及我国主要消费金融公司的信贷产品及风险控制。

4.1　消费金融公司概述

4.1.1　消费金融公司产生的背景

1. 国外消费金融公司产生的背景

消费金融公司这一金融机构起源于 20 世纪六七十年代的西方。第一次世界大战给美国带来的生产过剩使得美国国内的许多销售商和制造商的诸如家电、汽车以及其他产品的销售受阻。而后来分期付款制度的推出和信用卡的发明，在短短十来年的时间内彻底改变了美国人的消费习惯，使得美国消费信贷得到了长足发展。

消费金融公司的出现很好地弥补了银行机构在消费信贷市场上的不足。在经过之后几十年的发展，美国消费金融公司已经成了为消费者提供消费信贷的主要金融机构，同时也为市场开辟了新的金融方向。

2. 我国消费金融公司产生的背景

2008 年爆发于美国的"次贷危机"席卷全球，也对我国的宏观经济带来冲击。为积极应对外在经济环境的恶化，我国原银监会于 2009 年 7 月颁布《消费金融公司试点管理办法》，致力于通过发展消费金融拉动消费内需，从而提升经济发展动能。这个文件的颁布实施标志着我国消费金融服务开始向专业化、系统化发展，消费金融公司正式试点展业，同时，这也标志着以消费金融公司为代表的传统消费金融时代的到来。2009 年，我国宣布启动消费金融公司试点。2010 年，我国首批 4 家消费金融公司获批成立，分别是北京银行发起的北银消费公司、中国银行发起的中银消费金融公司、成都银行发起的锦程消费金融公司和全外资的捷信消费金融公司。

随着互联网技术的兴起，并与传统消费金融日益结合，我国于 2013 年进入互联网消费金融时期。在此时期，为应对技术与社会的变革，原银监会于 2013 年 9 月修订《消费金融公司试点管理办法》，放宽了消费金融公司申请设立的条件，取消了营业地域的注册地限制，增加了吸收股东存款业务的范围，放开消费金融市场准入，并鼓励符合条件的民间资本、国内外银行金融机构和互联网企业发起设立消费金融公司。在此情形下，各大商业银行、产业机构、电子商务平台以及互联网金融公司纷纷进入消费金融领域，我国消费金融行业从传统的消费金融步入互联网消费金融时期，逐步进入高速发展阶段。

自 2017 年以来，以大数据与人工智能等为代表的金融科技快速崛起，促使消费金融行业创新发展进入新时期，即从互联网消费金融步入数字消费金融时期，消费金融行业得以创新发展。然而，消费金融行业的过快创新发展，面临着强监管、防风险的外部环境，中国人民银行与原中国银监会加强了对"校园贷"及互联网消费金融的治理整顿，这在一定程度上鼓励消费金融公司在风险可控的前提下开展消费金融业务，满足了客户合理的消费金融服务需求。此外，在互联网金融风险专项整治过程中，金融监管部门对于无场景依托、无指定用途、无客户群体限定、无抵押等特征的"现金贷"业务加强了规范整顿，这也对消费金融公司的业务开展形成较大的场景化挑战。此后，金融监管部门陆续出台了多项政策，涉及大数据风控、产品定价、催收管理、消费者权益保护等方面，进一步对消费金融公司的业务开展加以规范。但随着对数字化消费金融平台监管的加强，消费金融公司的牌照优势更加凸显。

4.1.2　消费金融公司的定义与分类

1. 消费金融公司的定义

原银监会于 2013 年对 2009 年 7 月颁布的《消费金融公司试点管理办法》进行了修订，对消费金融公司是这样定义的："本办法所称消费金融公司，是指经银监会批准，在中华人民共和国境内设立的，不吸收公众存款，以小额、分散为原则，为中国境内居民个人提供以消费为目的的贷款的非银行金融机构。"

消费金融公司的市场定位是传统商业银行的重要补充，为商业银行无法惠及的个人客户提供了新的可供选择的服务。小额、快速、服务灵活、细耕场景是持牌消费金融公司的一大特色。由于消费金融公司不吸收存款、组织架构灵活、经营限制相对宽松，具有单笔授信额度小、申请手续简单、审批时间短、无须担保抵押、服务方式灵活、贷款期限短等独特的优势，极大地迎合了年轻群体的快节奏消费需求。

消费金融公司可以直接面向借款用户开展现金借贷、商品分期、消费信贷等业务，同时也可以通过向金融机构进行借款等各种手段获取资金来源。通俗来讲，消费金融公司可以开展类似支付宝借呗(现金借贷)、花呗的业务(消费分期)，且借款人贷款余额不能超过人民币 20 万元。消费金融公司具有放贷资质，同时也具有多种融资渠道，如同业拆借、境内金融机构借款、发行金融债券、ABS 等。

目前，国内可开展同类型业务的机构有信托、银行、小额贷款公司、典当公司、汽车金融公司、财务公司和贷款公司。

2. 消费金融公司的基础模式

消费金融公司的产品主要分为个人耐用消费品贷款和一般用途个人消费贷款等，基本覆盖了家电、租房、教育、装修、婚庆、旅游等领域，可以满足不同群体的消费者不同层次的需求。图 4.1 所示为持牌消费金融公司的基础模式。

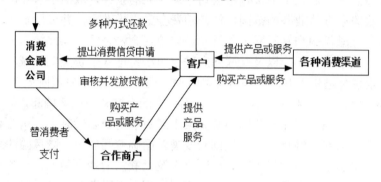

图 4.1　持牌消费金融公司的基础模式

3. 消费金融公司的分类

截至 2020 年年底，我国共有 30 家持牌消费金融公司获批开业，覆盖全国各大区域主要的大中城市。我国 30 家持牌消费金融公司的信息如表 4.1 所示。

表 4.1　我国 30 家持牌消费金融公司信息一览表

序号	公司名称	获批时间	所在地	注册资本/亿元	股权结构
1	蚂蚁消费金融	2021-06-03	重庆	80.00	蚂蚁科技集团 50%/南洋商业银行 15.01%/国泰世华银行 10%/宁德时代 8%/千方科技 7.01%/华融资管 4.99/江苏鱼跃医疗设备 4.99%
2	平安消费金融	2020-04-09	上海	50.00	平安系 100%
3	马上消费金融	2015-06-11	重庆	40.00	重庆百货持股 31.06%/北京中关村科金技术有限公司持股 29.506%/物美科技集团有限公司持股 17.264%/重庆银行持股 15.53%/成都市趣艺文化传播有限公司持股 4.99%/阳光财险持股 0.9%/浙江中国小商品城持股 0.75%
4	招联消费金融	2015-03-03	深圳	39.00	中国联通 50%/招商银行 24.15%/招商永隆银行 25.85%

序号	公司名称	获批时间	所在地	注册资本/亿元	股权结构
5	中邮消费金融	2015-11-17	广东	30.00	邮储银行 70.5%/星展银行 15%/广东三正集团 4.5%/滨海国际信托 3.67%/广百股份 3.5%/拉卡拉 1.67%/广东海印 1.16%
6	中原消费金融	2016-12-29	河南	20.00	中原银行 78.13%/上海伊仟网络 21.87%
7	兴业消费金融	2014-12-22	福建	19.00	兴业银行 66%/泉州商业 24%/特步 5%/福诚中国 5%
8	中银消费金融	2010-06-03	上海	15.00	中国银行 40.02%/百联集团 20.64%/陆家嘴金融 12.56%/中银信用卡 12.37%/陆金发 9.9%/博裕及红杉 4.5%
9	哈银消费金融	2017-01-22	黑龙江	15.00	哈尔滨银行 53%/度小满 30%/上海斯特富德置业 6.33%/苏州同城软件 5%/北京博升优势科技 3.33%/黑龙江赛格国际贸易 1.67%/黑龙江信达拍卖 0.67%
10	小米消费金融	2020-01-10	重庆	15.00	小米通讯 50%/重庆农商行 30%/金山控股 10%/重庆大顺电器 9.8%/重庆金冠 0.2%
11	杭银消费金融	2015-11-25	浙江	13.00	杭州银行 41%/生意宝 10%/海量集团 10%/中辉人造丝 4.5%/浙江和盟投资 4.5%/西班牙对外银行 30%
12	陕西长银消费金融	2016-10-31	陕西	11.00	长安银行 51%/广汇汽车 25%/北京意德辰翔投资 24%
13	尚诚消费金融	2016-11-27	上海	10.00	上海银行 38%/携程旅游 37.5%/博裕资本 12.5%/红杉资本 12%
14	海尔消费金融	2014-12-23	山东	10.00	海尔集团 30%/海尔财务 19%/红星美凯龙 25%/浙江逸荣投资 16%/北京天同赛伯科技 10%
15	阳光消费金融	2020-01-10	北京	10.00	光大银行 60%/中青旅 20%/王道商业银行 20%
16	长银五八消费金融	2017-01-13	湖南	9.00	长沙银行 51%/58 同城 33%/长沙通城控股 16%
17	北银消费金融	2011-07-05	北京	9.00	北京银行 35%/桑坦德消费金融 20%/利时集团 15%/华夏董氏集团 5%/联想控股 5%/大连万达 5%/北京联东 5%/北京九元 5%/北京京洲和上海锐赢商务 5%

续表

序号	公司名称	获批时间	所在地	注册资本/亿元	股权结构
18	华融消费金融	2016-01-18	安徽	6.00	中国华融55%/合肥百货23%/深圳华强资管12%/安徽新安资管10%
19	苏宁消费金融	2015-05-11	江苏	6.00	苏宁易购49%/先声再康6%/南宁银行20%/巴黎银行15%/洋河股份10%
20	幸福消费金融	2017-06-14	河北	6.00	张家口银行47%/神州优步39%/蓝琼控股14%
21	湖北消费金融	2015-04-03	湖北	5.00	湖北银行50%/TCL集团20%/宇信科技15%/武汉商联15%
22	晋商消费金融	2016-02-22	山西	5.00	晋商银行40%/北京奇飞翔艺25%/天津宇信科技20%/山西华宇商业8%/山西美特好连锁7%
23	金美信消费金融	2018-09-29	厦门	5.00	中国信托银行34%/厦门金园集团33%/国美控股33%
24	包银消费金融	2016-12-26	内蒙古	5.00	包商银行44.16%/微梦创科40%/深圳萨摩耶金服15.6%/百中恒投资发展0.24%
25	四川锦程消费金融	2010-02-25	四川	4.20	成都银行39%/周大福25%/马来西亚丰隆银行12%/凯枫融资租赁19%/重庆宏广和洁泽净水5%
26	盛银消费金融	2016-02-24	辽宁	3.00	盛京银行60%/大连德旭商贸20%/顺峰投资实业20%
27	中信消费金融	2018-08-17	北京	3.00	中信集团35.1%/中信信托34.9%/金蝶软件30%
28	捷信消费金融	2010-10-26	天津	80.00	捷信集团100%
29	苏银凯基消费金融	2021-03-02	江苏	6.00	江苏银行50.1%/台湾凯基银行33.4%/五星控股9%/海澜之家7.5%
30	唯品富邦消费金融	2020-09-29	四川	5.00	唯品会49.9%/特步25.1%/富邦华一银行25%

从股东背景来看,消费金融公司主要分为三类:一是以北银、招联消费金融为代表的

银行系消费金融公司。这些公司大多背靠国有银行或股份制商业银行等，它们拥有雄厚的资金实力、便利的线下网点资源和丰富的风控经验。二是以马上消费金融、海尔消费金融和湖北消费金融为代表的产业系消费金融公司。这些公司大多由实体零售企业主导设立，它们依托母公司的零售网点与供应链体系直面消费者，拥有多年积累的线下零售数据，有可把控的营销渠道和客户资源。消费金融公司的兴起正好赶上互联网时代，在产品设计、交易系统和风控技术等方面可以直接实现"互联网+"的跨越。三是以蚂蚁消费金融、苏宁消费金融为代表的电商系消费金融公司。电商系消费金融服务的最强核心竞争力是场景的丰富程度和征信体系的建设。近年来，电商巨头不仅获取线上资源与场景，还通过 O2O 丰富线下生活服务布局。如近年来阿里巴巴通过投资已布局了包括电商购物场景、旅游场景、租车场景、教育场景、校园场景、医疗场景等在内的多元线上线下资源，而苏宁也在线上+线下的场景丰富等层面进行深度布局，这些场景资源未来都能够与消费金融相连接，既增强了消费金融的盈利能力，又促进了消费的提升。图 4.2 所示为银行系、电商系、产业系三大核心优势的比较。

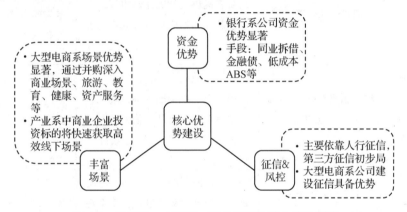

图 4.2　银行系、电商系、产业系三大核心优势比较

从市场规模来看，我国消费金融公司的市场规模由 2016 年的 1 402 亿元增加至 2020 年的 5 246 亿元，贷款余额为 4 928 亿元，累计服务客户 16 340 万人，增长势头明显。从市场集中程度来看，主要集中于头部五家消费金融公司：招联消费金融、兴业消费金融、马上消费金融、中邮消费金融和中银消费金融。2021 年年末，资产规模超过 400 亿元的消费金融公司就是上述五家，这五家消费金融公司的市场占有率为 65%。从竞争格局来看，在资产规模方面，截至 2021 年上半年，资产规模最大的为招联消费金融，总资产为 1 496.98 亿元，是唯一总资产规模突破千亿元的消费金融公司；杭银消费金融资产规模达到 601.0 亿元，位列第二。在资产增速方面，2021 年上半年，招联消费金融、杭银消费金融、兴业消费金融、哈银消费金融、锦程消费金融的资产增速均超过 40%。

4.1.3　消费金融公司国内外比较

美国、欧盟与中国消费金融公司在设立主体、目标客户、产品供应、营销模式、信用体系、行业监管以及立法保障等方面有所差异(见表 4.2)。

表 4.2　美国、欧盟以及中国消费金融公司的系统性比较

	美　国	欧　盟	中　国
设立主体	非银行类金融机构,譬如传统商业银行以及融资公司	基本上也是非银行类金融机构,譬如贴现公司、典当行以及租赁公司等	国内以银行为主,但也包括产业公司,如海尔和苏宁
目标客户	刚成立的家庭和社会青年、学生,或者需要购买耐用消费品的家庭	刚成立的家庭以及社会青年、学生,或者需要购买耐用消费品的家庭	传统金融服务少有惠及的学生、蓝领、农民等中低收入群体
产品供应	主要有用于特定用途的贷款以及未设定特定用途的现金贷款	主要有用于特定用途的贷款以及未设定特定用途的现金贷款	商户消费贷款以及个人现金贷款
营销模式	基于消费的角度,利用新产品推广来刺激消费者的消费欲望	设立许多网点来进行营业,并通过与一些大型的零售巨头联合向消费者提供贷款的即时申请或者通过邮局的相应网点等为消费者服务	主要是采用混合交叉的营销模式,如北银与锦程,或者捷信采用的与零售商合作,直接在零售商网点进行销售的间接营销模式
信用体系	消费信贷征信制度已日臻完善,专门的征信机构(如 Trans Union、Experian 以及其他一些信贷报告公司)均能提供相关的、比较真实的个人信用信息	欧盟大多数成员均有比较健全的信用体系。以德国为例,其社会信用体系包括公共征信系统、行业协会和私营信用服务系统三部分	我国信用体系尚不健全,只有人行征信系统以及市场化的征信机构,如百行征信和朴道征信
行业监管	主要采用行业监管,可根据市场需求灵活设计产品,因此相对来讲其监管比较宽松	在英国,FSA 统一监管各种金融机构。除此之外,其他消费金融公司也会进行相关的行业自律性监管	银监会出台的《消费金融公司试点办法》及其修订稿的相关条例对其进行约束与监管
立法保障	完善的关于消费信贷的法律制度以及一系列法案,包括《公平信用报告法案》《平等信贷机会法案》等	以英国为例,有《1974 年消费信贷法案》《金融服务与市场法》等	我国目前还没有统一的规范消费信贷行为的全国性法律

1. 设立主体

在设立主体方面,美国和欧盟较为相似。美国基本上是非银行类金融机构,譬如传统商业银行和融资公司;欧盟基本上也是非银行类金融机构,譬如贴现公司、典当行以及租赁公司等;而中国既有银行,如北京银行、成都银行、中国银行等银行金融机构,又有产业公司,比如海尔、苏宁等。

2. 目标客户

我国消费金融公司的目标客户群是传统金融服务少有惠及的学生、蓝领、农民等中低收入群体。比如,中银消费金融公司的目标客户主要是刚踏入社会的大学生以及由于婚姻等大事需要资金的社会青年;北银消费金融公司的主要目标客户是年收入总和处于 6 万元

以下的一般家庭；捷信消费金融公司主要向中低收入人群提供消费贷款服务。

而美国和欧盟，消费金融公司的目标客户主要是刚成立的家庭以及社会青年、学生，或者需要购买耐用消费品的家庭。刚踏入社会的青年收入偏低，但由于其酷爱电子产品，加上信用卡授信额度不高，因而会考虑消费金融公司的相关产品；刚成立的家庭各方面有着比较大的需求，也由于收入偏低、储蓄很少，因而会考虑消费金融公司的产品。

3. 产品供应

消费金融公司的主营业务有两类：一是商户消费贷款，即通过特约商户的 POS 机刷卡使用，商户涵盖家电、教育、装修、旅游等领域，资金直接汇至商户，借款人不接触现金；二是个人现金贷款，即在提交和审核申请资料后，直接向客户发放现金贷款，资金转入绑定的银行账户。比如，捷信消费金融公司根据其母公司已积累的相关经验，主要产品集中在 POS 贷款这一方面。试点消费金融公司分别针对各自所在区域的特点，并结合其运营理念，对个人消费金融产品进行了相关的设计与开发。

而在美国和欧盟，其产品主要有用于特定用途的贷款以及未设定特定用途的现金贷款。其中用于特定用途的贷款主要有进行耐用消费品消费而申请的 POS 贷款、商家推出的会员卡、汽车方面的贷款以及由于对住宅进行装修而发放的相关贷款等；而未设定特定用途的现金贷款是以现金形式发放的贷款、现金形式的透支以及信用的循环使用等。

4. 营销模式

一般来说，消费金融公司有两种营销模式，分别是直接营销和间接营销。直接营销模式是消费金融公司自己去发现潜在客户，与客户展开相关买卖活动，并承担有关风险。间接营销模式则是将经销商视为主体，经销商负责调查客户并判别客户所带来的风险，为客户办理手续以及向客户进行后续贷款催收。经销商进行中间服务收取相应的中介费，并与消费金融公司共同分担由于向消费者个人发放贷款所带来的相关风险。

目前，国内几家消费金融公司(除了捷信消费金融公司)普遍采用混合交叉营销模式，即直接营销模式与间接营销模式相结合。比如，利用北京银行网点较多这一巨大优越条件的北银消费金融公司采用混合交叉的市场营销模式来开发市场。而四川锦程消费金融公司则依托成都银行丰富的客户资源以及其经验丰富的销售团队进行混合营销，即在市内各个销售终端直接安排销售代表与客户进行交易的营销模式以及通过委托各个商户进行代理销售的营销模式，而且还通过电话、短信、专门推广活动进行销售。与上述两家不同的是，天津捷信消费金融公司的营销模式是间接的，与银行有所不同。它通过与零售商进行相关合作，直接在零售商的相关网点进行销售。客户与公司之间不使用现金参与交易活动，而是通过把钱交给相应的零售商来从事交易。对于上述几家消费金融公司营销模式的具体比较如表 4.3 所示。

欧盟的消费金融公司相比国内比较成熟，在营销方面，多采用综合全面的营销模式，注重公司的延伸服务。在欧洲，消费金融公司基本上会设立许多网点来进行营业，并通过与一些大型零售巨头联合向消费者提供贷款的即时申请或者通过邮局的相应网点等为消费者服务。

表 4.3　目前国内消费金融公司营销模式的比较

名　称	营销模式
北银消费金融公司	利用北京银行的网点分布广、数量多这一条件，采用混合营销模式来开发市场(混合交叉的营销模式)
捷信消费金融公司	通过与零售商合作，直接在零售商的网点进行销售的间接营销模式(间接营销模式)
锦程消费金融公司	依托成都银行丰富的客户资源以及其经验丰富的销售团队进行混合营销(混合交叉的营销模式)

从目前的情况来看，国内消费金融公司大多采用综合全面的营销模式(直接营销与间接营销的结合)。这点与欧盟的全方位营销模式相似，而且目前取得了不错的效果。对于当前的消费金融公司的发展来说，混合营销模式是一种比较理想的模式，能更好地促进消费金融公司的发展。

5. 信用体系

美国和欧盟的信用体系均比较完善，都有相关的征信机构。其中，在美国，消费信贷征信制度已日臻完善，专门的征信机构如 Experian、Trans Union 和 Equifax 以及其他一些信贷报告公司，均能提供相关的、比较真实的个人信用信息；欧盟大多数成员均有比较健全的信用体系。在欧盟，公共征信局和格瑞顿公司(Graydon International Co.)的存在为欧盟消费金融公司奠定了基础。而我国信用体系尚不健全。

6. 行业监管与立法保障

美国主要对其国内的消费金融公司进行相关行业监管，其行业规定可以根据市场需求的变化来灵活设计产品，监管相对来说比较宽松。而欧盟和美国一样进行的是行业监管。如在英国，FSA 统一监管各种金融机构。除此之外，其他消费金融公司也会进行相关的行业自律性监管。另外，美国及欧盟都有相应的法律条文，比如美国颁布的有关信贷平等的《平等信贷机会法案》；欧盟主要成员国英国颁布的《1974 年消费信贷法案》《数据保护法》等。而目前我国还没有相应成形的法律规定。在我国，只有《消费金融公司试点办法》，以及 2020 年 7 月原中国银保监会颁布实施的《商业银行互联网贷款管理暂行办法》(注:《商业银行互联网贷款管理暂行办法》同样适用于消费金融公司)。

4.1.4　银行系、产业系、电商系消费金融公司的比较

1. 银行系消费金融公司

银行系消费金融公司是指由银行主导或参股的消费金融公司。从政策层面来看，央行和银监会都积极鼓励有条件的银行涉足消费金融领域。2016 年，中国人民银行、银监会联合发布的《关于加大对新消费领域金融支持的指导意见》中提出，要积极培育和发展消费金融组织体系，鼓励有条件的银行业金融机构围绕新消费领域设立特色专营机构，完善环境设施、产品配置、金融服务、流程制度等配套机制，开发专属产品，提供专业性、一站式、综合化金融服务。

　　银行成立消费金融公司主要出于以下考虑。一是从银行自身来说，银行涉足消费金融领域主要是为了完善自身消费信贷层次建设，达到扩大市场份额的目的。银行本身已具备巨大的营销网络(线下网点布局)，基于该渠道优势继续开拓新的市场领域有利于其实现范围经济。银行的零售业务中有很大一部分就是消费金融业务，银行本身有做消费金融业务的经验。银行把这一块业务独立出来运作有多方面的优势，不仅可以发挥既有的业务优势，也能让新的组织结构、管理体制变化的优势得到进一步展现。借助消费金融子公司实现差异化经营，通过拓展蓝领、城镇低收入人群等传统信贷业务难以覆盖的长尾客群，进一步在细分领域开发消费新场景并嵌入金融服务。二是加深股东合作以实现资源互补，进而获取场景、客群、风控等核心竞争力。例如，招联消费金融通过整合中国联通和招商银行两大股东的资源来拓宽获客渠道，获得数据共享优势。三是有效实现风险隔离，防止投资者对过高不良贷款率的担忧，同时有助于体现独立价值，获得估值重视。

　　此外，对于城市商业银行来说，成立消费金融子公司有助于打破地域限制，实现跨区域经营。随着商业银行对消费金融公司更深层次的介入，有望打破商业银行在合规经营上相对保守的局面，或从整体上改变消费信贷市场上的供应结构。

　　银行系消费金融公司的优势明显。银行系消费金融公司的核心竞争力在于资金优势、风险识别及定价能力。在消费金融公司的实际运营中，银行股东往往可以在资金、流量、渠道、客户、品牌等方面为其提供支持。

1) 资金支持

　　持牌消费金融公司的融资渠道主要有同业借款、股东存款、发行 ABS、发行金融债券等，其中后两种门槛较高。目前行业中仅有四家公司获批发行金融债券，而有实力发行 ABS 的机构也不多。因此，同业借款、股东存款就成为一些持牌消费金融公司的重要融资方式，银行股东也通过这种方式给消费金融公司提供最直接的支持。截至 2018 年年底，湖北银行在湖北消费金融公司存放 13.2 亿元；长安银行拆借给长银消费金融公司 8 亿元；杭州银行向杭银消费金融公司借出同业借款 8.5 亿元；截至 2019 年 6 月底，成都银行通过非保本理财资金拆借给锦程消费金融公司 6 亿元；而招商银行在 2019 年 6 月的一个公告中提到，其给予招联消费金融公司同业授信额度高达 270 亿元。

2) 客户、流量支持

　　银行拥有千万级甚至亿万级的存量客户，可以有效支持其旗下消费金融公司的业务发展。最简单的方式就是在手机银行 App 中嵌入消费金融公司的贷款产品。据不完全统计，中银消费金融公司、中邮消费金融公司、招联消费金融公司的线上合作渠道均对接了银行股东的手机银行 App，客户可以在手机银行 App 上直接申请相关消费金融公司的贷款产品。

　　其中以零售业务见长的招商银行最为典型，招行 App 引入的招联消费金融公司的好期贷产品的推广位置仅次于招行自营的闪电贷，招行 App 也成为招联消费金融公司获客的主要渠道之一。2020 年 1 月 11 日，光大银行发布公告称，已获批在北京市筹建北京阳光消费金融股份有限公司。光大银行出资 6 亿元，持股比例达 60%。除了手机银行接入消费金融产品，一些城市商业银行的客服电话可以直接转接到旗下消费金融公司，例如哈尔滨银行、盛京银行、湖北银行。

　　此外，部分银行还将客户资源与消费金融公司的产品进行深度融合。例如，北银消费金融公司 App 中至少有两款产品对接了北京银行的客户，其中，增值贷为北京银行合作企业客户专享，消贷通为北京银行放贷客户专享。

3) 线下业务支持

在消费金融领域，传统银行的线下业务一直具有明显优势，行业中也有一些消费金融公司借助银行股东的线下业务经验和资源发展自身业务。比如中银消费金融公司、兴业消费金融公司、幸福消费金融公司、中邮消费金融公司等。

目前银行系消费金融公司在经营方面存在一些亟待解决的问题。

其一，消费场景单一。虽然银行系积极拓展线上线下消费场景，但因银行把握着线下的流量入口，以传统征信为主，未涉及垂直消费场景和细分市场，所以未能很好地覆盖到消费金融的主要受众，对用户来说体验也不好。

其二，征信基础数据不足。一方面，银行系线上线下的数据积累不足，央行征信系统的信贷记录尚不完善，增加了违约风险。易观的数据显示，截至 2019 年 6 月底，央行征信系统的信贷记录人群仅有 3.8 亿人，但其覆盖人群却有 8.8 亿人。另一方面，由于银行机构获客难度大，为了流量而过于倚重渠道，小银行更是 80% 的客户来源于合作渠道，再加上银行使用的中介模式结构复杂，容易成为中介的"套现池"。此前，北京银行受到北京银监局 900 万元的处罚便是因为中介欺诈套现，此事件也给其他同行敲响了警钟。

2. 产业系消费金融公司

产业系消费金融公司是指由实体企业资本为主要股东的消费金融公司，典型企业如马上消费金融公司、海尔消费金融公司等。从出资人的条件来看，对非金融企业的门槛相对较高。例如，要求非金融企业主要出资人最近 1 年的营业收入不低于 300 亿元人民币或等值的可自由兑换货币(合并会计报表口径)；且最近 1 年年末净资产不低于资产总额的 30%(合并会计报表口径)。此外，消费金融公司至少应当有 1 名具备 5 年以上消费金融业务管理和风险控制经验，并且出资比例不低于拟设消费金融公司全部股本的 15% 的出资人。从审慎监管的角度出发，由于金融业的外部性比较强，一旦发生大的风险，容易影响社会稳定，监管部门对产业系消费金融公司设立高门槛也符合审慎监管的原则。

产业系公司涉足消费金融领域的原因之一在于寻求新的业绩增长点。在经济发展新常态下，"去产能"已经成为很多行业的发展趋势。在此背景下，海尔集团、苏宁电器、重庆百货等工商企业积极寻求向"传统产业+互联网金融"转型，先后组建了海尔消费金融公司、苏宁消费金融公司和马上消费金融公司。工商企业背景的消费金融公司最大的优势是有传统产业入口，并且从一开始就充分接入了互联网技术进行获客、审批和风控。产业系消费金融公司在利用股东资源的同时，把控消费第一入口(这也是为什么众多产业系消费金融公司背后都有大型商业公司的原因)，通过消费场景的丰富完成"消费—分期付—还款"的闭环。但其股东也面临"让金融支持主业"还是"让主业培育金融"的重心选择。前者的典型是海尔消费金融公司，其重心不是利用产业培育金融，而是运用金融支持海尔的家电产业，所以海尔的消费金融利率优惠，甚至有零利率产品，目的在于抢占中国智能家电市场；后者的代表是苏宁消费金融公司和马上消费金融公司，它们在通过消费信贷扩大股东单位的百货、家电、超市和小商品批发业务规模的同时，进入消费金融领域为股东单位拓展新的经济增长点。部分消费金融公司的互联网消费金融业务的比较如表 4.4 所示。

表 4.4　部分消费金融公司的互联网消费金融业务的比较

	招联消费金融	海尔消费金融	苏宁消费金融	马上消费金融
简述	由招商银行和中国联通发起成立	由工业企业海尔作为大股东发起成立	由商业企业苏宁作为大股东发起成立	由重庆百货公司作为大股东发起成立
获客	以线上渠道为主,推出移动 App 获客;学生分期产品"零零花"通过联通网上营业厅获客;白领分期产品"好期贷"入驻支付宝平台获客	以移动 App 为主获客,无纸化申请,线上快速审批,用户最快一天可获得授信,可取现 50%在海尔线上商超和线下 3 000多家零售店使用	在苏宁云商门店和苏宁易购,可用 App"任性付-灵活用"在线直接贷款,用"任性付-分期"进行消费分期	全部通过移动 App 获客,无线下网点
审批	引入支付宝芝麻信用分作为准入门槛,芝麻分超过 700 分可直接线上使用授信额度	根据消费数据主动授信,线上商城一键支付使用,同时开通线下零售门店申请	苏宁会员在线申请,基于风控技术授予申请人信用额度	60%的业务依靠 FICO风控系统自动审核,40%的业务由人工审核

(资料来源:从相关企业官网上搜集)

3. 电商系消费金融公司

顾名思义,电商系消费金融公司就是背靠电商巨头的消费金融公司,如蚂蚁消费金融公司和苏宁消费金融公司。

首先,电商系消费金融公司凭借着背后的电商资源,却拥有银行系缺失的线上布局优势。京东白条、蚂蚁花呗、天猫分期等便是电商系推出的重磅消费金融产品。

电商系主要服务于有网络消费习惯,并且信用消费、超前消费意识较强的消费者,等于把控着独一无二的流量入口,这使得电商开展消费金融的成本非常低。为了提升用户体验,电商系提供的消费金融产品简化了审核流程,申请快捷方便,比如京东白条、蚂蚁花呗、天猫分期等。因此,电商系的信贷产品用户黏性也很高。同时,京东、淘宝等大型综合电商几乎囊括了所有的消费场景,因此,与银行系相比,电商系具备丰富的消费场景优势。

其次,京东、阿里巴巴等电商巨头拥有亿级的用户基数,庞大的交易、物流记录等数据在大数据的支持下,可为电商系的风控系统提供支持,以此给出信用评级,再经过一系列算法给出信贷额度。同时,产品端和用户端的优势也能为其提供资金来源。

产品端可为电商系提供资金和消费场景,用户端可为电商系提供数据,而消费金融业务又可为用户提供信贷便利,带动用户增长,从而吸引更多商家支持。如此看来,消费金融市场中消费闭环构建较为成功的还数电商系,但其也存在着弊端。

一是电商系征信体系建立在平台的会员数据之上,数据和风控能力成正比,但消费少的会员或新会员缺少数据支持,再加上消费场景复杂、贷款消费分散、准入门槛低等问题,电商系的风控系统存在较高的风险,也是不良分子的主要攻击对象,欺诈伪劣假冒事件时有发生。电商系的不良率比银行高,据统计,蚂蚁花呗 2019 年"双十一"的不良率为2%～3.7%。

二是电商系的资金来源过于单一，主要依赖电商的产品端，实力远不如银行系消费金融公司。

电商消费金融运营模式是以电商平台为基础，通过为客户提供商品的分期服务，让客户在平台上进行消费，并提供理财服务。这类模式我们最熟知的便是蚂蚁金服的微贷和京东金融的京东白条。这种业务模式充分借助了电商平台的大数据优势。客户在购买商品的过程中，电商平台通过对大数据的分析，确定对特定商品的分期，并对海量客户进行分析，根据客户的消费能力和信用等级进行授信。当消费者完成商品消费后，由京东金融的京东白条或蚂蚁金服的微贷向供货商提供资金，最后由消费者按照贷款期数偿还借款。

4.2 消费金融公司业务与其他消费信贷主体业务的区别

4.2.1 消费金融公司业务与商业银行业务的比较

1. 业务范围的比较

《消费金融公司试点管理办法》规定，消费金融公司可经营的业务主要有：一是一般用途个人消费贷款，包括消费金融公司通过经销商向借款人发放的用于购买约定的家用电器、电子产品等耐用消费品(不包括房屋和汽车)的贷款；二是个人耐用消费品贷款，包括消费金融公司直接向借款人发放的用于个人及家庭旅游、婚庆、教育、装修等消费事项的贷款。这些业务和商业银行提供的个人消费信贷业务有交叉，与商业银行开展的业务有相同之处。目前消费金融公司的业务范围仅限于个人消费贷款和个人耐用消费品贷款两类，前者通过经销商发放贷款，后者由消费金融公司直接对个人发放。与商业银行相比较，消费金融公司的业务范围比较单一。

2. 吸引资金容易度的比较

《消费金融公司试点管理办法》规定了"消费金融公司的出资人应具有 5 年以上消费金融领域的从业经验，最近 1 年年末总资产不低于 600 亿元人民币，注册资本不低于 3 亿元人民币"等条件，出资人准入门槛较高。由于其不能吸收公众存款，资金来源主要是自有资金，来源有限。《消费金融公司试点管理办法》还规定，消费金融公司可以通过办理信贷资产转让、境内同业拆借、向境内金融机构借款以及经批准发行金融债券等方式筹资，但同业拆借期限过短，发行金融债券融资成本高，所以消费金融公司可能会面临资金不足、成本较高、筹资困难等问题，这与商业银行相比是一大劣势。

从另一个角度来看，第一，由于客户存款是商业银行负债的最主要来源，尤其是近年来公司存款的份额越来越大，《消费金融公司试点管理办法》指出，境内外符合条件的大型企业可以建立自己的消费金融公司，这将会大大减少商业银行的存款来源；第二，同业存放及拆借是商业银行的第二大资金来源，消费金融公司的加入可能会造成一部分资金的转移，影响商业银行资金来源的稳定性；第三，从美国消费金融公司多年的运作经验来看，大部分资金来源于公司债券、市场票据等，可以预见，随着我国金融市场的不断完善，消费金融公司必定会加大办理信贷资产、向境内金融机构借款以及经批准发行金融债券筹资的力度。

3. 经营风险上的比较

与商业银行相比，消费金融公司的整体经营风险比较高。第一，在消费金融公司取得贷款无须抵押担保，客户自然定位在无法获取商业银行贷款的中低端客户。然而，目前我国个人征信体系尚不完善，消费金融公司要在短时间内完成严格的信用审查并作出其还款能力的判断并不容易，其中隐藏着违约风险。第二，消费金融公司不可以吸收存款，但可以发行债券或者向银行借款。如果消费金融公司发生资金流枯竭或其他经营问题，很可能会波及投资人和银行。第三，消费金融公司的目标群体主要是"月光族"，但是，由于目前金融危机的影响尚存，经济不景气，潜在的客户人数呈明显下降趋势。大部分其他群体仍受"量入为出"的传统思想影响且短期不易改变，信贷消费的空间缩减。

4. 经营渠道上的比较

相比银行的固定有限的经营网点，消费金融公司在网点和渠道建设上更有优势。第一，可以覆盖其自身网点，还可与各大零售商、各大卖场结盟，网点设置灵活，容易形成地域优势。第二，消费金融公司的出资人主要是国内外的金融机构以及符合资本条件的其他非金融机构，这些非金融机构自己设立的消费金融公司在发展客户、办理信贷业务时具备独特的优势，对商业银行的信贷业务形成竞争。

5. 信贷利率与信贷额度上的比较

第一，消费金融公司的贷款利率按照借款人的风险定价，但是上限是同期银行贷款利率的 4 倍。如果按照目前我国的贷款基准利率和这个倍数计算，最高可达到 20%，远远超过了银行一般的信贷利率，这显然对消费者的吸引力不够。第二，消费金融公司的贷款最高额度为月收入的 5 倍，而银行是根据借款人的基本信用情况、抵押担保情况测算贷款额度，一些信用卡的金卡额度高达百万元，其上限远远超过消费金融公司的额度。

6. 业务操作上的比较

与商业银行相比，消费金融公司主要为个人办理小额贷款，审批速度较快，通常是无担保无抵押，只要客户的信用状况良好，就可以在短时间内办理成功。而商业银行提供信贷服务时，需要抵押担保，而且审批流程烦琐，审批速度较慢。

4.2.2　消费金融公司业务与小额贷款公司业务的比较

小额贷款公司是指在工商行政管理部门注册登记，并经省级人民政府监督管理部门批准取得经营放贷业务许可，经营放贷业务但不吸收公众存款的机构。小额贷款公司一般是由自然人、企业法人与其他社会组织投资设立，不吸收公众存款，经营小额贷款业务的有限责任公司或股份有限公司。小额贷款公司和消费金融公司在诸多方面有相似之处，发放贷款都坚持"小额、分散"的原则，但两者在目标客户等方面依然存在一些区别，主要表现为以下几个方面。

1. 牌照优势的比较

消费金融公司相比小额贷款公司或互联网小贷公司具有牌照优势。监管对消费金融公司的发展总体持支持态度。2013 年修订的《消费金融公司试点管理办法》第 13 条规定，消费金融公司根据业务发展的需要，经银监会批准，可以设立分支机构。从 2020 年年末开始，持牌机构进入政策红利期。监管部门加强了对金融科技公司尤其是互联网头部平台的监管力度，鼓励持牌机构加快创新，提升数字化能力及金融服务能力。比如，2020 年 11 月，原中国银保监会会同中国人民银行等部门起草了《网络小额贷款业务管理暂行办法(征求意见稿)》，主要内容就是限制互联网金融平台的无限扩张，体现在网络小额贷款杠杆的限制以及联合贷款出资比例的较高要求(不低于 30%)。

2. 目标客户方面的比较

消费金融公司所面对的人群主要是在城市工作的中低收入居民，并没有将融资大门朝中小企业和涉农企业敞开。与之相比，小额贷款公司的贷款范围更广泛。小额贷款公司的贷款对象重点放在从事种植业(如蔬菜大棚)、养殖业、林果业、农副产品加工业(如玉米和果脯深加工)、农村流通业(如物流、运输业等)的生产者和经营者身上。在经营范围方面，小额贷款公司不得跨区县经营，而消费金融公司不得在注册地所在的行政区域之外开展业务(经银监会批准可设分支机构)。

3. 贷款额度方面的比较

小额贷款公司根据申请人的信用状况和申请的贷款用途不同，发放贷款的额度也有所不同，但其经营遵循"小额、分散"的原则，同一借款人的贷款余额不得超过小额贷款公司资本净额的 5%。消费金融公司则根据借款人的收入等状况确定贷款额度，不得超过月收入的 5 倍，如果需要更高的授信额度，则需要借款人提供房产等抵押物。

4. 贷款利率方面的比较

小额贷款公司按照市场化原则进行经营，贷款利率上限放开，但不得超过司法部门规定的上限，下限为中国人民银行公布的贷款基准利率的 0.9 倍；消费金融公司贷款利率的上限为不超过同期银行基准利率的 4 倍。

5. 注册资本规定方面的比较

小额贷款公司的注册资本全部为实收货币资本，由出资人或发起人一次性足额缴纳，它个进行任何形式的内外部集资和吸收公众存款。有限责任公司的注册资本不得低于 500 万元，股份有限公司的注册资本不得低于 1 000 万元。单一自然人、企业法人、其他社会组织及其关联方持有的股份不得超过小额贷款公司注册资本总额的 10%，这些指标都低于消费金融公司。

6. 风险控制方面的比较

《非存款类放贷组织条例(征求意见稿)》规定，小额贷款公司主要运用自有资金从事放贷业务，也可以通过发行债券、向股东或银行业金融机构借款、资产证券化等方式融入资金从事放贷业务。在贷款方式上多采取信用贷款，也可采取担保贷款、抵押贷款和质押贷款。消费金融公司一般采用无担保无抵押的信用贷款，对于一些授信额度较大和贷款方式为抵押类的贷款，还需要申请人提供房产等抵(质)押或担保文件。

另外，与小额贷款公司中比较常见的高利贷形式相比，消费金融公司贷款不但在利率上有优势，而且在法定地位上也有优势。消费金融公司直接受银监会监管，而小额贷款公司的监督管理部门是经省级人民政府授权负责对非存款类放贷组织具体实施监督管理措施的部门，相对而言，消费金融公司的监管更正规。另外，在催款方式上，高利贷作风一贯被指粗暴，但在银监会的《消费金融公司试点管理办法》中，明确提到消费金融公司"不得以威胁、恐吓等手段催收贷款"。

表 4.5 所示为消费金融公司与其他消费信贷主体的区别。

表 4.5　消费金融公司与其他消费信贷主体的区别

	贷款利率	适合人群	使用方向	授信额度	期　限
消费金融公司	不超过央行同期贷款利率的4倍	申请人信用记录良好即可，无须任何抵押担保	贷款只能用于消费，不得用于投资或经营	每笔额度不得超过借款人月收入的5倍	最多不超过3年
商业银行	名义年利率为8%～9%，实际利率更高	收入较高的白领、有一技之长的人士	有明确用途的个人贷款、消费、经营等	差别较大，最高可达20万元	6个月至2年
小额贷款公司	一般为银行贷款基准利率的4倍以下	有资金需求的本地区中小企业及个人	用于个人消费，企业、个体经营等	个体户一般不高于50万元，企业一般不高于100万元	1～3年

4.3　消费金融公司的经营模式

4.3.1　消费金融公司的商业模式

消费金融公司的商业模式包括自营模式、联合贷款模式和助贷模式。产业系消费金融公司更倾向于借助线上渠道开展业务，通过联合贷款、贷款超市、助贷引流等模式与渠道方开展合作。银行系消费金融公司更愿意选择线下代理渠道获取客户，以便低成本、高效率地在全国范围内扩张线下业务。

1. 自营业务模式

在自营模式中，获客、风控、资金、贷后等全流程均由消费金融公司独立完成。消费金融公司也向优质低风险客户发放额度相对较大的一般消费用途贷款。由于此类贷款没有消费场景作为依托，也不能确定贷款用途，风险相对较高。因此，消费金融公司尤其是有银行系背景的消费金融公司，都会依托商业银行消费贷款审批模式，甚至是在银行现有客户群体中筛选优质客户，审慎经营自主消费贷款。

消费金融公司原本的业务范畴是以线下、批量开发等方式为主。随着客户的积累和风险管理能力的提升，消费金融公司逐步依托互联网和移动通信等技术，通过自建贷款平台，为消费者提供线上贷款申请渠道，通过线上应用市场、信息流广告以及线下直销团队实现自主获客，独立开展包括风控、运营、贷后在内的全流程业务管理。其代表机构是招联消费金融和兴业消费金融。招联消费金融前期主要为纯线上模式，依托线上获客与线上经营，打造简单快捷的用户体验。兴业消费金融主打线下模式，依托兴业银行网点优势在全国近50座城市组建线下直销团队，采用"上门收件，亲核亲访"的模式基本完成自营业务的全国化布局。

近年来，消费金融公司开始打破线上和线下的界限。包括兴业消费金融在内的多家消费金融公司都在加快线上业务探索和数字化转型。与此同时，主打线上业务的公司也开始布局线下，招联消费金融正在探索一种名为"招联小栈"的轻量化线下展业模式。小栈类似于大中城市的一个联络站，小栈成员主要由以前成交的客户发展而来，通过介绍新的客户获得返佣，本质上类似"老推新"模式。

消费金融公司发放个人消费贷款在风险控制方面主要依靠央行的征信数据。

2. 联合放贷模式

联合贷款是目前较为普遍的业务模式。它是由消费金融公司与合格金融机构(如银行、信托、消费金融公司)按一定比例共同出资，对贷款客户独立审核，并按照出资比例各自承担不良风险的业务模式。消费金融公司通过联合贷款模式，与银行、消费金融公司、信托等金融机构合作就可以缓解资金紧缺问题。消费金融公司联合贷款模式的主参与方包括用户、流量平台、合作金融机构、消费金融公司、资金方。消费金融公司联合贷款模式如图4.3所示。

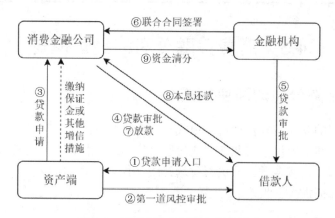

图4.3　消费金融公司联合贷款模式

消费金融公司联合贷款有两种方式，一是与银行合作开展联合放贷(银行作为主要出资方)。比如，2019年4月26日，长沙银行董事会通过相关议案，将与控股子公司长银五八消费金融公司开展联合贷款业务合作。按照50%的出资比例，该行出资部分贷款余额不超过5亿元。二是与小额贷款公司等放贷机构合作开展联合放贷(消费金融公司作为主要出资方)。比如消费金融公司与百度小贷联合放款。

在联合贷款模式中，一般主发起方会负责流量的获取、产品及交易结构的搭建、核心风控、贷后管理催收及核销等事宜。按需要，主发起方会在交易结构中引入增信方(保险公司、担保公司、AMC等机构)来解决不良出表问题。

该模式的特点是：流量平台拥有大量用户，获客成本低，但是平台不具有放款资质，或者不满足银保监会的监管要求，流量平台将用户直接导流至消费金融公司，由消费金融公司直接放款至用户银行卡，用户还款之后，消费金融公司按比例或其他方式结算佣金至流量平台。

2020 年《办法》颁布后，若干规定约束和限制了联合贷款的规模与发展，相关规定同样适用于消费金融公司。该办法明确规定了联合贷款双方的出资比例至少为 3∶7。单一合作方(含其关联方)发放的贷款余额不得超过该金融机构一级资本净额的 25%。与全部合作机构共同出资发放的互联网贷款余额不得超过该金融机构全部贷款余额的 50%。同时明确了贷款发放属地化原则。

模式案例：百度小贷与消费金融公司联合放款。

3. 助贷模式

虽然银行参与消费金融公司具有诸多优势，但相比产业系消费金融公司，银行系消费金融公司在搭建消费金融场景和引入客户流量方面稍显弱势。

在场景搭建方面，非银行系消费金融公司依靠互联网平台，将电商购物场景对接借贷场景，巩固电商购物领域的既有优势，并将业务延伸至线下消费场景，形成"电商—支付—信用"的链条。

在流量引入方面，非银行系消费金融公司借助社交平台搭建信用评估体系，基于大数据风控模型，度量用户的风险水平，形成"社交—支付—信用"的链条，向用户提供消费信贷产品，商业银行参与设立消费金融公司可能在场景、流量和数据方面不及非银行系消费金融公司。

因此，引入"互联网+"，布局线上消费金融市场成为银行系消费金融公司的突破点，通过与互联网公司的合作，借助互联网公司的用户、技术、场景、流量等资源优势，能够有效降低银行的获客成本，扩大消费金融场景，"银行+互联网"成为很好的业务合作模式。

消费金融公司把自己的服务、应用、功能嵌入合作方的 App、场景中去，充分体现了服务能力。当前银行 App 的活跃流量与互联网金融公司的流量尚存较大差距，依托消费金融公司自营的 App 获客流量相对银行来说更少，所以当前消费金融公司依靠其他互联网金融公司为其导流仍是消费金融公司非常重要的一种发展逻辑和场景模式。

- 模式简介：用户通过流量平台发起提现申请，流量平台对提现用户进行资产分发，分发至消费金融公司之后，消费金融公司针对提现用户进行风控审批，审批通过放款至用户银行卡中，消费金融公司后端也会进行资金匹配，满足大规模的资金供应。
- 模式主要参与方：该模式的主参与方包括用户、流量平台、消费金融公司和资金方。
- 模式特点：流量平台拥有大量用户，获客成本低，但是平台不具有放款资质，或者不满足银监会的监管要求，流量平台将资产直接导流至消费金融公司，由消费金融公司直接放款至用户银行卡，用户还款之后，消费金融公司按比例或其他方式结算佣金至流量平台。

借呗就是助贷模式的一种，发起提现时，流量平台将个人信息导流至消费金融公司，消费金融公司就开始放款。

消费金融公司助贷模式如图 4.4 所示。

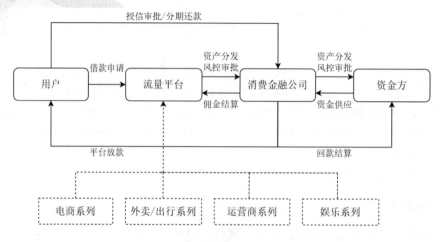

图 4.4 消费金融公司助贷模式

4.3.2 持牌消费金融公司的业务模式

消费金融公司的业务模式可分为三类：第一类是以线下渠道为主的消费金融公司，如锦程消费金融、捷信消费金融等；第二类是主打 O2O 模式的消费金融公司，如海尔消费金融、苏宁消费金融等；第三类是互联网金融公司，如招联消费金融等。在消费金融行业发展的初期，各种模式都有利弊，且业绩不俗，但随着行业的逐渐成熟，多渠道融合的线上线下结合更具有竞争优势。

1. 线下模式

线下模式即"线下获客，线下运营"。消费金融公司的原本业务范畴是以线下、批量开发等方式为主。因此，线下商户模式是消费金融公司的传统经营模式。消费金融公司通过同零售商户建立合作关系，布局耐用消费品市场，将消费场景与信贷产品无缝衔接，在个人消费环节提供即时分期服务。一般大型商场、家电或者电子产品连锁销售机构都可以是消费金融公司的合作商户。选择合作商户重点考量的因素是商户的网点布局、产品种类等。除此之外，家装、医疗、旅游和教育等线下商家都是消费金融公司的合作伙伴。

当互联网技术发展得还没有那么好之前，线下消费场景挖掘就是消费金融运营的唯一手段。比如，日本消费贷第一公司武富士消费金融公司在 20 世纪 60 年代把放款目标锁定在家庭主妇上，就是线下消费场景运营挖掘，并把其家庭是否整齐干净作为原始的信贷理念。而现代线下消费场景运营的主要表现形式之一就是在门店分期购物。

线下消费场景业务拓展主要采用"自营门店+渠道"的合作模式，并加上线下相对复杂的风险控制流程，线下消费场景比较适合做大额消费贷。

用户通过线下门店购买商品或服务，消费金融公司进行线上授信，将资金放款至商户平台。比如租房场景、健身房场景、培训教育场景等，消费金融公司与商户进行合作，满足用户相关场景的需求。该模式的主要参与方包括用户、商户平台、商户门店、消费金融公司。其基础模式如图 4.5 所示。

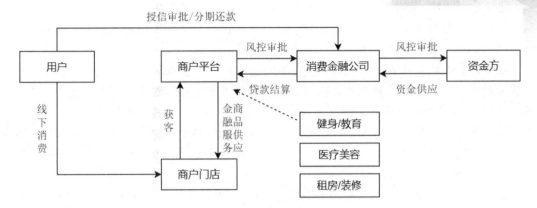

图 4.5　消费金融公司线下模式

线下消费场景是最贴近消费者日常消费生活的，其运营也有着自己比较优势的地方。

- 场景拓展快。可以依靠大量 "线下地推" 人员的模式，通过以手机、3C 产品作为线下消费场景的切入点，迅速地开展业务，攻占线下消费市场。
- 用户消费体验好。用户在门店体验产品后，就可以通过场景分期付款适度地透支 "未来收入" 的方式来购买到自己心仪的产品。
- 精准下沉。线下场景分期，在对消费者用户信贷审批过程中设置了"面核"环节，而且消费金融公司授信额度的钱是直接打到门店商户，钱的用途相比现金贷更清晰，使得消费场景更精准下沉。

然而，经过金融公司扎堆布局线下场景一段时间后，慢慢地出现了一批套现者和骗贷者流进产业链中"薅羊毛"，造成公司损失严重。除此之外，还发现了线下运营成本高、风控效果不理想等问题。结合行业内反馈的一些常见诟病来看，线下消费场景运营在发展过程中也暴露出一些不足的地方。

- 运营成本高。线下消费场景运营需要投入大量销售人员负责线下地推、拉客户，业务规模发展的同时，势必会造成运营成本不断地增加，当业务发展趋缓时，这种运营成本压力会更加明显，挤压公司的利润空间。比如，有数据统计，到 2020 年 1 月，捷信消费公司一笔不可忽视的运营成本就是其合作的线下贷款服务点超过 25 万个。
- 套现骗贷多。"线下场景+分期"的线下运营模式，由于可以搭建独立的消费场景，而消费场景越独立，风险越容易识别，风控效果就越好，这是从业人员的广泛认知。然而，大家容易忽略人性之恶，就是线下勾结。比如，有些销售人员在熟悉了平台的风控模式之后，就会联合用户和门店一起做套现骗贷的勾当。比如被多次曝光的教育行业骗贷行为，就存在一些教育机构临时租了几间教室，然后吸收完一批用户贷款后，就直接跑路，造成恶劣影响。这既容易造成用户拒绝还款，间接造成贷款机构的金钱损失，也容易损害贷款机构的声誉。

案例：捷信的驻点式消费贷款模式

捷信消费金融作为行业内线下消费场景运营模式的"领头羊"，以手机、3C 产品等业务作为线下消费场景的切入点，并依靠大量"线下地推"人员的模式，快速地进行业务扩张，迅速占领市场，其门店业务遍及全国 300 多个城市。

捷信消费金融公司不设固定物理网点，而是在合作的消费点派驻办公人员或者设立柜台，围绕 POS 终端，为目标客户提供消费贷款服务。

捷信的驻点式模式主要为中低收入群体提供 POS 销售贷款服务，POS 贷款业务是捷信消费金融公司精确把握客户消费意图并进行营销的主要方式。该业务模式通过在零售商店设置 POS 终端，间接掌握客户的真实消费场景，为购买电子设备、家具、建材、体育器材等耐用品的个人消费者提供无抵押、无担保、快速授信的贷款服务，并筛选出还款记录良好的客户，对其进行交叉销售。这不仅可以减少该消费金融公司的获客成本，还在一定程度上降低了坏账率。

捷信 POS 贷款业务的大部分用户为 25～40 岁，平均单笔贷款在 3 400 元左右。目前，捷信每笔贷款可以在 1 小时内完成。

从产品的角度来看，目前捷信中国提供商品贷和消费现金贷两款产品，主要面向中低收入群体，包括蓝领、个体户和农民。

驻点式模式商品贷的申请步骤如下。

(1) 用户选择商品后在店内申请捷信分期付款。

(2) 捷信销售代表检查用户提供的申请材料并让客户填写申请表。

(3) 审核通过后，用户签署贷款相关文件并支付首付后从商家提货。

(4) 用户根据还款提示每月定时还款。

捷信为用户提供 15 天的犹豫期，在这期间，如果用户取消贷款，不需要缴纳利息和费用。

捷信有一套自己的风险控制系统、自动化的贷款审批系统和防欺诈系统，而整个风控系统的基础是其 IT 运营体系，捷信集团在中国建立了 3 800 平方米的资料库，可以储存 2 700 万客户的合同资料。

在开展业务的过程中，捷信重视利用大数据，注重收集与用户有关的各类数据，如受教育程度、工作情况、家庭情况、收入水平等，同时对接外部数据，不断更新和完善数据库信息。依据大量的数据，系统可以对交易过程中的收益、违约率等进行计算，对交易作出评估，如通过、待审核、拒绝等。

数据显示，捷信中国每天可以处理 10 万份申请，平均审批时间为 5 分钟。

[资料来源：《捷信消费金融公司的盈利模式及风控体系》(淘豆网)]

2. 线上模式

消费金融公司的线上模式即"线上获客，线上运营"。消费金融公司通过直营渠道和第三方平台进行获客及运营，直营渠道包括自营 App、微信公众号、小程序等，第三方平台以流量平台为主，包括电商类、社交类、资讯类、视频类平台，多维度触达目标客户。贷款流程仍然是全部在线上完成。

线上消费场景的业务流量对接渠道会很多，但是公司在风险控制层面主要依靠大数据来完成用户画像，适合做小额消费贷款业务。线上消费场景运营模式的优势如下。一是节省运营成本。线上消费场景运营有利于解决用户在借贷流程中诸多痛点问题，用户无须通过线下地推人员的帮助就可以直接通过金融公司线上平台申请获取授信额度，从而减少了对于销售人员的依赖和提成。与此同时，线上运营模式从获客方式到申请、审核、放款、催收实现系统自动化，这样就可以尽可能地降低业务运营成本。二是精细化运营更具优势。线上消费场景运营是一种轻模式，更依赖金融科技的发展所带来的变化。通过大数据的决策体系、风险规则模型，将用户数据进行交叉比对分析，从而挖掘出更有价值的渠道及客群进行精细化运营。另外，线上技术的成熟也会对金融产品服务的持续创新提供更有力的支撑。

与此同时，各类金融机构经过几年的"跑马圈地"，使得线上消费场景运营的布局基本稳定，同样也面临着再发展问题。一是获客渠道难。消费金融行业经过几年的迅速发展，流量红利正在逐渐消失，随之而来的是公司的获客成本越来越高。行业刚开始发展的时候，金融公司可以凭借电商巨头、母公司的流量入口迅速获取流量，但是随着大家都入局这一片蓝海市场，这种流量红利被慢慢地切断，使得获客更困难。二是风险控制难。线上消费场景运营缺乏场景渠道下沉带来的场景方式可控性，在目前的社会信用体系下，线上场景比较适合于小额信用贷款，而要审批额度为十几万元以上的信用贷款，如果不结合线下场景，只是线上审批的话，则会对公司的风险控制技术能力要求非常高。因此，对一些刚成立的金融公司，在大数据、人工智能等前沿科技技术渗透能力不强的情况下，其风险控制往往会面临不少挑战。

1)　通过自建贷款平台开展消费分期

为进一步升级产品和服务，打造极致的消费体验，消费金融公司纷纷上线了自己的App，为用户提供更加方便、快捷、智能的消费信贷服务。目前各消费金融公司基本上已形成了App、微信公众号、支付宝生活号等多渠道、多样化的自营产品布局。比如，招联消费金融公司运营产品的自有渠道包括招联消费金融公司 App 和招联消费金融公司公众号。用户通过下载招联消费金融公司的 App 或关注招联消费金融公司的公众号，就可以在线完成注册申请。虽然招联消费金融公司分为两大产品体系，但是其基于商户、定价、客群等维度而建立的产品则多达二三十款，而在自有渠道线上运营的产品则有十几种。

马上消费金融旗下有三款 App 贷款产品。一是安逸 App。它是一款循环额度的信贷产品，根据用户的信用情况，可提供最高 20 万元的贷款额度，同时支持消费和取现。额度一旦激活，在有效期内可以循环使用，随时借款，按日计息，支持提前结清。用户可选择等额本息、等本等息和等额本金三种还款方式，年化综合利率 7.2%起(单利)，最多可分 24 期还款。二是马上金融 App。它是一款信用分期产品，即为有临时资金需求的用户推出的一款小额信用分期贷款产品，支持单笔审批单笔放款，只能按等额本息(按月等额)还款，年化综合利率 7.2%起(单利)，最高可借 20 万元，最多可分 12 期。三是优逸花 App。它是一款商品分期类产品，之前名为小马花花卡，主要为消费者提供线上或线下的产品分期服务，覆盖范围广，审批时效快，具体可分 3/6/9/12 期还款，只支持等额本息还款方式，最高额度为 20 万元，年化综合利率 7.2%起(单利)。

2)　通过自建商城开展消费分期

近年来，电商场景与消费金融业务融合的趋势越来越明显。一些消费金融公司经过多年运营，积累了海量用户，通过消费场景既可以更加精细化运营存量用户，又可以吸引新的用户。因此，搭建自有场景便成了消费金融公司的一个执念。

据不完全统计，30 家消费金融公司中近半数上线了分期商城。具有分期商城业务的有

消费金融

捷信消费金融、华融消费金融、招联消费金融、中邮消费金融、马上消费金融、幸福消费金融、中原消费金融、金美信消费金融、海尔消费金融(嗨付)、苏宁消费金融、平安消费金融、盛银消费金融等公司，基本涵盖了手机数码、个护美妆、家电家居等生活必需品。从上述商城可以看出，线上商城服务主要分为分期商城和生活服务权益，前者为电商分期，后者为会员、积分兑换、充值等各类虚拟产品服务。其中，苏宁消费金融、中原消费金融上线了积分商城，其余则提供分期商城。

各家分期商城的年化费率略有不同，在 13%～36%。头部消费金融公司招联消费金融、马上消费金融，分期商城年化费率分别为 13.59%、17%。捷信消费金融、华融消费金融分期商城已停止分期服务，但仍可以全款购买商品。

消费金融公司自建商城源于以下几方面。一是与外部平台进行获客合作成本太高。消费金融公司通过与助贷平台合作或者投放广告等方式获客的成本很高。有些公司获客成本加上资金成本，最后对客价(对客利率)也会达到或略高于 24%。二是通过自建商城购物这种模式可以为客户持续提供服务，增强客户黏性。商城业务对于消费金融公司发展自营客户十分重要。商城业务可以和分期支付结合起来，且消费贷款用于购买具体的实物商品，消费贷款有非常明确的用途，能够增强消费贷款对于会员的黏性，提升风控能力。消费金融公司还可以通过自营商城，提升非金融服务对于会员的价值，发展高黏性会员生态，将从外部获得的流量留下来转化为复购会员，降低对于外部流量的依赖程度。

不过，自建商城是比较消耗成本的，不仅有商城平台的运营，还有货物的物流、稳定高质量的供应链，都需要较多的投入。在电商市场格局基本稳定的情况下，消费金融公司的自建商城与成熟的电商平台相比，在品类、价格、服务、促销以及运营等方面都还存在一定的差距。

3) 通过股东方嵌入 App

消费金融公司尤其是银行系背景的消费金融公司，都会依托商业银行消费贷款审批模式，甚至是在银行现有客户群体中筛选优质客户，审慎经营自主消费贷款。

现有的 30 家消费金融公司中有 27 家具有银行背景，这些消费金融公司的股东方银行具有存量客户，可以有效地支持消费金融公司的业务发展。最简单的方式就是在手机银行 App 中嵌入消费金融公司的贷款产品。据不完全统计，中银消费金融公司、中邮消费金融公司、招联消费金融公司的线上合作渠道均对接了银行股东的手机银行 App，用户可以在手机银行 App 中直接申请相关消费金融公司的贷款产品。其中以零售业务见长的招商银行最为典型，招商银行 App 引入的招联消费金融好期贷产品的推广位置仅次于招商银行自营的闪电贷，招商银行 App 也成为招联消费金融公司获客的主要渠道之一。

在消费金融领域，传统银行的线下业务一直具有明显优势，行业中也有一些消费金融公司借助银行股东的线下业务经验和资源发展自身业务。比如中银消费金融公司、兴业消费金融公司、幸福消费金融公司、中邮消费金融公司等，其中中银消费金融公司、兴业消费金融公司甚至主要凭借线下业务就进入了行业前列。

银行股东助力消费金融公司的发展可能存在一定的局限性：银行能够覆盖的客户一般不是消费金融公司的对象。即使银行把服务不了的客户给到消费金融公司，其贡献也较为有限。况且银行也有自己的获客指标，消费金融公司依托银行股东获客，并非长远之计。

4)　商城模式

商城模式就是用户通过线上商城购买商品，是消费分期的一种常见模式。消费金融公司提供金融服务费，商家获取周转资金，用户获取需求商品。消费金融公司也可以直接和商家合作，直接给用户提供商品。商城平台也可以依赖自己的体系，为用户提供分期服务，解决用户商品与资金需求不匹配的问题。

商城模式的主要参与方包括用户、商城平台、商家、消费金融公司、资金方。

商城模式的主要特点：商城平台拥有海量用户，可以给用户提供丰富的商品。用户有商品需求，但是缺少相应的消费资金。商家有商品供应的能力，但是需要快速的资金周转。消费金融公司可以提供金融服务费，解决用户和商家不匹配的问题。

商城模式如图 4.6 所示。

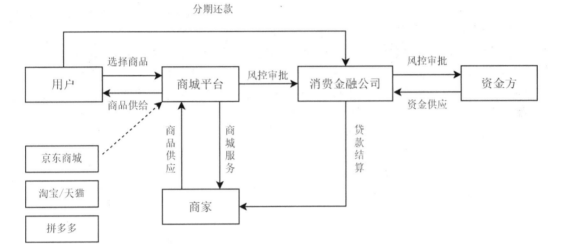

图 4.6　商城模式

案例：唯品会商城对接马上消费金融公司，推出"唯品花"消费信贷产品

唯品会成立于 2008 年 8 月，总部设在中国广东省广州市。唯品会主营业务为互联网在线销售品牌折扣商品，涵盖名品服饰鞋包、美妆、母婴、居家等各大品类。2012 年 3 月 23 日，唯品会在美国纽约证券交易所(NYSE)上市。唯品会在中国开创了"名牌折扣+限时抢购+正品保障"的电商模式，并持续深化为"精选品牌+深度折扣+限时抢购"的正品特卖模式。这一模式被形象地誉为"线上奥特莱斯"。

唯品会有四个运营板块：唯品会电商、互联网金融、杉杉奥莱店和线下店铺。2015 年，唯品金融开始发力 C 端消费金融市场，与马上消费金融公司合作，推出消费贷产品"唯品花"，提供纯线上无抵押的消费分期服务，由唯品金融为马上消费金融公司提供导流，唯品会按贷款金额的一定比例向马上消费金融公司收取渠道费用。

近年来，马上消费金融着力对线上消费场景/电子商务平台的覆盖，与 20 多个线上消费场景及 180 多个线上流量平台合作，除了与唯品会合作外，还与腾讯、支付宝、中国电信翼支付、OPPO、vivo、京东金融、爱奇艺、上银闪付等展开合作。

3. 消费金融公司的 O2O 模式

消费金融机构所面临的主要风险为信用风险及欺诈风险，如何确定用户的还款能力和还款意愿依旧是风控的最大"门槛"。通过大数据应用可在一定程度上防范信用风险，而在客户下沉的情况下，面对难以从银行体系获取贷款、个人征信记录较少的中低收入群体，单纯依靠线上的"客户流、信息流、资金流"闭环难以有效地把控风险，依然需要线下团队的介入。

消费金融公司的实践证明，通过客户经理面对面签约，综合判断借款人的资质和还款意愿对于防范小额信贷业务中的欺诈风险行之有效。消费金融公司将客户经理面签核访作为风险防控的第一道防线。

消费金融公司的 O2O 模式即"线下获客，线上运营"。消费金融公司通过自己的地推团队或第三方机构从线下场景(比如 3C、家装、教育、医美等场景)的门店进行获客，而从贷款申请到审批再到贷后管理全部是线上完成。

消费金融公司 O2O 模式的整个流程是：①消费者在商家线上平台浏览商品信息，并选购商品；②消费者向商家线下门店提出贷款需求；③地推团队初步审核；④初审合格后，地推人员线上提交消费金融公司审核；⑤消费金融公司审核并发放消费贷款；⑥消费者获得贷款后向线下商场提取产品或服务(进行线下消费)；⑦消费者按期偿还消费贷款本息。

持牌消费金融公司 O2O 模式如图 4.7 所示。

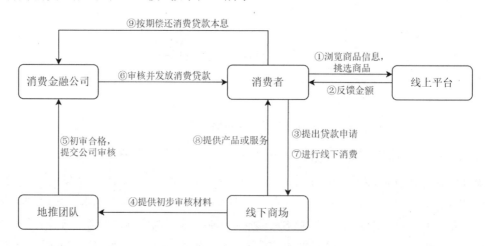

图 4.7　持牌消费金融公司 O2O 模式

O2O 模式的最大特点是能够把消费者、商家及对接平台进行相对无缝的链接融合，通过互联网将本地商家门店的商品或服务与接入平台对接，使得线上与线下运营的优劣势互补，而商家与消费者的连接点则更加多元化，消费者可享受对接平台分期服务，商家可以更好地营销客户，以获得更大的营业营收。比如，当用户在门店购买某商品的时候，发现价格偏高，不过又在合理范围内，但自己当期可使用金额不够，这时如果门店经理推荐使用消费分期付款模式，往往会达成交易。表 4.6 比较了持牌消费金融公司线上、O2O 及线下业务模式。

表 4.6　持牌消费金融公司业务模式比较

	线　上	O2O	线　下
典型公司	招联消费金融	苏宁消费金融	捷信消费金融、锦程消费金融
获客渠道	"云平台"运营，互联网获客	线上引流，线下体验	"驻店式"，重资产
业务开展	新客获取、风控、信贷审批、贷后管理等全部线上完成，对技术要求比较高	依靠股东或集团背景进行获客导流，场景更精准	进行线下商户地推、场景搭建，建立自主获客渠道
优劣势	自动批量化，适用于小额贷款，运营成本较低；随着业务的发展管理成本上升	能够迅速地进行批量获客，依赖线下渠道，成本不可控	在各场景地推，场景成本高，单笔金额较高，运营成本较高；受合作商户的影响大

4.4　持牌机构典型消费信贷产品

银监会于 2009 年颁布了《消费金融公司试点管理办法》，并批准了四家试点单位，分别是北银消费金融公司、中银消费金融公司、四川锦程消费金融公司、捷信消费金融公司。这四家消费金融公司的消费信用贷款产品(见表 4.7)具有很大的借鉴意义，其立足于真实消费背景下的小额信用贷款产品，对我国居民消费模式和消费习惯带来深远的影响。

表 4.7　四家消费金融公司的消费信用贷款产品

	捷信金融	北银消费	中银消费	四川锦城
产品名称	捷信贷	轻松 e 贷	新易贷	精英贷
授信方式	信用贷款(无抵押)			
年化综合息费率	32%～36%	10%～36%	9.125%～23.725%	15.3%～18.80%
贷款额度	600 元～4 万元	5 万元以下	20 万元以下	最低 850 元，最高不超过借款人月收入的 5 倍
客户定位	低端受薪人士、蓝领、低端白领、大学生	中、低端的受薪人士和自雇人士		驻场销售、委托代理、直销、与成都地区的银行产品交叉销售
销售模式	驻场销售、团队销售	驻场销售、设专营网点销售、与中介商合作销售	B+C 消费金融联动营销服务模式	驻场销售、委托代理、直销、与成都地区的银行产品交叉销售
风控技术	简易评审模型+标准化的全流程作业管理			

续表

	捷信金融	北银消费	中银消费	四川锦城
贷款规模(截至 2021 年年末)	576.32 亿元	98.18 亿元	524.35 亿元	112.82 亿元
还款方式	每月还本付息			
不良率	2.80%	0.9%	1.5%	2%

4.4.1 捷信贷

2010 年，PPF 集团在华投资的捷信消费金融有限公司在天津开业，成为经银监会批准设立的首批四家试点消费金融公司中唯一的外商独资的消费金融公司，提供服务的绝大多数城市分布在二、三线城市，从而弥补了这些地区中低收入群体在消费贷款上的缺失，不但提供了透明便捷的创新服务，还提供了丰富的消费金融知识，并为客户建立了初始的个人信用记录。此举为客户未来享受更多元化的金融产品奠定了基础，也为完善我国的征信体系作出了贡献。

相比其他持牌消费金融公司，捷信的优势在于其花费数年建立起来的庞大的线下销售体系。目前捷信的业务已覆盖全国 29 个省份和直辖市，超过 300 个城市，累计服务超过 1 700 万客户，捷信与全国多个知名零售商建立了紧密的合作关系，设置了 10 万多个销售点。

捷信贷具有申请简单、审批快速(1 小时内)、额度灵活的特点。捷信贷的发放量一直稳步增长(见表 4.7)。

捷信贷主要分为捷信店内销售分期贷款和捷信现金贷款。分期贷款客户通常须支付一定比例的首付，而现金贷款只针对有良好记录的分期贷款客户主动授信。捷信贷不仅通过与大型电器零售商、专门商品销售商、小型零售商等合作进行驻场放贷，还委托外贸信托向通过风险审核的中国境内居民发放个人消费贷款。捷信贷有以下几方面特征。

第一，捷信贷的目标客户相对属于次级客户群体。这部分客户群体经济条件差，受教育程度低，月收入 2 000 元以上的客户即可申请，几乎做到次级客户群体的全覆盖，因此，捷信贷所面临的风险相对银行类产品较高。

第二，额度非常小。捷信贷产品额度限制在 4 万元以内，笔均 37 000 元，使得风险在无形中得到了有效分散，即使个别客户违约，对整体贷款质量带来的影响也不大，因此，该产品本身的属性使得风险控制手段多侧重于规避系统性风险和防范欺诈风险。

第三，拥有自动化借款人审核系统。捷信在国外(俄罗斯、捷克)从事消费信贷多年，从而积累了大量的基础数据，复制在其他市场上的经验模式并根据中国市场的特点调整审核模型，从而实现了 70% 的系统自动审核，30% 的人工审核，提高了审核效率；捷信在深圳设立了数据中心和提供贷款审核的后台服务中心，采用标准化审核技术，审核效率高。

第四，拥有有效的风险控制系统。捷信贷的高风险性使得该产品是否有收益取决于是否拥有有效的风险控制方法，捷信消费金融公司开发了基于数学模式的信用评分系统、在线反欺诈系统、生物测量系统和信贷资产组合风险预测系统来全方位地进行贷前反欺诈和贷后防风险，从而控制了风险。

第五，采用资金运用与信用担保相结合的方式进行运作。捷信与中意人寿保险公司合作，为分期贷款的客户提供保险，使得在客户遇到意外事故时由保险公司支付赔偿金来偿还贷款。

4.4.2　北银轻松贷

北银消费金融公司成立于 2010 年 3 月，是国内首家开业的消费金融公司。其股东主要包括北京银行、西班牙桑坦德消费金融公司、利时集团、联想控股、大连万达等企业，其中最大股东为北京银行。北银消费金融公司是全国第 18 家获批信贷资产证券化(ABS)资格的消费金融的公司。北银消费金融公司的财报数据显示，北银消费金融 2019 年、2020 年、2021 年总资产规模分别为 63.69 亿元、80.96 亿元、98.18 亿元。从整个行业来看，北银消费金融处于"腰尾部"位置。

北银消费金融公司成功地推出了用于购买家用电器、电子产品、家具等各类耐用消费品的轻松付，用于支付个人及家庭旅游、婚庆、教育、装修等各类消费的轻松贷，按日计息、随借随还的应急贷，助力应届毕业生轻松就业的助业贷，用于教育、培训机构学员充电的教育培训贷，以及全国首创以卡片为载体、提领现金、循环额度的 Mini 循环消费贷，并在此基础上开发出了不同的业务专案。北银贷已形成 51 款专案产品，涵盖 40 多种还款方式。北银贷具有以下几个特征。

第一，Mini 循环贷及其贷款机创新产品。产品灵活，随借随还，还款方式、还款期数和首付比例都可以由客户自由选择，客户也可以不选择还款期数，只选择每月仅还最低还款金额，直至还完本息为止。北银消费金融公司为 Mini 循环贷开发了贷款机系统，在济南等地试点运行。Mini 循环贷可以通过贷款机提供自助办卡、取贷款、还贷款等服务。

第二，高效快速。先通过观察借款人的行为、衣着、谈吐来衡量借款人的还款能力和还款意愿，再结合后台对借款人的征信情况进行测度来综合考量借款人的信用水平。

第三，拥有一般用途消费贷款业务的决策引擎系统，可以有效控制风险。这种决策引擎技术运用了大数据，基于旧客户的行为建立模型，将新客户的信息代入模型来判断客户的信用水平，进而决定是否发放贷款，提高了判断准确率和决策效率。

4.4.3　中银新易贷

中银消费金融公司于 2010 年 6 月正式开业，新易贷具有单笔授信额度小、审批速度快(1 小时内审批)、无须抵押担保、还款方式灵活、贷款期限长等特点。

中银消费金融公司的财报显示，2021 年年末，公司贷款余额为 524.35 亿元，比上年年末增长 56.90%；线上贷款余额占比 35.06%，比上年年末提升 28 个百分点，逐步改变了以线下业务为主的展业模式，线上化转型初见成效。

中银消费金融公司的新易贷产品主要分为两大类：一类是以直营为主的新易贷信用产品，包括贷款额度在 20 万元以内的新易贷信用贷款，以及与中国银行联名发行的国内首款信用卡与消费金融贷款联动的中银新易贷信用卡，此卡结合了中银消费金融的新易贷消费金融贷款与中国银行信用卡两大功能，客户的信用卡透支消费可在免息还款期满后自动转化为消费金融贷款，直接享受新易贷相对信用卡透支利率更低的贷款利率与最低还款要求；

另一类是与商户联营为主的新易贷商户专享贷，包括教育培训贷款、汽车衍生贷款、3C 电子产品贷款、旅游贷款、装修贷款、房租贷款。新易贷具有以下几个特征。

第一，目标客户群体定位明确。新易贷的目标客户为处于大学毕业初期、初入职场需要用钱的社会新人，以及工作若干年、处于结婚生子阶段又有资金需求的"新人们"和部分个体户。

第二，其子产品分为销售终端贷款和一般用途贷款。销售终端贷款，即通过合作商户发放、额度为 500 元并实现信用卡与消费金融贷款联动的新易贷信用卡；一般用途贷款，即针对销售终端贷款累积了信用记录的客户才能申请的贷款，额度为 5 000 元。

第三，利率浮动、期限自由。贷款利率根据客户的信用积分；不限定还款期限，只要客户每期还款超过最低还款要求，贷款就一直延续到所有款项还清为止。

第四，自动审批系统和自动授信决策系统。2012 年，公司以信贷工厂模式建立实时类贷款的自动化处理平台，将实时类贷款的审批周期控制在 15～30 分钟以内，自动化审批率提高到 70%以上；自动授信决策系统提高了时效性，减小了操作风险。

第五，采取主动风险评估技术。阶段性地对客户进行风险评估，进而动态调整贷款利率。此外，通过较高的拨备率来补充风险管理手段，贷后通过多种方式催收，并根据不同客户的逾期特征调整惩罚方式和力度。

第六，联合销售。新易贷的销售主要依靠与持有中银消费 30%股权的百联集团进行联合销售，消费者可以在中介商处直接申请并快速放款，并且对使用新易贷的客户进行返利，从而实现其在市场的影响力。

4.4.4　四川锦程锦囊贷

四川锦程消费金融有限责任公司成立于 2010 年 2 月，是经中国银保监会批准成立的全国首批、中西部第一家消费金融公司，由成都银行及马来西亚丰隆银行联合发起成立。其业务覆盖全国多个省市。锦程消费金融公司最初只发展线下业务，现在已经成为线上线下业务并行的消费金融公司。自 2022 年以来，锦程消费金融公司加速布局线下业务，除在河南、江西、甘肃、福建、河北、山西、天津、长沙、南京等区域有合作伙伴外，还计划在西安、岳阳、南京、盐城、佛山、眉山等城市招募合作伙伴。锦程消费金融不断扩大线下业务范围，主要原因在于：一是锦程消费金融作为传统线下业务为主的消费金融公司，拳头产品为房抵贷、小微企业主贷，产品特点决定线下展业方式；二是锦程消费金融调整"小而精"策略，转为全国性资本扩张。通过全国区域布局代理渠道，能帮助锦程消费金融快速打开新的市场，获取表内和表外增量资产。成都银行的财报显示，截至 2021 年年底，锦程消费金融的总资产为 113.21 亿元，实现净利润 2.51 亿元。

业务上，锦程消费金融以前主推大额线下产品，提供医美贷、车险、助业贷、乐居贷等，消费场景不少，但这些业务的获客渠道都来自线下。2018 年，锦程消费金融推出首款纯线上循环额度贷款产品锦囊贷，年化利率为 12.5%起，最高额度为 3 万元，可支持 6/9/12分期，贷款可用于消费需求，如教育、装修、旅游、婚庆、数码家电、家居家具、健康医疗，以及购买大额商品、留学等。用户可通过锦囊贷 App 以及官方微信公众号中的"借款"入口申请锦囊贷。

除了锦囊贷产品外，锦程消费金融还上线了一款纯线上的产品——锦易贷。锦易贷可全程线上申请，最高额度为 20 万元，年化利率为 13.8%起。

　　综上所述，消费金融公司的消费信用贷款产品具有多样性和灵活性的特点。其目标客户相对银行的消费信用贷款产品用户来说，一般为低收入群体，发放额度也多为小额，营销渠道为大型实体零售商。因此，在设计个人消费信用贷款产品时，设计灵活、便捷的产品能迎合市场的需求，同时，应在产品的子贷款方案中进行创新，实现产品的新颖性。

本 章 作 业

1. 比较消费金融公司业务与其他消费信贷主体业务。
2. 比较银行系、产业系、电商系消费金融公司。
3. 阐述消费金融公司的经营模式。

第 5 章　电商消费金融

■■ 本章目标

- 掌握电商平台的定义，区分平台电商与垂直电商。掌握电商平台经营消费金融业务的优势与不足。
- 掌握电商平台消费金融的运作模式、电商平台消费金融的商业价值，了解主要平台电商的消费金融产品。
- 掌握互联网消费分期的定义、特点，了解互联网消费分期的起源，掌握分期购物平台的运营模式，了解主要购物平台的分期产品。

■■ 本章简介

随着互联网经济的快速发展和金融环境的不断完善，大型电商、消费分期电商等互联网企业纷纷布局消费金融。2014 年京东白条、天猫分期的推出，标志着大型电商平台正式介入消费金融领域，拉开了电商消费金融的序幕。电商消费金融充分运用互联网优势，能够快捷、安全地为客户提供面向全场景的消费金融服务，在降低消费金融交易费用的同时扩展了交易边界，改善了消费金融行业的发展轨迹。在经济结构转型、居民收入提高和消费观念转变的共同作用下，电商消费金融成为扩大内需的有效手段，被视为促进经济高质量发展的重要方式。

电商平台借助其强大的互联网基因，颠覆了传统以线下为主的展业模式，引领了消费金融模式创新。通过本章的学习，读者将对什么是电商消费金融，以及电商平台经营消费金融的优势与不足有个清晰的了解；还将对电商消费金融的两种类型有一个全面的了解。

5.1　电商消费金融概述

5.1.1　电商平台的定义与分类

1. 电商平台的定义

电商平台就是电子商务平台，即一个为企业或个人提供网上交易洽谈的平台。企业、商家可充分利用电商平台提供的网络基础设施、支付平台、安全平台、管理平台等共享资源有效、低成本地开展自己的商业活动。

电商平台提供线上交易平台，以商家撮合交易为核心业务。商家免费或付费入驻，平台开发多种形式的活动工具，推出各类引流和促销活动吸引用户，促成用户购买转化；以各种引流广告费、技术服务费、工具使用费、沉淀资金衍生利息、数据变现收益、交易服务费等为盈利方式。入驻的商家筛选各类商品，使用图文描述商品的关键细节，上架组合商品，推出促销活动吸引用户；客服随时值守，使用标准化的话术与客户沟通，极力促进客户下单成交；商家一般是以商品加价为利润来源，典型的如淘宝、天猫。

2. 电商平台的分类

随着电商的发展，平台分类也越来越细化，现在最常见的有平台型和垂直型两种类型的电商。

1) 平台电商

平台电商是为他人提供平台进行电商运营，自己不直接销售产品，主要是招一些零售品牌进驻，比如淘宝、亚马逊、京东等。随着社交电商的加入，后起的抖音、快手、小红书其实也属于平台电商，它们通过为不同用户提供兴趣内容展示的平台，为品牌带货。

2) 垂直电商

垂直电子商务是指在某个行业或者细分市场深化运营的电子商务模式，网站旗下商品是同一类型产品，大多为 B2B 或者 B2C 业务。例如凡客诚品垂直型网站、国美电器网上商城等。B2C 垂直电商的客户是散户，主要是个人消费者，如京东、当当、苏宁等。它们的特点是：客户群体不明显，重叠度高，消费者单价低，以线上交易为主，交易流程简单，物流渠道畅通，客户体验好。B2B 垂直电商的客户群体基本都是商家，它们一个个都是商业实体。比如朱牛.com 以建材商家为客户群，钢铁.com 以钢商为客户群，联农.com 以餐厅为客户群。目标客户群体的特点是：行业划分明显，跨客户群体极少，消费者单价极高。

垂直电商的优势在于专注和专业，能够提供更加符合人群的特定类型产品，满足某个领域的需求，更容易加深用户信任，加深顾客印象，利于品牌传播。简而言之，专攻一个细分市场的电子商务。垂直电商具有以下特点。

一是产品管理灵活。垂直平台由统一供应商保证产品质量，同时与物流渠道结合，保证损耗最低；产品统一管理，根据需求进行展示，如出现产品问题可以全部下架，灵活高效，保证客户对产品的评分不低于规定。

二是服务优质高效。垂直电商网站为供应商提供低库存风险、低成本、高效率的渠道，进行品牌推广和市场调研；通过对客户行为进行分析以及消费能力的评估，为供应商提供数据支持，一起解决库存问题；同类产品，商品价格透明，物流简便，品质有保障。

三是信息整合度高。通过供应商和物流渠道的资源整合，专业的垂直电商网站的品质服务和产品保障，可以满足同类消费者的需求。

四是精细化运营。深挖供应链、注重精细化运营是垂直电商的优势，通过对供应链的完善和独特的产品服务，达到与综合电商差异化的效果。

现在有些电商平台是二者兼而有之，如当当网上有诸多协议产品供应商，经营着图书音像外的分类产品；淘宝网上除了有成千上万的他营店铺，还有自营的天猫商城。但是，绝大多数电商很难在早期就同时支撑两种模式，因其后台需要的物流、客服、结算系统等差异，直接决定了其企业内核的运营效率和运营成本。

5.1.2　电商消费金融的定义与特点

1. 电商消费金融的定义

电商消费金融是指电商企业通过线上为互联网用户提供消费信贷。它分为两种基本形态，一种是授信客户只能将消费信贷用于购买该电商平台上的产品，而不能提现；另一种是纯粹个人信贷性质，客户可以用于平台内产品的消费，也可以提现用于其他消费。电商消费金融对电商业务开展有积极的促进作用。

2. 电商消费金融的特点

(1) 金额小、期限短。电商提供的消费金融产品具有小额、短期的特点。花呗的最小授信额只有 500 元，唯品花第一期 ABS 资产池中的平均借款合同金额仅为 516 元，多数还款日期在 3 个月以内。从用途来看，可以在购物时用于短期内免息购物、分期购物，也可以在免息期过后，选择有偿的最低还款额还款或分期还款，多数分期期数在 3、6、9 期，京东可以长达 24 期，与信用卡的基本功能类似。此外，为了满足用户的线下资金需求，电商也提供现金贷产品，贷款额度根据用户在电商平台的评分确定，循环使用，还款比较灵活，可以选择 1 到 12 个月，也可以在任何时候提前还款，利率按天计算，与建行主推的"快贷"类似。

图 5.1 列示了主要电商平台消费金融产品的名称及推出时间。大型电商及服务平台主要依托其旗下网络小额贷款公司业务牌照公司开展消费金融业务。电商平台虽然起步较晚，但凭借场景、科技应用等优势发展迅速。以蚂蚁花呗为例，数据显示，2017 年年末其资产总计达 293.89 亿元，全年实现主营业务收入 65.95 亿元；2021 年年末资产总计达 621.48 亿元，全年实现营业收入 62.31 亿元。

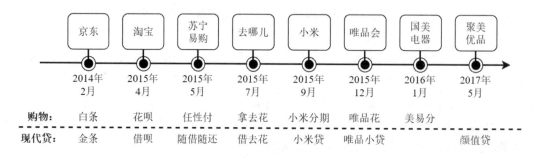

图 5.1　主要电商平台消费金融产品

(2) 电商平台发展消费金融业务，是以原有平台的网络购物业务所积累的优势资源为基础的。电商消费金融，是在电商购物平台运营到一定规模之后，沉淀出海量的买家及卖家客源、消费行为数据以及多方面的垂直消费场景等资源后，进行服务升级和生态布局的成果。

(3) 电商消费模式在形式上类似赊账形式。消费者在京东、天猫或者苏宁易购等电商平台上可以对物品进行暂时赊账，并在未来以分期付款的形式进行偿还。

(4) 客群为年轻群体。电商平台消费金融业务的客户主体是 35 岁以下的年轻群体，包括尚无自主收入的在校学生。在消费场景方面，也重点界定在日常小额消费、购物、旅游等方面，满足了高频度、小额度的普惠金融服务需求。

5.1.3　电商平台经营消费金融业务的优势与不足

1. 主要优势

电商天然与现金流、物流、数据流紧密相连，具有发展消费金融，建立"商业洲金融"生态圈的有利条件。电商的互联网消费金融服务主要是依托电商平台向网购用户在线提供消费分期和小额现金信贷。电商从事消费金融的优势主要体现在以下三个方面。

1)　电商用户更容易产生消费金融需求

网购用户是电商消费金融的潜在客户，增加潜在客户基数是扩大使用消费金融产品的有效客群的基础。电商企业的属性是网络虚拟市场，其网络消费信贷产品很容易同消费场景无缝结合。在客户方面，电商购物平台的用户均具有一定的消费需求，相对其他特征人群而言，更容易基于购物需求而对消费金融产生潜在需求。消费者在该平台上无论是购物，还是申请消费贷款或者审核贷款额度等，都是极其方便和快捷的。该平台能同时为消费者提供商品销售和金融信用等服务。消费者的收货地址、付款数据、日常消费数据等信息，都可以成为影响客户信用的因素。在数据来源和获取上，电商企业有优势，也具有竞争力。

2014 年 2 月，京东金融率先推出京东白条，蚂蚁金服也在同年"双十一"期间推出天猫分期。蚂蚁花呗于 2015 年 4 月正式上线。随后在 2015 年，苏宁易购、去哪儿网、唯品会、小米相继推出了自己的产品，国美电器和聚美优品的产品也分别在 2016 年和 2017 年上线。提供消费金融似乎成了电商企业的新标配，甚至有文章称"不做贷款的电商不是好销售"。阿里的花呗、借呗，京东的白条、金条，去哪儿网的拿去花、借去花……以电商生态为背景的消费金融产品如雨后春笋般出现，并进入了胜者为王的残酷竞争阶段。竞争的结果是消费者有了更多的选择，可以选择淘宝，也可以选择京东；可以选择用信用卡，也可以选择像花呗、白条这样的免息支付产品，甚至可以选择直接分期。最终帮消费者作出决定的，不只是卖家的产品，也可能是电商提供的金融服务。

2)　明显场景优势，强大的业务联结和渗透能力

电商直接面向最前沿的消费者，有着深刻的市场认知，对客户的消费偏好、消费心理、消费能力、消费周期等各方面特征有最直接的了解，客户对于电商的服务内容、服务能力和服务品质也有着足够的判断依据。每家电商都在自己的生态圈中积累了大量的活跃用户，电商平台通过深耕电商场景，在消费场景中为用户提供金融服务顺理成章，通过消费金融还可进一步提升客户黏性。

电商直接拥有数量庞大的客户群和多年累积的电商消费数据，可以依托大数据技术深度挖掘现有客户的消费习惯，对客户消费场景进行归并整合，为电商平台优化资源配置提供科学依据，并据此开拓潜在客户资源，布局企业长远发展战略。

电商平台可以与多家线上、线下销售实体进行互认互联，形成业务集成、平台耦合、资源共享的一体化服务网络。

3)　在风险控制上，电商数据有利于消费者信用审核

在数据来源上，电商数据可以算是最主要的一类信用数据了，因为电商数据能够真实

地反映出用户的消费水平、消费记录和消费行为，对于电商系平台衡量消费者偿还能力是一个很好的参考。基于电商数据的风险控制模型会有利于平台对消费者进行信用审核和风险控制。

电商消费金融立足于电商平台丰富的消费场景，为电商平台用户消费行为渗透金融服务——通过获取客户历史消费数据，了解客户消费行为与消费习惯，通过多个维度的数据标签刻画对消费者的全方位画像，并不断地进行更新迭代，分析客户消费及相关金融需求；通过大数据信息采集，形成相应信用评级，提高风险控制精准度。

上述优势的形成，为电商开展消费金融业务创造了极其有利的条件。

2．电商平台开展消费金融的不足

1）　资金成本高难以获得规模发展

电商平台的主要资金来源是自有资金及应收账款，还有部分银企合作开展的信贷资产证券化项目，相对来说成本较高。而且证券化项目发行额并不丰富，在消费金融交易额中占比较小，这是融资渠道有限导致的互联网消费金融无法获得突破的原因。

2）　征信不足导致信用风险较高

由于互联网金融信息并未作为人行征信系统的组成部分，特别是对冲信用风险难以得到合理把控，相关机构经营过程并不能应用该系统数据，所以贷前实施大数据分析时，由于信贷信息缺失，容易导致较大的信用风险。

3）　因为过度授信导致风险推高

行业主体数量增加，客户获得贷款的渠道越来越多，信用卡、互联网银行等都是融资授信超出还款能力的重要方式，但是各平台的贷款信息并不能实现共享，甚至会出现多头授信的风险。

5.2　电商平台消费金融

5.2.1　电商平台消费金融的运作模式

电商类互联网消费金融平台模式是指电商运用自身的互联网金融平台，为购买电商平台自营商品或平台商户商品的消费者提供消费信贷服务。在该类模式中，电商平台运用大数据和云计算技术评估消费者的信用程度，同时结合消费者的消费级别决定消费者可以贷款的额度。电商平台自身的金融机构或第三方担保公司将帮助消费者垫付其额度范围内的消费资金，并对消费者的最后还款日期作出了明确规定，电商平台会收取一定的服务费用。

电商平台以大学生和中低收入消费群体为主，在未来很长一段时间内他们仍将是主要的消费群体。目前，国内电商金融平台主要有蚂蚁金服推出的蚂蚁花呗，京东金融推出的京东白条。其运营模式和消费场景如图 5.2 所示。

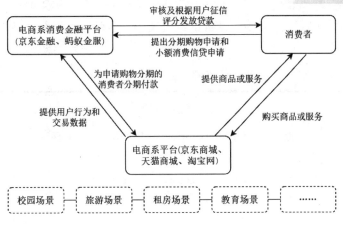

图 5.2　电商平台消费金融的运作模式

5.2.2　电商平台消费金融的商业价值

1. 直接获利

目前，电商消费金融的收益主要包括卖家手续费、买家分期付款费用、最低还款额还款服务费、逾期罚息、现金借贷利率(见图 5.3)。以花呗为例，消费者在购物时使用花呗全额付款，淘宝卖家须缴纳 1%的手续费，天猫卖家须缴纳 0.8%的手续费，采用分期购物或到还款时资金紧张，以最低还款额还款，须支付分期手续费或最低额还款时的利率，若逾期未还款，须按 0.05% / 日支付逾期费用(见表 5.1)。由此可以看出，花呗只要被使用，就会有收益产生。

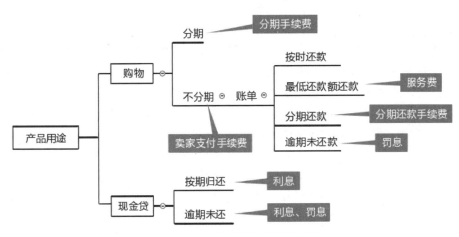

图 5.3　电商平台消费金融的收益来源

2. 增强主营业务收益

根据蚂蚁花呗的数据，用户在使用蚂蚁花呗后，消费能力较此前有 10%左右的提升，对于中低消费人群的刺激作用则更明显，在蚂蚁花呗的拉动下，月均消费 1 000 元以下的人群，消费能力提升了 50%，商户接入蚂蚁花呗后，成交转化率提升了 40%，销售额平均提升了 23%。京东白条上线的半年中就拉动月订单数量增长 33%，月消费金额增长 58%。网购的主力军"90后""00后"甚至"05后"有着强烈的消费需求，但这部分人还处于财富积累阶段，没有"60后""70后"那样的经济实力，电商提供消费金融为这些群体创造消费条件提供了可能。

表5.1 电商平台消费金融费用表

支付方式	免息购物卖家支付费用	分期费率/每期					最低还款额还款利息	逾期费用
		3期	6期	9期	12期	24期		
中行信用卡	手续费	0.65%	0.60%	0.60%	0.60%	—	0.05%/日	0.05%/日
花呗(阿里)	淘宝1%,天猫0.8%	0.83%	0.75%	0.72%	0.73%	—	0.05%/日	0.05%/日
白条	无	0.5%～1%，多数0.5%					0.05%/日	0.07%/日
唯品花	无	0.50%	0.50%	0.50%	0.50%	—		0.05%/日
任性付	无	0.83%	0.75%	—	0.76%	0.80%		0.05%/日
花呗(小米)	—	0.77%	0.75%	—	0.62%			
小米分期	—	0.74%	0.65%	—	0.60%			

(数据来源：支付宝、京东金融、小米官网)

3. 品牌价值

除了可以直接计算的价值外，电商做消费金融的更大商业意义在于无法估量的品牌价值。一方面，消费金融增强了平台本身用户的黏性，这对目前竞争空前惨烈的电商是意义非凡的；另一方面，消费金融对平台的业务起到的协同作用非同小可。以花呗和借呗为例，其信贷数据对芝麻信用数据的补充作用是无法替代的，只有消费数据没有信贷数据的芝麻征信无法前行，反过来，芝麻信用又对借贷行为起到了很好的风控作用。此外，消费金融作为独立的业务，其扩张性远远强于电商的零售业务，目前花呗已经形成一个品牌，接入其他40多家购物、生活类电商和O2O平台，也包括小米、OPPO手机厂商。京东白条在京东商城的基础上，已推出"安居白条+""旅游白条+""校园白条""汽车白条"等业务，大大地拓展了消费场景，带来的品牌价值不可估量。在主营业务竞争越来越激烈、盈利空间越来越小的同时，消费金融产品却在蓬勃发展，其盈利能力超过主营业务的可能性不是没有。目前，电商平台的金融业务纷纷从平台独立出来。

5.2.3 主要电商平台的消费金融产品

1. 京东白条

京东是最先进入消费金融领域的电商之一，其消费金融发展迅速。京东白条是京东金融于2014年2月推出的一款首个面向个人用户的消费金融产品，由京东旗下小额贷款公司——重庆京东盛际小额贷款公司与其他金融机构多方联合放贷，起初旨在为符合要求的京东商城用户提供"先消费，后付款"的赊销购物服务。从实质上看，京东白条属于类似信用卡的模式。京东白条的功能与传统信用卡的功能非常类似，但也有一些细微区别。用于京东商城的"白条"属于赊购服务，计入平台应收账款，平台不垫付资金，可购买除黄金、首饰之外的所有自营商品；用于京东商城外的消费场景的"白条"属于消费贷。白条的推出对整个电商消费金融服务产生了较大的影响，也促进了京东商城的交易增长。京东白条作为业内首款为个人消费者提供的互联网消费金融产品，一经推出便成为行业创新典范，并被后来者追随。京东数科 2020 年 6 月披露的招股说明书显示，京东白条最高年度活跃用户达 5 780.61 万人。

京东白条涵盖了各个阶层、不同行业、各类人群、各式消费等，已经深入到网购、租房、修车、车险、驾校、餐饮、线下超市等众多场景中，具有形式多样、运作灵活、内容宽泛、个性服务突出的特点。用户申请京东白条需要提交姓名、身份证和银行卡账号等材料，接着京东会根据用户的消费记录、配送信息、退货情况、购物评价信息等数据进行分析，然后判断其风险级别，并据此授予用户相应的信用额度，最高为 1.5 万元人民币。消费者在京东网站使用白条付款最长可以享受 30 天的延后付款期(不产生费用)或者 24 期的分期付款方式，分期费率为每期 0.5%～1.2%。京东白条的发展经历了三个阶段：第一阶段主要是为在京东商城购物的用户提供赊销服务；第二阶段是覆盖众多线下消费场景，走出京东商城，实现"白条+"；第三阶段是建立京东白条的品牌效应，融合更多的消费场景。

目前京东消费金融产品体系分为三大类，即小白条(京东白条、校园白条)、大白条(外部垂直场景贷款，如租房白条、旅游白条、教育白条等)和金条(现金贷，存量小白条优质用户，白名单制)，涉及各类消费场景。据京东金融资产支持证券说明书披露，截至 2017 年年底，京东白条应收账款余额为 360 亿元；截至 2017 年 4 月，京东白条业务 1 天以上逾期率为 1.86%，30 天以上逾期率为 1.2%，90 天以上逾期率为 0.62%。

京东白条业务初期，采取预筛选白名单模式，现已全面开放。京东白条基于京东商城的大数据，深度挖掘和分析用户购买力，形成稳定的用户画像，建立起模型工具体系，风险政策人员使用这些模型工具建立起授信政策体系，以此筛选优质客户形成白名单，继而通过商城入口引导用户完成实名验证和身份验证，用户在激活白条业务后，即可在京东商城先购物后付款并享受相关服务。现阶段白条业务已经对全部用户开放，充分发挥场景闭环优势，在交易环节进行实时订单拦截和高风险订单预警，实现了从申请、支付到配送环节对用户全流程的安全保护。

校园白条的产品属性与京东白条的类似，针对的是在校学生群体。校园白条进行线上线下多个渠道申请，实行学校白名单制，目前主要针对本科院校，同时学校资质、学历等也会对额度形成影响。一般额度在 5 000 元以下，最高不超过 8 000 元，最长 30 天免息延后付款期，支持 3～24 个月分期付款。整体上，校园白条风险较低。截至 2016 年 11 月末，校园白条用户资产余额达到 10 亿元，逾期率 90 天以上的不良率低于 1%。

大白条为外部垂直消费场景信贷产品。大白条主要拓展场景有旅游、租房、装修、教育、购车等，都可以使用白条进行分期。以租房白条为例，用户违约 30 天以后，合作中介商户会对租户进行清退，这对违约者形成了很大制约，目前逾期率 90 天以上的不良率低于 1%。

旅游白条和安居白条主要针对想出去旅游或租房但又不能一次性付清所需金额的消费

者，选择与白条合作的旅游商户，消费者仅需首付旅游产品价格的10%，便可享受零息分期出游。京东白条为不能申请信用卡的消费者提供了提前消费的方式和渠道，而且比信用卡更快捷、更便宜。

金条为现金贷产品。2016 年 3 月，京东金融推出现金贷产品“金条”，给有现金需求的白条用户更丰富的消费金融体验，客户通常是普通白条用户中的高端用户。首先排除高风险用户，分别从交易频度、交易金额、活跃度等要求筛选入组客户，然后分别从资产、投资理财、收入预测、职业推断等线上线下消费能力进行评估，并根据信用评分调整授信额度。金条业务自 2016 年上线以来，累计借款用户超过 5 万户，累计借款金额超过 10 亿元，余额超过 6 亿元，逾期率不到 0.5%。

图 5.4 所示为京东白条的特点。

京东特有模式
互联网金融行业第一款信用支付产品
先消费后付款
消费金融白条
30天的免息期
3、6、12、24期
最高1.5万元的信用额度

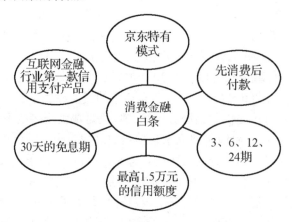

图 5.4　京东白条的特点

目前，京东电商平台不仅在平台内部提供消费金融服务，京东与金融机构的合作范围也在不断扩大，包括银行、保险、证券、信托、消费金融等，也加强了线上线下相结合的模式，利用平台数据及积累的资源将目标延伸到其他领域，业务范围覆盖众多消费金融场景。京东白条不再局限于线上购物，而是应用于众多线下消费场景，具体场景如图 5.5 所示。

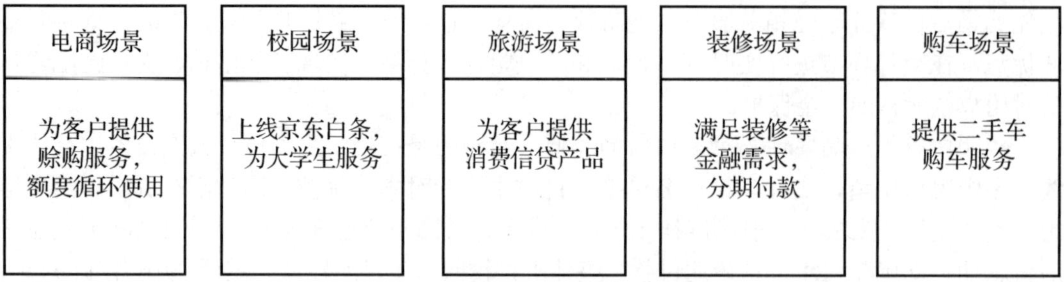

电商场景
为客户提供赊购服务，额度循环使用
校园场景
上线京东白条，为大学生服务
旅游场景
为客户提供消费信贷产品
装修场景
满足装修等金融需求，分期付款
购车场景
提供二手车购车服务

图 5.5　京东电商平台消费金融场景分布

京东白条的业务模式主要有两种：一种是赊销模式，另一种是消费信贷模式。

1)　赊销模式

赊销模式目前是白条最主要的业务模式，京东白条的赊销模式如图 5.6 所示。

在赊销模式里，京东数科基于多维用户分析模型，筛选出优质个人用户，然后利用大数据风险模型为京东商城的个人消费者设计差异化的赊销额度，并在用户使用京东白条的过程中提供数据分析、风险监控等服务。

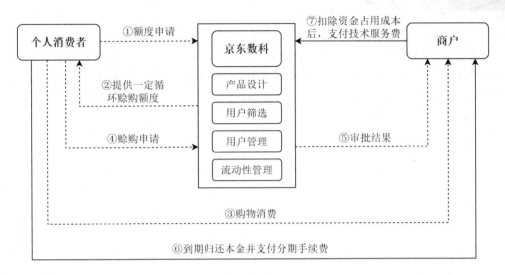

图 5.6　京东白条的赊销模式

对于用户使用京东白条产生的应收账款，利用大数据分析能力与区块链技术，筛选出优质底层资产，帮助京东商城通过发行资产支持证券的方式实现资产流转，增强其资产的流动性。京东白条 ABS 的发起机构主要是京东，而非京东数科。

简而言之，在这个模式中，与其说用户欠了京东数科的钱，不如说欠了京东的钱。也就是说，京东数科在赊销模式中只提供产品设计、用户筛选、用户管理、流动性管理等"技术活"，不掺和消费信贷环节。

赊销模式直接导致了京东数科旗下信用消费产品的应收账款不断下降。2017 年、2018 年、2019 年、2020 年上半年(以下合并简称"报告各期")，京东数科应收账款中信用消费产品余额分别为 179.16 亿元、218.19 亿元、71.24 亿元及 28.98 亿元。

2)　消费信贷模式

除了赊销模式外，京东数科还采用消费信贷模式。在消费信贷模式中，白条由商业银行全部或与京东数科的持牌子公司共同出资，在用户使用京东白条购买商品时将款项先行支付给京东商城。在此模式下，白条成了一款无抵押消费信贷产品。该模式与同为 2014 年推出的花呗类似。

京东白条的营业收入来自分期服务费。一方面，白条业务、金条业务获取利息收益，在免息期内按时还款用户无须支付利息，但分期还款用户需要支付一定额度的利息。白条业务可享受的免息期不超过 40 天，用户可以在交易当下选择分期付款或在当期账单日前选择分期，分期可选择 3、6、12、24 期，分期服务费均为月化 0.5%～1.2%，因此年化利率在 6%～14.4%。另一方面，京东白条分润收入，主要是通过收取服务费、佣金等分享商户利润，也是京东白条的收入来源之一。

京东白条的风险管理方式。京东基于自身的信用评估体系对用户的信用能力进行综合判断，根据判断结果，依据不同的信用水平进行不同贷款额度的定向授信。在这个过程中，京东可以检测到用户的实际购买行为，控制用户的资金使用范围，由于不管是分析所使用的数据还是用户获得贷款后资金的使用都是发生在京东体系内部，所以增强了风险控制的有效性和可控性。另外,京东白条给出的最高贷款额度为 1.5 万元,通过小额、分散的方式进行风险的应对,防止出现大额坏账的风险。用户可以通过网银自动还款,如果发生逾期未还的情况,京东会通过短信、电话、邮件等方式进行款项的催缴。

白条的局限性如下。一是用户,以京东商城为土壤,依然无法脱离京东独自"获客"。而同为信用支付产品的花呗,早已不再局限于天猫、淘宝,并已随着支付宝获得了众多阿里电商以外的用户簇拥。二是场景,毫无疑问,白条最主要的消费场景也是京东商城。因此,白条的消费场景非常单一。

2. 蚂蚁花呗

阿里巴巴作为中国电商中的佼佼者,一直走在消费金融领域的发展前列。

蚂蚁花呗是提供给消费者"这月买,下月还"的网购消费金融服务产品,它根据用户的消费记录和信誉,对用户进行额度评定,每个用户都有属于自己的花呗额度,最高消费额度为 5 万元。蚂蚁花呗用户在其电商平台进行消费时,可以使用蚂蚁花呗授予的花呗额度先行消费,然后在规定时间内还款。可用支付宝、储蓄卡还款,类似于信用卡的功能。同时,花呗的逾期记录也将报送至阿里旗下的征信机构芝麻信用。目前,除阿里系的电商平台可以使用蚂蚁花呗外,与阿里合作的电商平台(如百度糯米、国美在线等)、一些线下O2O 消费场景(如生活缴费等)也可以使用蚂蚁花呗。其整体运作模式如图 5.7 所示。

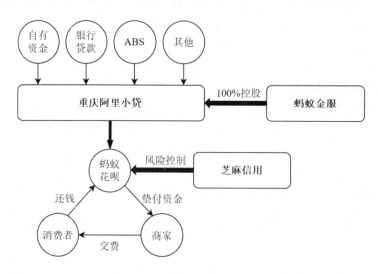

图 5.7　蚂蚁花呗的运作模式

2021 年 11 月 24 日,花呗发布公告称,花呗正式启动品牌隔离工作。根据花呗发布的公告,花呗将成为蚂蚁消费金融的专属消费信贷服务品牌,由银行等金融机构全额出资、独立审批授信的消费信贷服务将以信用购的名义对外展业;二者的免息期保持一致,仅可用于消费,不可取现。

除了品牌隔离,花呗与信用购在产品定位上也有所区别。未来花呗将整体遵循小额、普惠、分散的原则,主要满足用户日常的中小额消费需求,大部分用户的额度在 1 万元以内;信用购可以满足用户更高的额度需求,授信额度一般接近用户原来的花呗额度。

自蚂蚁金服暂缓上市以来,在监管指导下,蚂蚁集团的整改动作频频:下架银行存款产品,主动压降余额宝的规模,成立消费金融公司,花呗上报征信,花呗借呗启动品牌整改，等等。公开数据显示，截至 2021 年 6 月末，蚂蚁微贷科技平台促成的贷款余额为 2.1万亿元，其中消费信贷余额为 17 320 亿元；2021 年上半年，微贷科技业务收入 285.86 亿元，在总收入中的比重达到 39.4%，为第一大收入来源。

3. 百度有钱花

百度有钱花于 2015 年 10 月上线，是百度旗下的消费金融服务品牌，主要为 18～55岁的人群提供线上消费信贷服务，但是对在校大学生不提供借贷服务。旗下产品包括有钱花-满易贷、有钱花-尊享贷、有钱花-小期贷，涉及日常消费、教育、医美等场景，其产品特点主要为随借随还，放款快，利率符合国家监管要求。

有钱花的申请入口是多方位的，这源自于百度巨大的搜索引擎，用户可以打开有钱花App、百度 App、度小满钱包 App、百度云 App 等，点击「我的」→「有钱花」按钮即可进行申请，或者从百度网站上搜索"有钱花"等关键词都可以进入申请界面。它的借款流程是极其简单的，只需要四步，即填写资料—获得额度—申请借款—实时到账，不断实现"秒批"。有钱花的还款方式可以手动在还款日之前还款，也可以设置为自动还款，以免用户忘记，如果选择提前还款，是不收取手续费的。有钱花的征信系统与中国人民银行实现同步，如果有账单逾期，系统会报送给中国人民银行征信中心，实现多维度的用户数据同步。

有钱花信贷服务打造的多条产品链条将不同的用户群体进行分类，依据用户自身的行为习惯和资金需求提供不同种类的产品。有钱花的放贷主体为重庆百度小额贷款有限公司和上海百度小额贷款有限公司，依托互联网科技的引擎，通过多种链接渠道为用户提供方便的信贷服务。

关于有钱花的授信额度，则是借助度小满金融强大的科研实力，通过大数据掌握个人信用情况、浏览网页时的搜索习惯和信用风险等，多重角度综合考虑，再加上人工智能运算、磐石的综合风控模型，授予不同用户不等的授信额度。满意贷、尊享贷和小期贷就是以此为划分依据，再结合信用分、还款行为等授予，呈现动态的额度，如果用户在使用贷款期间表现良好，且符合合规的提额政策，额度则有可能上升。

另外，有钱花已接入央行征信系统，征信上显示为重庆度小满小额贷款公司发放的贷款。

百度有钱花日利率一般在 0.02%～0.05%，在 2020 年国家规定民间借贷利率不能超过当年 LPR 的 4 倍之后，百度有钱花大部分客户基本月息控制在 1.28%左右，利率在国家规定的 LPR 的 4 倍以内。

表 5.2 比较了电商平台消费金融主要产品。

表 5.2 电商平台消费金融产品的比较

	京东白条	蚂蚁花呗	百度有钱花
上线时间	2014.02	2014.07	2015.04
授信方式	京东白条信用评估体系	自有信用评分、芝麻信用评分	百度自有信用评分
额度	最高 1.5 万元	0.1 万～5 万元	最高 5 万元
费率	0.5%/期	3 期 205%，6 期 4.5%，9 期 6.5%，12 期 8.8%	≤0.05%/天，个别低至 0.03%
期限	30 天免息期；3～12 个月分期	3、6、9、12 个月	最长 12 个月

	京东白条	蚂蚁花呗	百度有钱花
场景	京东商城	淘宝、天猫等合作方	百度传课、百度糯米等
入口渠道	京东金融 App	支付宝、淘宝、天猫、飞猪	有钱花 App、百度各种搜索引擎

5.3 分期购物平台消费金融业务

5.3.1 互联网消费分期的定义、特点及发展历程

1. 互联网消费分期的定义

互联网消费分期是消费者在开通消费分期的互联网平台发生消费分期行为，在支付过程中产生的一种使用行为。互联网消费分期行为包括行为意愿和使用行为两个方面，当用户产生使用意愿之后，进而可以促进其使用行为的发生。具体可以理解为消费者考虑到经济承受能力等因素，对商品的总金额使用分期偿还的方式，商品的还款总金额往往包括商品本身的价值与平台的服务费。互联网消费分期包括两种情形：第一种是在支付过程中直接对商品进行分期，第二种是购买完成后，消费者选择分期方式偿还账单。分期还款的方式包括银行卡支付或第三方平台支付。

在我国，分期电商平台的划分依据为分期付款是否作为平台主要交易方式。一类是将分期付款作为主要或唯一交易方式的电商平台，如分期乐和趣分期等。另一类是将分期付款作为次要交易方式的电商平台，这类电商平台通常为传统电商平台，即综合电商平台，如唯品会和蚂蚁花呗等。

2. 互联网消费分期行为的特征

互联网消费分期具有传统消费信贷所不具备的一些特点。起初人们想到消费信贷时，认为其存在于汽车或房屋等金额较大的家庭消费领域，主要从银行等机构进行贷款业务的办理。在消费形式方面，二者有许多相似之处，但是在消费的内容和范围上，互联网消费分期具有其独特的优势。随着互联网技术的不断发展，消费分期逐渐进入人们的生活中，消费者可以对饮食、旅游和购物等小金额的业务进行分期付款。

互联网消费分期行为具有消费金额较小、消费结构多元化和支付流程简单等特点。

一是消费金额较小。消费者在选择分期时往往是在分期平台上购买商品，消费金额灵活，这些商品的价格为 1 000～10 000 元。互联网消费分期的定位主要为年轻人，这一部分用户群体的收入相对较低，对于互联网消费基本上是一些简单的购物需求，电子产品和日常生活用品较多，一些较大金额的消费往往无法在互联网平台上进行交易。因此，消费者在互联网消费平台进行购物时，单笔的消费金额相对较小。

二是消费结构多元化。互联网消费分期是在消费升级场景下开展分期服务的。年轻人往往具有超前的消费观和经济实力较弱的特点，给互联网分期消费市场提供了较好的发展前景。随着消费分期的不断深入，电商平台纷纷推出互联网消费分期的支付方式，京东和支付宝等平台都是传统电商拓展分期业务的平台，分期乐、趣分期等平台是将分期付款作

为主要或唯一交易方式的电商平台。多种多样的消费分期平台为消费者提供了多种选择，让消费者可以随意选择支付方式进行网上分期消费。

互联网消费分期的主要表象：男性偏好电子产品、品牌服饰、运动产品等，而女性偏好名牌化妆品、高档箱包、品牌服装等。消费者的消费结构呈现多元化的趋势。对于收入较低的年轻消费者来说，这部分商品或服务的消费数额相对较大，互联网消费分期可以满足其多样化的消费需求。

三是支付流程简单。消费者在使用互联网消费分期业务的时候，流程相对简单。一方面，用户在申请账户的时候，只需要填写身份的基本信息，平台会对填写的基本信息进行核对认证。消费者不需要提交书面申请或担保等，审核速度很快，短时间内就会具备使用的权限。另一方面，用户可以利用手机端 App 或电脑进行分期购物，在支付商品价款时，选择分期的付款方式即可，操作简单便利。互联网消费分期的申请方式灵活，申请手续简单，无须抵押担保和审批核准速度快等特点吸引了众多年轻人。

3. 互联网消费分期的起源与发展

1)　互联网消费分期的起源

最初的消费分期起源于 19 世纪的美国，我国也属于消费分期业务发展较早的国家之一。1907 年天津日商为推销自行车，首先采取了分期付款的方式。随着互联网的发展，电商分期蓬勃兴起，越来越多的支付平台也开启了分期支付的形式，分期支付不断融入人们的生活中。

2009 年，原中国银监会发布了《关于进一步规范信用卡业务的通知》(以下简称《通知》)，规定除附属卡外，银行不可以向未满 18 周岁的大学生发放信用卡。无固定工作和稳定收入来源的大学生若要获得银行信用卡，必须向银行落实第二还款来源，并以书面的形式保证承担还款责任。自《通知》下发后，银行信用卡业务逐渐退出了大学生金融借贷市场。高校学生在校人数每年都有几千万，面对这么大的消费群体的需求市场，银行信用卡的退出让大学生分期贷款业务成为空白，但给大学生分期付款购物消费的发展创造了条件。虽然大学生群体自身没有稳定的收入，大部分的消费资金来自父母给的生活费，但是他们的思想却与时俱进，喜欢追求潮流时尚，消费观念超前，接受新事物、新产品的能力较强，而且多数人存在攀比心理，从而使得他们对分期消费的需求巨大，这成为分期购物新型消费方式发展迅速的决定性因素。2013 年中国第一家大学生分期购物商城佰潮网开始运营，随后支付宝和其他电商平台也开通了互联网消费分期业务，标志着消费分期正式进入人们的生活。

2)　互联网消费分期行为的影响因素

当消费者的支付能力与消费需求产生差距时，便会产生分期消费。年轻消费者除了对一些高档商品或名牌商品产生需求，也可能存在一些临时性的应急需求。消费者的消费观念发生转变，对待消费的态度也随着电商平台的发展而不断变化，消费者的消费行为呈现出多元化的趋势。当前消费者的消费态度主要偏向于超前消费，可以提前享受消费带来的便利，提升资产管理水平，享受高品质的生活和工作质量，而互联网消费分期可以满足消费者的需求。

消费者的心理因素也会影响其分期行为。随着互联网的发展，出现了一些新兴事物，会激发消费者的消费欲望，促使消费者尝试新的购买方式。同时在"羊群效应"的影响下，受商家平台和周围人群的影响，可能使消费者产生一些不必要的消费。对于大学生群体来说，在每个月生活费固定的情况下，如果需要更换电子产品，购买新款服饰等，往往会担心自己无法一次性付清所有费用，或者在没有充足资金的情况下想提前消费。而互联网分期消费可以在消费者没有充足资金的情况下对商品进行分期还款，缓解消费者的支付压力。

5.3.2　分期购物平台及其特点

1. 分期购物平台

分期购物平台是近年来涌现出的一种新型互联网消费金融模式，主要覆盖传统金融机构没有触及的大学生等无信用卡消费人群，通过用户线上交易行为的数据沉淀和新技术的运用提升金融服务效率。分期购物平台与知名购物网站或线下购物中心合作，向消费者提供线上线下分期购物或小额取现服务。这类平台的优势主要体现在两个方面：首先，随着互联网不断渗透和再塑人们的消费方式，电商积累的用户交易数据逐渐成为新时期商业社会中的虚拟基础设施，能否合理、高效地利用将成为各大公司发展前景的重要影响因素，分期购物平台将电商消费数据作为授信和风控的基础显然是可行的。其次，分期购物平台以大学生为服务对象，授信方式更简便，授信额度更大，能更好地对接大学生的消费需求。此外，分期购物平台资产端通常与理财端打通，形成产业闭环。

相比信用卡而言，大学生分期付款购物的申请难度更低，步骤更少，申请周期更短，它几乎是零门槛购买方式，而且无须信用卡或抵押担保，只需大学生提供自己的身份证明。大学生在分期付款购物网站上选择好商品后可在线上或线下签订合同，从公司审核到完成一般只需要 1 天时间，提货阶段大学生可以选择直接向与店铺合作的分期机构拿货，也可以选择从第三方网站购买商品。相比之下，信用卡申请难度高，步骤多，申请周期长。因此，办理程序上较之大学生信用卡消费更加简便。

据统计，截至 2015 年年底，全国大大小小的分期平台超过 30 家，有分期乐、趣分期、爱学贷、名校贷、优分期、99 分期、仁仁分期等。分期乐和趣分期是两家具有代表性的分期购物平台。截至 2014 年年底，我国的分期购物年消费额已达到了 6 487 亿元，分期购物的用户已达到 5 743 万人。而在我国数量庞大的消费人群中大学生是一个极其特殊的消费群体。

2. 分期购物平台的特点

1) 申请门槛低

已经成年的在校大学生，只要出具身份证明或者学生证件等证明材料便可以申请，无须信用卡即可分期付款或者借入资金用于日常消费。

2) 手续简便

一是信用审批手续简便。注册并实名制认证后，分期平台给予初始的信用额度，用户可以通过完善个人信息等途径，增加授信额度。以分期乐为例，第一次注册成功后有 15 000元的授信额度，用户可以进一步完善个人信息，平台审核通过后，用户便可以获得 3 000 元以上的授信额度。二是下单手续简便。大学生选择自己喜欢的产品后，还要选择分期时间和首次付款的比例。三是配送环节方便。随后学生需要保持手机通话通畅，平台的工作人员将联系学生，等到学生再次确认之后才会按其所选购的物品开始送货，学生需要提供配送的地点，最快为一天内到货。学生收到商品时也就代表分期付款开始了，平台工作人员会在现场与学生办理分期付款手续。学生需要向工作人员提供证明身份的材料。四是还款方便。学生登录分期付款购物平台查看账单，每月按时足额还款。

3. 大学生消费需求特征分析

在我国市场经济加速推进和改革开放不断深入的过程中，消费主义伴随着全球经济一体化的进展进入我国，并深深地渗透进了人们生活的各个方面。大学生作为社会消费的一个特殊群体，有着不同于社会其他消费群体的消费心理和行为。一方面，他们有着旺盛的消费需求；另一方面，他们还未获得经济上的独立，消费受到很大的制约。消费观念的超前和消费水平的滞后影响着大学生的消费行为。消费观念和消费实力矛盾的存在，必然会使一部分大学生在消费行为上产生偏颇。当前，大学生在消费需求、消费认同、消费情感、消费选择、消费文化上出现了不同程度的错位现象，即不能找到一个适合自身的消费认同群体、一个适合自身消费水平的良好的生活方式、一个恰当的情感释放和宣泄渠道、一个适合自身特点的精神文化消费模式。一部分大学生在消费过程中出现了社会化的迷失。大学生的消费心理及行为构成了当前社会消费活动的一个重要部分，对未来社会消费领域的前景将产生重要影响，也是当前生活质量的重要体现，对他们今后自身的发展会产生重要的导向作用。我国的大学生群体更是一个潜力巨大的消费者市场。大学生也受求实、求美、求众、求名、选价、便利、惠顾、偏好、好奇、习俗、预期等购买心理的影响。大学生的心理需求比现实需求更强烈。大学生消费的基本特征主要有以下几点。

1)　消费者需求的多样性

由于各个消费者的收入水平、文化程度、职业、性别、年龄、民族和生活习惯的不同，自然会有各式各样的爱好和兴趣，对商品和服务的需求也是千差万别、丰富多彩的。而大学生又是一个特殊的群体，他们的需求是多样的，对服装等生活用品，每个人在品种、质量、花色、规格上的需要都不尽相同，对食物上的需求也存在着习惯上的差异。

2)　消费者需求的发展性

随着市场经济的发展和消费者人均收入的提高，人们对商品的服务需求也在不断变化：对未曾消费过的高档商品进行消费；过去消费少的高档耐用商品现在大量消费；过去消费质量一般的商品，现在消费质量有所提高。一种需求满足了，又会产生新的需求。

3)　消费者需求的伸缩性和层次性

消费者购买商品在数量、品种等方面往往是随购买力的变化和商品价格的高低而转移。

人们的消费需要是有层次的，虽然各个层次很难截然分开，但大体上是有顺序的。一般来说，首先保证满足最基本的物质生活需要，然后再满足其他精神文化层次的需要，这正符合马斯洛的需求层次理论。

4)　消费者需求的可诱导性和联系性

通过工商企业的营销活动，人们的消费需求可以变化和转移。潜在的欲望可以变为明显的购买行为，未来的消费需求可以成为现实的消费。消费者需求在某些商品上是有联系的。例如，大学生需要各种各样的学习用品，需要考各种证书。经营与之相关的商品，不仅会使消费者购买方便，还能扩大商品销售额。

大学生的潜在需求是消费者朦胧的欲望。其特点是，需求欲望和货币支付能力相分离。而显现需求就是消费者有意识的欲望，它的特点是消费欲望与一定货币支付能力相结合。

消费分期购物平台的核心品类为3C、轻奢及品牌产品。

5.3.3 分期购物平台的模式

1. 分期购物平台的商业模式

分期购物平台商业模式的参与主体有消费者、分期平台、供货平台和融资平台，通常供货端对接电商平台，融资端对接银行。

1) 分期购物的需求者

分期购物的需求者包括大学生、有买房买车需求的白领、年轻父母等，需要提前消费来满足生活质量要求的人群，他们通过分期购物平台进行物品或服务的采购及消费金额的分期偿付。从需求端来看，消费者最关心以下三点。第一，产品价格。尤其是大学生群体，他们对于产品价格高度敏感。第二，产品质量。分期购物平台的商品采购渠道至关重要，稳定可靠的供应商是保证用户优先选择平台的因素之一。第三，分期服务费/借款利率。分期购物平台服务费差异较大，一些大平台经常通过活动降低分期服务费来获得流量。

2) 资金来源

分期购物平台的资金来源可以分为自有资金和融资资金。平台的自有资金要做营运资本和风险垫付，对于月销售额上千万元、上亿元的大中型平台需要从外界融资来填补现金流缺失。融资资金可分为风投资金和渠道资金，渠道资金来自与平台合作的融资平台。

3) 供货平台

分期购物的供货平台就是电商。在与电商平台合作上，合作方式主要分为全网商家和合作商家两类。全网商家就是只要给出一个商品的链接，就能做分期，而不限制在固定的几个大电商平台上，这样可以充分挖掘不同电商平台的比较优势，扩大潜在的客户群体。相比全网商家，合作商家的模式需要分期平台去进行单独合作谈判，可能漏掉某些细分领域的优势电商，但优点在于可以在做大交易量前就获得电商平台的一定价格优惠，为平台的前期发展积攒优势，也可以借助大电商平台的物流体系，进行配送和售后服务，提升用户体验。

4) 风控模式

从风控模式来看，对于大学生，分期购物平台需要验证的资料主要是学生证、身份证及校园一卡通，分期平台往往通过探访寝室、打电话给父母的形式来验证身份的真实性；对于上班族来讲，分期购物平台验证的资料主要是社保卡。

2. 分期购物平台的运营模式

1) 代购模式

大学生将在普通电商(如京东等)那里需要购买的物品链接复制粘贴到平台的页面上，同时将分期天数等其他信息填写完整之后，分期平台就会为大学生购买相应的产品或服务，换句话说，平台付款，电商负责将商品送至网站。也就是说，无论大学生在京东、淘宝还是天猫上购物，只要能提供网址，就可以提供分期服务。分期平台与电商网站(京东、天猫)

合作向学生授予一定的分期购物额度，允许学生在其电商网站零首付购买商品，分期平台预先付款给电商网站，再按月向学生收取本金及服务费。其平台代表有鼎力分期、捷分期等。

2）　自销模式

自销模式也称为自采自销。自建了分期平台商城，商城上面的商品都分期出售，不做全价出售，典型的就是分期乐。自销模式对库存及供应链的运营要求更高，即向学生授予一定的分期购物额度或借款额度，允许学生在其平台零首付购买商品借入现金后，再按月向学生收取本金及服务费。

图 5.8 所示为分期购物平台的运营模式。

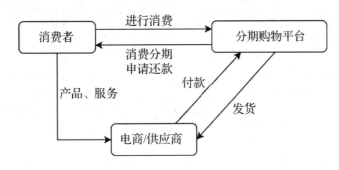

图 5.8　分期购物平台的运营模式

3. 主要分期购物产品

1）　分期乐

分期乐是深圳市分期乐网络科技有限公司于 2013 年推出的电商网站，总部位于深圳，是国内首家面向大学生或年轻群体提供分期消费的金融服务平台。大学生不需要抵押任何物品，仅凭学生证、身份证就可以在平台上进行分期消费。2017 年 12 月 21 日，分期乐母公司乐信在美国成功上市，"消费场景+金融服务"是分期乐的主要商业模式。分期乐与银行等金融机构合作推动了普惠金融在年轻群体中的发展。

消费场景是乐信重点布局的领域，分期乐商城作为国内在线分期购物商城的先行者，现已拥有从 3C 数码到服饰、美妆等十多个商品品类，并和苹果、OPPO、vivo、飞利浦、欧莱雅、三星等众多知名品牌建立了合作关系，成为众多品牌出货量仅次于天猫和京东的第三大线上销售渠道。自 2019 年以来，分期乐商城一方面继续拓展商品品类和品牌；另一方面加大了服务类商品的比重，并引入网易考拉、寺库、珍品网、网易严选等优质电商平台进驻，用更丰富、优质的服务满足中国优质高成长人群的分期消费需要。据第三方数据研究机构艾媒咨询 2018 年发布的调研报告显示，分期乐已成为"90 后"分期消费的首选平台。

2019 年第一季度，分期乐用户突破了 4 000 万，同比增长 59.6%；商城 GMV 达 17 亿元，同比增长 41.8%，是同期社会零售总额增幅的 5 倍，是全国实物网上商品零售额增幅的 2 倍。

(1) 分期乐产品架构。

分期乐产品架构如图 5.9 所示。

(2) 分期乐的商业模式。

分期乐是把消费者、电商和理财端对接起来的网络分期平台。首先消费者在分期乐网站上分期购物或贷款，然后分期乐支付货款给京东，采购消费者所需的商品，并通过京东物流把货物送到消费者手中。消费者收到货物后分期还款给分期乐，分期乐拥有消费者的相应债权，并完成消费端的风控。

物流与供应链	供应商	金融机构	用户群体
品牌入驻 **合作方：各品牌商户** 提供相应物流和供应链服务。 **自营产品** **合作方：顺丰速运** 共享仓储和供应链资源	与3 000多家知名品牌建立官方直供合作，并定期对商家资质、仓管、货源进行抽查。 **合作方：苹果、宝洁、OPPO、vivo、飞利浦、欧莱雅、美的……**	· 向银行提供用户借款需求，银行为分期乐用户供款。 · 与银行信用卡合作，为分期乐用户提供分期付款服务。 **合作方：工商银行、浦发银行、上海银行、新网银行……**	截至2017年6月底，分期乐平台累计用户超过1 600万，年龄在22～30岁的年轻白领为分期乐的主要用户群

低成本，轻运营 减掉供应链，与合作方共享资源，专注品质商品，简化商品品类；精挑用户，聚焦高成长性人群	**一次交易，两次增值** 电商增值，赚取商品差价；分期服务费为平台创造收益；商品和资金的服务费杠杆切换，为定价策略带来更大灵活性
智能技术助力 与Face++合作，利用其人脸识别技术提高身份核实效率；研发智能风控系统"鹰眼"，配合机器学习技术不断提高系统风控质量和效率	**辅助金融机构征信** 平台可获取第一手用户行为及消费记录数据，利用大数据、云计算等获得的数据分析解读结果，可为银行等金融机构对消费者征信信息的完善提供重要参考

图 5.9　分期乐产品架构图

分期乐的商业模式如图 5.10 所示。

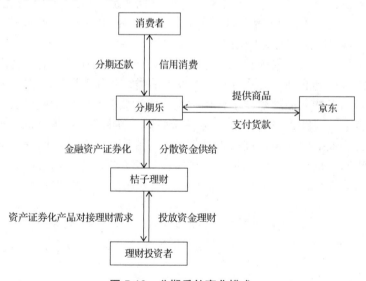

图 5.10　分期乐的商业模式

(3) 分期乐风险控制模式。

为了掌握大学生的消费信息，分期乐限定了客户的消费场景，客户需在分期乐的网站上进行分期购物或信用借款，同时需要填写详细的个人信息，如身份证号、学校名称、所学专业和家属信息(如姓名、电话等)。之后，分期乐后台将对订单进行初步审核以排除信用评级低和过度消费的客户。这些都是纯线上操作的，可以提高订单的处理效率和准确率。通过审核后的订单再由初审人员进行订单信息的再次确认，这时主要以电话的方式跟客户进行身份信息、商品信息及送货信息的确认。在初审通过之后，风控部门再将客户身份信息、学籍信息进行匹配验证，验证通过后会派校园代理进行线下个人信息的验证，校园代理将客户的学生证、身份证等相关材料进行核实，并拍照上传至分期乐总部数据库中，数据库管理人员再次对数据进行审查，验证客户信息。审核通过之后再进行送货，客户验证商品无误后收货，订单完成。订单完成之后分期乐会提醒客户在规定的时间内还款，否则会影响个人信用。

　　同时分期乐会对有欺诈嫌疑的订单进行回访，根据订单信息跟客户进行沟通，反复确认询问订单信息和客户信息是否真实，从而确定订单是否存在风险。若线上客户无法通过电话交流的方式排除风险，则会要求本校的校园代理在线下对客户身份信息、订单信息进行再次审查，然后校园代理将结果反馈给线上风控人员，接着风控人员根据反馈信息对订单做相应的处理。如确实存在欺诈行为，则取消客户订单，并把客户加入企业的黑名单中。在贷后管理中，分期乐会在还款到期前 7 天以短信的方式提醒客户还款。若在规定时间内客户未还款，则会产生逾期费用，逾期 14 天内，客户缴纳逾期费后可以恢复正常权利；超过 14 天，分期乐会把客户归为"关注"类客户，并催促客户尽快还款，对客户施加一定的压力。若联系本人无效，分期乐将会联系客户父母，争取取得客户父母的支持从而还款。

　　2)　趣分期——趣店

　　趣分期集团成立于 2014 年 3 月，是成立最早的立足大学生群体的分期消费商城之一。其旗下分为来分期和趣分期两个网站。其中，来分期隶属于趣分期集团，系趣分期独立品牌，面向白领消费群体，其产品和服务包括日常消费品、汽车、房产、装修、旅游等。趣分期是立足于大学生群体的分期消费商城，其产品分为两个模块：趣分期购物、分期白条。目前，趣分期的业务范围已经覆盖全国所有高校，是校园分期平台中的佼佼者。趣分期在发展过程中获得了蚂蚁金服的投资并与其展开深入合作。2015 年 8 月，趣分期获得蚂蚁金服领投的约 2 亿美元的战略融资，2015 年 9 月，芝麻信用成果接入趣分期平台。目前，趣分期为大学生群体提供白条、分期购物、Offer 贷和趣店等方面的服务。

　　在对大学生群体的风险管理上，趣分期设置了严格的上限。趣分期首先依据学制类型、学年长短等因素对客户进行分类，在此基础上确定个人购物最多分期数和最终的授信额度。从总体来看，本科生在最长分期数和最高授信额度方面都要高于专科生，高年级学生在最长分期数和最高授信额度方面低于低年级学生。趣分期不光对学生群体的划分十分严格，在审核方面也同样如此。对第一次在该平台购物的学生，趣分期的线下团队会对其进行面签，如果学生的信用状况存在问题，面签团队将会拒绝客户的分期要求。只有通过了首次面签，以后才可以在线上接受分期服务。

　　严格的授信审批制度为趣分期的发展奠定了基础。趣分期还十分重视服务的创新，借助分期购物平台，推出了 Offer 贷和趣店服务。Offer 贷目前只针对 985 和 211 院校本科生和研究生的应届毕业生，只有拿到 Offer 的同学才能申请，产品年利率为 12%，借款期内每月只付利息，到期后再归还全部本金。这样趣分期就将分期消费服务拓展到了毕业生市场。趣店是趣分期面向大学生推出的专属创业平台，所有大学生都可以在该平台上申请开店，趣分期为大学生提供技术、货源、资金及推广资源等方面的支持。

3) 优分期

优分期成立于 2014 年 6 月，主要面向在校大学生提供分期购物和信用提现的服务。虽然其成立时间较短，但已将业务范围拓展到了全国 2 200 多所高校，为上千万大学生提供互联网消费金融服务，行业知名度大幅提升。优分期拥有丰富的电商、校园以及金融行业从业经验。

与一般分期购物平台对用户审核的方式不同，优分期采取的是纯线上审核，减少了线下审核带来的不便。纯线上审核方式要求优分期建立更有效的信用审核体系和风险控制模型，为此，优分期成立了专门的风险管理团队，利用不断进步的云计算、大数据技术，独创了全线上认证体系。利用这个体系最直接的结果就是大幅缩短了认证时间，完成永固信用认证只需要 3 分钟，相对于线下面签，不仅极大地节约了认证时间，降低了人工成本的投入，而且可以保障申请分期用户的信息安全，给用户带来较好的购物体验。

主要的大学生分期购物平台的比较如表 5.3 所示。

表 5.3　主要的大学生分期购物平台的比较

	分　期　乐	趣　分　期	优　分　期
上线时间	2013.10	2014.03	2014.06
投资机构	京东、经纬中国、贝塔斯曼亚洲投资基金、DST 等	蓝驰创投、梅花天使创投、蚂蚁金服等	真格基金
商品来源	京东提供商品及供应链服务	商家入驻及部分自营	商家入驻及部分自营
资金来源	自有资金、金融机构贷款、资产证券化(ABS)	自有资金(含股东借款)、贷款	自有资金(含股东借款)、贷款

4. 分期消费市场存在的问题

纵观各大分期购物平台，从其所售商品、用户受众、注册流程等均体现了其范围广、操作便捷等特点，用户只需通过线上申请，填写邮箱、姓名、学校名称、手机号码等信息，并通过线下资格审核，而辅助信用的凭证也只需上传身份证及学生证即可。这种"先购物，后付款"的方式也深受购物群众的喜爱。但有利必有弊，随着分期平台的数量迅速增加，暴露了一些管理不善以及一些违规行为问题。导致这些问题有两个方面，一方面来自分期平台，另一方面来自学生。

1) 分期平台的问题

分期平台存在的问题主要体现在以下几个方面。

第一，分期平台管理不善。由于分期购物是最近几年出现的一种购物方式，随着分期平台的数量增加，一些分期平台为了抢占市场，推出各种优惠条件来吸引大学生，并且减少资格审核的手续，只需要学生提供身份证、学生证以及储蓄卡等就可以顺利地获取平台的分期购物额度，并且没有对学生进行分类，也没有了解学生的家庭情况、消费情况，这样很容易导致意志力不坚定的大学生进行分期购物，同时，也会导致部分大学生无法按期偿还借款，最终导致很严重的利滚利情况。

第二，无法评估大学生的信用状况。传统的商业银行等金融机构可以采取统一权威的征信记录，但是目前的分期平台无法获取这类信用数据。因此分期平台在审核时无法充分评估大学生的信用状况，分期平台通过大学生在自身平台上交易的数据来评价大学生信用状况，但是这些数据量非常小，因此存在很大的信用风险。

第三，国家相关法律越来越严格。在分期平台诞生的初期，由于国家对于这些平台的管理不严格，导致这些平台利用新型购物方式来吸引大学生，并且利用相关的法律漏洞来获取利益，对于学生的发展产生非常不利的影响。随着法律法规的不断完善，分期平台在审核新开户、规范交易等过程中受到法律的严格限制，因此，在保护大学生利益的同时，分期平台也面临着严峻的挑战。

2）大学生方面的问题

第一，经济能力不强。由于大学生的主要任务是学习，没有稳定的工作，因此大部分学生的收入主要来源于父母给的生活费，由于经济来源十分有限，并且大部分学生的控制力不足，因此当大学生进行分期消费时，分期消费无疑成为分期平台一个令人头疼的问题。如表 5.4 所示，在大学生分期消费弥补方式上，家庭提供所占比重高达 85%，说明学生的收入有很强的不稳定性及不确定性，致使大学生分期付款的风险明显增加。更有甚者，会在此情况下，在其他平台及网站申请贷款来还债，最终将"雪球"越滚越大。

表 5.4　大学生分期消费弥补方式

分期消费弥补方式	比例/%
由下月生活费补上	84.85
自己赚钱还	24.05
向父母多要钱	16.48
向同学、朋友借钱还	2.65

(数据来源：中国青年网大学生超前消费调查)

第二，相关知识掌握不够。由于各种分期平台的规则繁多，而大学生在分期购物时并没有仔细阅读相关的规则，对于平台的管理办法以及还款要求没有了解清楚，再加上分期平台在最初由于缺乏法律的监管，自行制定各种规则并且强迫学生同意，最后导致学生的权益受到侵害。

第三，容易进行攀比。攀比心理在大学生中很常见，大学生的年龄不高，并且没有接触到社会，心智不是很成熟，在看到同学或者朋友进行分期消费时很容易心动，在这种攀比心理的作用下很容易作出相关的分期购物行为，这种行为不利于大学生自身的发展，进而影响自身的学习生活。

本 章 作 业

1. 简述电商平台消费金融的运作模式和商业价值。
2. 简述互联网消费分期的定义与特点，以及垂直购物分期的运营模式。
3. 比较分期乐、趣分期和优分期的异同。

第6章　消费金融产品设计

本章目标

- 掌握消费金融产品的定义和特点，了解消费金融产品的分类。
- 掌握竞品调研的五力模型。
- 熟练掌握消费金融产品要素设计。
- 掌握消费金融产品的成本与收益分析，掌握循环授信的业务模式。

本章简介

消费金融产品设计是为消费金融提供者提升竞争力，提供可行产品的直接有效的手段。由于消费金融产品设计阶段要全面确定整个产品的市场定位、定价、授信和还款方式等，从而确定整个业务的系统布局，所以消费金融的产品设计具有牵一发而动全身的重要意义。通过本章的学习，读者将了解什么是消费金融产品，它有什么特点，产品设计过程中如何开展竞品调研；还将了解产品设计最关键的部分，即产品要素设计的内容，消费金融产品的用户体验设计，产品设计完成后如何进行成本与收益分析；另外，还将对消费金融循环授信的业务模式有一个清晰的了解。

6.1　消费金融产品设计概述

6.1.1　消费金融产品的定义及分类

1. 消费金融产品的定义

产品是指能够供给市场，被人们使用和消费并能满足人们某种需求的任何东西，包括有形的物品、无形的服务、组织、观念或它们的组合。在金融领域，金融产品是指资金融通过程中的各种载体，是金融市场的买卖对象，供求双方通过市场竞争原则形成金融产品价格，如利率或收益率，最终完成交易，达到融通资金的目的。

消费金融产品是传统意义上"金融产品"概念的延续，是指商业银行、持牌消费金融机构、互联网金融平台为消费者提供的以消费为目的的贷款。消费金融产品有两种，一种是直接对借款用户，另一种是对合作商家和借款用户。

2. 消费金融产品的分类

消费金融产品一般可以按照还款方式、渠道类别两个维度来分类。

1) 按还款方式来划分

消费金融产品按还款方式可以分为分期型消费金融产品和循环授信型消费金融产品。分期就是每隔一段时间，按一定的规则返还固定的贷款。比如，分期乐产品就是比较典型的分期产品，各商业银行的信用卡分期产品、京东白条等都是分期消费产品。

循环授信是银行或其他金融机构在规定的时间内向客户提供的一种短期资金支持形式。循环授信额度是指银行或其他金融机构根据客户的资质、信用状况、还款能力和监管要求，准予授予客户的可用额度。简单来说，循环授信就是一次授信，可以多次使用，使用时克扣，还款时增加。循环授信比较典型的例子就是银行的信用卡产品。

2) 按渠道类别来划分

渠道被引入到商业领域，全称为分销渠道(place)，引申为商品销售路线，是商品的流通路线，所指为厂家的商品通向一定的社会网络或代理商或经销商而卖向不同的区域，以达到销售的目的。因此，渠道又称网络。渠道类别一般分为直销和间接营销渠道。

世界直销协会对直销是这样定义的：直销是指在固定零售店铺以外的地方(例如个人住所、工作地点或者其他场所)，由独立的营销人员以面对面的方式，通过讲解和示范的方式将产品和服务直接介绍给消费者，进行消费品的行销。

消费金融产品的直销就是金融机构或互联网金融平台通过自己的渠道、网点或者是网上门户，也可以是移动 App(比如支付宝等方式)进行推销的方式。

间接渠道一般是基于消费场景的。比如说百货公司等，可以在顾客消费时，选择相关银行的贷款产品。

消费金融是信用贷款，完全基于客户信用，尽管客户违约后有可能获得追回无抵押资产的判决，但放款人无法获得借款人特定的资产。

产品的分类不同，对应的获客难度、收益、风险、现金流、催收情况也是不同的。

目前，市场上可见的主要信用产品在分期或循环授信、直销或基于场景等方面存在着本质差别，具体如图 6.1 所示。

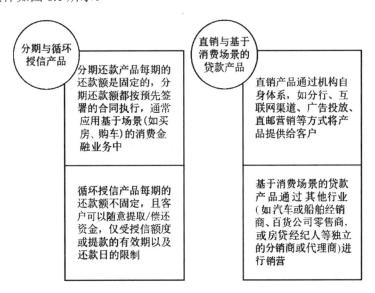

图 6.1　消费金融产品分类比较

6.1.2　消费金融产品的特点

消费金融产品具有纯信用、额度小和按月还款等特点。

1. 纯信用

贷款按信用程度划分，分为信用贷款和担保贷款。信用贷款是指以借款人的信誉发放的贷款。担保贷款包括保证贷款、抵押贷款、质押贷款。保证贷款是指按规定的保证方式以第三人承诺在借款人不能偿还贷款时，按约定承担一般保证责任或者连带责任而发放的贷款。抵押贷款是指按规定的抵押方式以借款人或第三人的财产作为抵押物而发放的贷款。质押贷款是指按规定的质押方式以借款人或第三人的动产或权利作为质物而发放的贷款。

纯信用是消费金融最典型的特点。凡是涉及抵押、担保一类的贷款都不是消费贷款。

2. 额度小

额度小是消费金融产品的一大特点。众所周知，小额借贷具有风险分散的优势。另外，由于消费金融是一种纯信用贷款，贷款的利率远高于银行的贷款利率，如果额度大的话，带来的风险自然就增大。对于小额贷款来讲，比如借款20万元，期限为1年，就借款人的负担来讲，借款利率为10%与借款利率为15%是没有多大区别的。但是，如果借款金额为200万元，借款利率为10%与借款利率为15%的区别就很大。2014年1月1日新修订实施的《消费金融公司试点管理办法》第二十一条规定，消费金融公司向个人发放消费贷款不应超过客户风险承受能力且借款人贷款余额最高不得超过人民币20万元。2020年7月12日，原中国银保监会发布的《商业银行互联网贷款管理暂行办法》第六条规定，单户用于消费的个人信用贷款授信额度应当不超过人民币20万元，到期一次性还本的，授信期限不超过一年。原中国银行保险监督管理委员会可以根据商业银行的经营管理情况、风险水平和互联网贷款业务开展情况等对上述额度进行调整。商业银行应在上述规定额度内，根据本行客群特征、客群消费场景等，制定差异化授信额度。

3. 按月还款

贷款的常见还款方式有等额本息还款、等额本金还款、按期还本付息、一次性还本付息、先息后本等，不同还款方式下，产生的贷款总利息是不同的。

消费贷款最常见的还款方式是每月等额本息还款。按月偿还部分本金的方式之所以被普遍采用，一个重要的原因在于，它能缓解借款人的还款压力。

按月还款还有一个很重要的作用就是便于风险管理。按月还款能够培养借款客户良好的还款习惯，每个月和客户发生一次还款交易，就能够及时掌握客户的还款情况，了解客户的还款能力。同时，客户在还款过程中已经偿还的部分本金也缩小了机构的风险敞口，有利于风险控制。

6.1.3 消费金融产品设计三要素：场景、需求与功能

场景、需求与功能是消费金融产品设计过程中应该考虑的三个重要的要素。

1. 场景选择：高频行为场景

场景对于消费金融的获客和风控都有着重要的作用，消费场景决定了圈定怎样的客群、提供服务的成本和资金的最终流向。针对消费金融产品进行场景化设计时，应注重选择常见的高频行为场景。行为场景常见且频率高，才能带来持续稳定的现金流，从而产生足够

的盈利空间。

通常来讲，日常生活中高频场景主要包含人们的衣食住行等方面，应当利用长尾理论，挖掘目标群体在上述方面的潜在需求。

成熟的场景即大部分消费者会有意识地使用金融工具来完成商品交易，比如购买房屋使用贷款已经是消费者的共识。成熟场景竞争较为激烈，利润率低，但风险较小。对于较为成熟的场景(诸如 3C、教培、医美等)，近些年部分金融机构或互联网金融服务平台进行了有益的尝试，但金融产品还未成为大多数消费者的首选。

金融科技的发展与消费金融行业的深度结合促进了消费金融场景的拓展与范围的延伸，传统消费金融无法覆盖到的长尾客户成为新兴消费金融的主力。从消费金融市场供给端来看，各电商平台、互联网分期平台、持牌机构都在以自身资金、渠道、技术等优势为依托，向小额、应用频率高的消费场景拓展。

2. 需求分析：满足需求金字塔的多阶性

良好的、具有竞争力的消费金融场景，一定是立足于消费者多样化的金融需求，能够多渠道多手段地拓展消费者流量的场景。因此，消费金融产品设计思维应当以人为本，充分考虑消费者针对特定消费金融产品的消费目的、消费心理、消费需求、消费习惯等，从而能够增强消费黏性，实现其他相关附加金融消费产品和额外金融的销售，从而达到消费金融产品与消费场景的紧密融合。

3. 功能设计：快速易用

设计者希望为用户带来更多的选择，提供更多的信息似乎更加有用，但是实际情况可能没有那么简单。当可用的信息超过了人类的处理能力之后，我们的记忆力就没有那么有效了。我们会忘记事情，会不得不花费更多的精力专注于细节，这会导致更大的认知负荷。从用户体验设计的角度来说，UI(用户界面)的认知负荷，通常指的是用户在使用的时候，所需要耗费的心智。当你用得越累、越费劲，它的认知负荷就越大。因此，消费金融产品在设计、运营、服务等阶段，应该注重快速易用的功能设置。

6.1.4　竞品调研

成功的产品规划始于有效的研究和分析。进行消费金融产品设计时，需要对市场上的相关产品进行调研，了解市场上该类产品的竞争情况，比如该金融消费产品市场竞争对手情况，竞争对手产品的优缺点、收益与推广情况等。只有较好地知晓了消费金融产品市场情况后，才能设计出符合市场需求的产品。

1. 竞品调研的波特五力模型

一般的竞品报告，都以同一类产品进行比较，出发点是产品类型，但是公司最终关心的是利润。因此，基于利润的竞品报告，更能反映出产品在市场中的情况，也能更清楚地分析和改善产品的利润情况。通常使用波特五力模型来进行竞品分析。波特五力模型将影响产品收入的因素划分为五个部分。

(1) 直接竞争对手。和自有产品类似的竞争对手进行比较，了解目前产品是否有用户痛点尚未解决，分析进入的障碍。比如支付宝的花呗和京东金融的白条，可以根据很多指标对这两个产品进行分析和比较。

(2) 替代品的替代能力。在同行业或不同行业的两家公司之间，可能会出现一种情况，即由于所生产的产品是相互替代品，因此在这些公司之间会产生一种相互竞争的行为。即由于替代品生产商的介入，使现有的公司必须提高产品质量，或者通过降低成本降低售价，或者使其产品具有特性，否则其销售与利润增长的目标就有可能受到阻碍。因此在进行市场分析时，必须将替代品的威胁考虑在内，以确定目前的产品是否存在从新市场、新服务、新需求中产生的替代品。新技术的出现，极有可能将原有的市场打乱。比如，移动支付的出现，就将原有的信用卡体系冲击得七零八落。

(3) 潜在竞争对手的准入能力。竞争对手进入市场的能力是指竞争对手能够进入市场并成为主要竞争对手的能力，同时也可用来评价自身产品进入市场的能力，分析目前的产品是否有足够的潜力，是否能够进入竞争对手市场。比如，微信如果提供一款移动支付的信用卡，对于支付宝的花呗来说，就是一个巨大的挑战。

(4) 买家的议价能力。买家主要是通过其压价能力，要求提供更高的产品或服务质量，从而影响现有行业企业的盈利能力。简而言之，就是客大欺店。买某种产品的顾客购买量很大，这样的买家就会有较强的议价能力。因此，顾客的强大，会直接影响金融产品的收益，比如，特定的贷款利率优惠等。

(5) 供应商的谈判能力。供应商在影响企业现有盈利能力的同时，主要是通过其提高投入要素价格和降低单位价值的能力来增强产品竞争力。结果表明，供应商影响产品成本和质量的能力越强，其议价能力、盈利能力、产品竞争力也越强。在个人贷款领域的供应商，就是资金的提供者。

波特五力模型如图 6.2 所示。

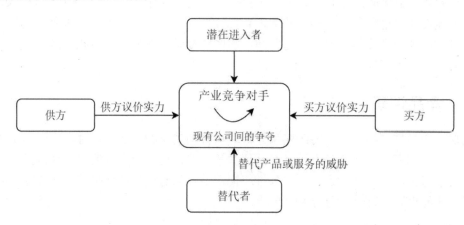

图 6.2　波特五力模型

2. 竞品调研存在的主要问题

市场调研环节对于很多放贷机构来说往往浮于表面，它们更多关注的是同业有什么比较受欢迎的产品及该产品自身的优势，如权益、额度、定价、还款方式等，而忽略了市场本身的突出属性、自身资源优势等层面的分析，进而为后续的业务风险管理埋下隐患。从前端市场调研环节来看，常见的问题较多，如表 6.1 所示。如何充分重视市场调研的重要性，进而强化产品设计，提升产品设计的合理有效性是规避业务经营风险的第一步。

表 6.1 市场调研常见的主要问题及其对业务的影响

市场调研常见的主要问题	业务影响
忽略当地市场的特色经济文化因素，以致产品设计生搬硬套，无法满足客户需求。不同地区的客群需求点会有所不同。针对消费信贷产品而言，仅需满足客户的短期资金需求即可，如装修、旅游等。但针对信用卡产品而言，为了提升信用卡的活跃度，在设计产品权益时须满足客户长期需求和行为偏好等，如对餐饮需求、资金周转需求、旅游需求等，在设计产品的初始就应该去寻找当地客户的需求点，例如，广东人对餐饮需求相对旺盛	无法充分考虑、发挥当地市场和本地化经营的特征与优势，产品设计随波逐流且同质化严重，无法触达客户的需求痛点，业务发展瓶颈和业务经营精细化管理等风险问题凸显
竞品分析浮于表面，对于同业优秀产品背后的场景、客群特点、活动目标、资源投入等一系列根源问题认知不足。对于同业优秀的竞品分析，银行在调研的过程中要去深刻挖掘该产品之所以深受客户喜欢的原因，其真正解决了客户什么样的需求或体验上的痛点，且兄弟银行针对该产品从资源、系统、数据、风控及营销层面都提供了怎样的支持等	
机构自身优劣势分析不够深入，忽视自身资源及经营管理的特征。如有些银行已有充足的存量客户、可触达客户的渠道、已有的客户资源等都可以作为业务开展的突破点	

案例

在近些年商业银行大力发展信用卡业务和产品创新的过程中，不少银行推出了各种各样的联名卡和主题卡产品以实现业务的发展。以 A 银行为例，近年来为进一步发展业务，推出了包括年轻主题卡、女性主题卡、互联网平台联名卡、汽车联名卡、ETC 卡等多种多样的产品，但从实际业务发展的角度来看，其银行内的管理资源支撑、当地客群偏好、商户及互动管理等都不能很好地跟上业务创新和日常管理，最终导致产品管理混乱，产品运营效果较差，甚至出现了不少卡仅发行了几百张就无疾而终的局面。相反，B 银行则在市场调研阶段充分发挥当地市场特色的旅游文化因素和银行内本地化经营的优势，对当地部分旅游景点和部分特色的餐饮品牌进行了充分的市场调研和拓展，并相应地推出了基于"餐饮+景点"为特色权益的且在本地经营范围内独具特色、竞争力很强的信用卡产品，该产品一经推出就广受市场追捧，同时银行内依托本地一线营销人员的触达能力实现了业务规模的迅速扩张。由此可见，银行内充分且精准的市场调研对于产品设计及后续业务运营有着至关重要的方向性的影响，尽管不少银行在发展思路和经营上投入了大量的人力和精力，但事先准备的缺失往往可能为业务发展瓶颈凸显、业务经营无疾而终等经营风险埋下祸根。

6.2 消费金融产品要素设计

6.2.1 消费金融产品要素

对于信贷产品而言，产品要素包括产品的功能定位、风险定价、额度区间、还款方式等要素，这些实际上是产品功能的核心要点(见表 6.2)，每一个核心要点存在相应的风险漏洞都有可能对业务本身的发展带来不可逆转的风险。众所周知，信贷产品的额度授信、定价和还款方式甚至信用卡的产品权益等往往与风险水平都存在着或多或少的联系，高风险客群对应谨慎的额度授信和还款方式及较高的定价水平，低风险客群对应宽松的额度授信、灵活的还款方式和较低的定价水平，应针对不同的客群进行个性化的产品要素设计，防止无意义的定价、不合理的授信和僵化的还款方式带来业务规模发展受限、风险水平增长过快等风险问题的发生。

表 6.2　信贷产品要素说明

信贷产品设计要素	说　明
产品功能定位	明确有效的产品功能定位是产品要素设计的核心，如定位消费的信用卡、定位场景的分期信贷、定位循环使用的按日计息产品，其最终的要素设计大不相同，对客户使用的感受也大不相同，明确产品的功能定位是信贷要素设计的第一要务
风险定价	信贷产品的风险定价尤为关键，来自不同行业、不同资质的客群的信贷需求往往各不相同，业内常见的一刀切的风险定价水平对业务经营发展的弊端显现，要么打价格战，低利率设计往往赔本赚吆喝，要么高利率设计将优质客户拒之门外，风险定价水平管控艰难
额度区间	基于不同产品的定位和产品用途，进行相应的额度区间的设计是非常关键的，过低的额度授信往往使客户办卡、用卡积极性不高，造成大量的发卡成本的浪费，而过高的额度设计又可能与客群的还款能力不匹配，进而扩大用户的信用风险水平，造成不良影响
还款方式	对于信贷产品而言，尤其是高额周期长的大额分期产品，其还款方式的设计尤为重要，结合客群质量、资金稳定性水平和业务场景进行多种还款方式的设计，一方面，可以为客户提供多元选择，提升用户体验；另一方面，也可以在一定程度上防范风险，避免因贷中风险能力不足和客户高度占用资本金而带来的逾期风险

6.2.2　产品和目标客户匹配

客群定位是产品设计的基础，在分析客户的过程中明确、清晰地了解本地客户的消费能力、行为偏好和有效的客群分层，刻画客户画像和明确客群定位，可以帮助业务决策者在产品设计阶段厘清产品所要服务的具体对象及对象特点，从而为客户有的放矢地输出信贷产品。从风险的角度而言，不同产品所覆盖的客群各不相同，如一次性的消费贷款、现金贷、具有循环额度的信用卡等所对应的客户还款能力、稳定性和风险程度的定位都不尽相同，如信用卡可能更聚焦有稳定收入流且有日常消费场景的客群。事实上，几乎每一名产品设计人员都明白客群定位的重要性，但在实际的客群设计过程中仍然存在着客群需求不符、客群定位与当地市场存在偏差、目标不明确等问题，这往往会直接导致客户吸引力不足、产品和客群错位、定价水平偏差等问题的出现，从而引发业务发展和风险不良等相关风险。

以某银行为例，考虑到业务多元化发展的要求，依托信用卡产品着力启动按日计息的高收益信贷产品项目，在产品设计和客户定位的过程中发现同业产品立足政府事业单位、国企、世界五百强企业等优质客群进行业务开展，但由于对客户分层的分析不够透彻，导致在本银行自身开展业务的过程中依样画葫芦，粗犷地将优质行业和低风险客户画上了等号，而忽略了优质行业不同职位职级客群的差异性，模糊的客群定位和业务定位设计致使业务发展过程中部分优质行业中的底层一线员工、非编制人员等被纳为准入，并对其核发了超出其还款能力的信贷产品，产品和客群定位的不匹配导致了部分客户的过度授信，超出其还款能力的授信敞口，进而诱发了相应的信用风险，对业务开展产生的影响可见一斑。

6.2.3　产品定价设计

产品定价是产品设计过程中最关键的环节。

1. 贷款定价的一般理论

从商业银行的角度来看，贷款的价格一般可看作以贷款利率为主体，再与贷款承诺费、补偿余额和隐含价格等部分组合而成。贷款利率作为贷款价格的直接表现方式，也由多个因素决定。若假设贷款利率为 P，并将贷款价格与影响贷款价格的各因子之间的关系通过直观的形式表现出来，可以得到以下需满足条件的集合：

$$P = [X \mid X \geqslant C_1 + C_2 + C_3 \bigcap X \geqslant C_4 \bigcap X \geqslant R_1 \bigcap X \geqslant R_2] \tag{6.1}$$

其中：C_1、C_2、C_3、C_4 是指贷款产品中隐含的成本——资金成本、风险成本、交易成本、机会成本(一般用无风险利率代替)；R_1 和 R_2 分别指银行贷款的目标收益率与借款人拟投资项目的预期收益率。

只有商业银行贷款定价满足了上述条件，才能充分覆盖信贷风险和经营费用，保证预期利润目标。由于商业银行开展业务历史悠久，经过不断的业务实践和市场上的探索，各大银行都建立了较为科学、系统的贷款定价模型。

2. 常用产品定价方法

从目前市场上所存在的几种主流定价方法来看，主要有四种：由成本决定的定价方法、由价格决定的定价方法、由成本和收益决定的定价方法和由风险决定的定价方法。

1)　由成本决定的定价方法

此方法理论上的结构较为简单，将贷款的价格视为由四部分组合而成，具体公式如下：

贷款利率=资金成本+银行运营费用+贷款违约风险补偿+银行预期利润　　(6.2)

该定价方法主要由银行从自身供给端的角度出发，考虑银行取得资金和发放贷款的各项成本来制定贷款的价格。这种方法较为简单，组成因素清晰可见，且由各项成本因素相加的方式有助于银行清楚业务所能带来的利润和成本。但是，由于该定价方法主要由自身成本决定，没有考虑到市场上客户的各项影响因素，会在与同质产品的竞争中失去优势，从而导致客户流失。除此之外，银行若是要使用由成本决定的定价方法，必须具备一定的财务核算能力，能够正确地统计出每部分资金成本，同时对于每笔贷款业务的违约风险也需要专业人员进行精准测算。基于该定价模型的优缺点，该定价模型仅适用于具有卖方垄断特征的商业银行。目前，我国商业银行正在建立和完善自己的财务会计制度，以便能够及时准确地计量银行的资本成本和营业费用率等指标，为成本决定的定价方法创造使用条件。

2)　由价格决定的定价方法

由于成本决定的定价法要求银行必须具备一定的技术能力，实际实施起来存在难度，

在此基础上出现了由价格决定的定价方法，即在基准利率的基础上加收违约风险溢价和期限风险溢价。其具体公式为

$$贷款利率=基准利率+违约风险溢价+期限风险溢价 \qquad (6.3)$$

目前，全世界常用同业拆借利率作为基准利率，其中，美国联邦基金利率、伦敦银行同业拆借利率、上海银行同业拆借利率以及香港银行同业拆借利率是世界上较为普遍参考的基准。随着我国利率市场化进程的不断加快，贷款市场报价利率作为利率基准的参考比重会一步步加大，逐渐融入各类贷款产品中。

这种定价方法主要从市场需求端进行考虑，贷款价格主要随着基准利率和贷款风险的变化而变化，即选择了基准利率以后，结合贷款产品所需要承受的风险情况，综合确定贷款价格。运用该方法进行定价的关键就在于选择合适的基准利率、风险的测量以及溢价的测算。由于该定价模型具有较强的可操作性和竞争优势，但在定价过程中没有考虑到银行所需要承担的成本，比较适合综合资金成本较低的中大型银行。

3) 由成本和收益决定的定价方法

这种定价方法确定贷款价格主要考虑三方面因素：贷款项目所带来的总收益、借款人使用资金的实际情况以及贷款所能给银行带来的税前净收益率。

这种方法用测算出的税前净收益减去相关成本(融资成本、风险成本以及其他成本)，来测量利润是否符合预期，定价是否合理。该方法充分考虑了贷款净收益能否弥补风险资产扩张所需增加的资本金，能否提高资产收益率。虽然该定价方法需要建立一个复杂的定价模型，难度较大，但有利于建立和完善商业银行资本约束机制。

4) 由风险决定的定价方法

该方法用到了 RAROC，即风险调整后的资本收益率，又被称为基于风险报酬的定价方法。这种定价模型刚开始是由美国信孚银行的一个团队建立的，他们认为风险是影响贷款收入的重要因素，并将经济成本作为银行所需要为这笔贷款项目所付出的最低资本金。于是他们把这两个因素引入到银行的贷款定价模型中，并将风险调整后的收入作为风险的函数。RAROC 定价法的基本组成为风险调整后的收入以及经济资本，其中风险调整后的收入可以展开为贷款利息收入、资本成本、运营成本和预期损失。其公式表示如下：

$$RAROC = \frac{风险调整后收入}{经济资本} = \frac{贷款利息收入-资本成本-运营成本-预期损失}{经济资本} \qquad (6.4)$$

式中的预期损失指的是预期未来贷款项目中可能遭到的损失，一般由内部评级法计算，数值上等于风险暴露头寸、预期违约概率以及违约损失率三者的乘积。

这种定价方法测算时会考虑贷款资金风险，当商业银行实际操作时，可以根据所计算出的贷款项目每单位资本所承受的风险，来对贷款资本金进行不同程度的倾斜，以平衡银行整体的成本与风险。由于这种方式不同于传统额度衡量方式，不仅可以使用在贷款项目的定价上，也可以使用于不同分行、不同网点之间作为绩效指标的比较，所以得到了各大商业银行的广泛认可和应用。但由于运用该模型需要有风险评级系统与技术，对商业银行的内部评级系统要求较高，因而在一定程度上制约了该模型的使用。

3. 国内商业银行常用定价方法

在我国，国有大型商业银行通常以成本为导向来进行贷款定价。同时，大部分银行还会充分考虑贷款项目的资本成本、营业费用、风险溢价以及一定的预期利润，让贷款定价

模型更为全面地考虑各方面的因素。例如，中国工商银行开发了自身的 RAROC 贷款定价模型与基于成本加成法的综合定价模型，中国建设银行采用了以 EVA 定价模型为核心的综合定价策略，招商银行开发了基于 RAROC 模型的产品定价管理模型。

对于城商行、农商行、合作社之类的中小型银行来说，由于它们的市场占有率低，仍处于扩大市场份额阶段，所以将贷款规模定为主要的考核标准。这造成了在实际中需要优惠价格换来"以量取胜"，缺少主动管理价格的机会，不适合使用成本决定的定价方式。在贷款定价实践中，它们通常参照大型商业银行利率的定价方法，只要保持自己的盈利，相比大型商业银行会给予更优惠的利率。

6.2.4　授信额度设计

在客户审批通过后，放贷机构往往会给客户一个授信额度，在消费金融产品流程开发中，包括授信额度的设计是一个重要的流程节点，特别是在整体信贷环节中，千人千价、差异化的额度授信策略将成为金融机构是否能盈利最大化的核心竞争力。授信额度的确定往往需要一个量化的过程，简单的可能就是一个包含了几个维度加减乘的公式，复杂的可能会运用上机器学习算法，如 KNN。一般来讲，授信额度的设计有以下几步：一是确定额度的上下限，即额度范围；二是在额度范围内做差异化定额；三是在差异化额度基础上再加增信额度、人工额度等进行补充。

1. 额度范围的设计

额度范围的设计要考虑到三个因素。一是产品的定位。例如，小额产品额度一般定在 1000～10 000 元，中等额度产品定在 10 000～100 000 元。二是目标客群的风险及还款能力。如果产品面向的是比较下沉的蓝领、农民群体，额度的上限会跟他们的平均收入相关，也会考虑到这些人的逾期风险较高，额度会给得比较低。三是同行竞争对手的参考。比如 A 公司给予的平均额度在 8 000 元左右，那 B 公司在设计同类产品的额度时，也会参照 A 公司的额度，如果额度比 A 公司的低很多，用户可能就偏向选择 A 公司的产品，从而造成用户流失。额度范围也可以做差异化，例如对高、中、低三类不同风险的用户，设置不同的额度范围。

2. 差异化定额设计

额度的差异化主要考量用户的还款意愿和还款能力这两个维度，最常见的方式就是做交叉矩阵，两个维度交叉来细分每个客群的额度系数或额度值(见表 6.3)。

例如，以收入指标和授信模型分两个维度指标进行额度授予。首先可以划定该产品客群的额度区间(例如额度为 3 000～10 000 元)，即可用一些收入指标和授信模型分配额度给客户。举例说明，对于低收入、模型授信分在(500, 550)的客户授予 3 000 元额度，中收入客户、模型授信分在(650, 700)的客户授予 7 000 元额度，高收入、授信模型分大于 700 的客户授予 10 000 元额度。同样，对于授信模型分大于 700 的客户，低收入客户授予 7 000 元额度，中收入客户授予 8 000 元额度，高收入客户授予 10 000 元额度。

表 6.3　消费信贷用户额度值

授信模型分	低收入/元	中收入/元	高收入/元
(500,550)	3 000	4 000	5 000
(550,600)	4 000	5 000	6 000
(600,650)	5 000	6 000	7 000
(650,700)	6 000	7 000	8 000
>700	7 000	8 000	10 000

还款能力维度比较看重用户的收入情况，但收入作为比较私密的信息，很难获取到真实的数据，通常使用社保数据来判断客户的收入。公积金缴纳基数的基数是基于收入的，有些公司会全额缴纳社保/公积金，所以社保/公积金的月缴纳额如果很高，大概率收入也高。但是基于社保数据来判断收入的高低存在两个缺陷：一是数据覆盖率低，尤其是对于下沉人群；二是判断不太准确。很多公司的社保基金缴纳是按最低基数缴纳的，与工资收入的高低没有必然联系。

3. 增信额度和人工额度设计

增信就是用户主动提供其他数据来提升自己的信用等级。常见的增信方式有以下几种。

- 学历增信：用户上传学历证书，人工审核就是通过学信网核查学历是否真实。
- 社保增信：用户授权机构查询自己的社保数据。额度设计一般对社保增信是有门槛的，例如要求社保目前为正常缴纳状态，且连续缴纳月份大于 3 个月。如果机构获取到的社保数据比较丰富，还可以通过社保增信模型对增信额度做差异化。
- 公积金增信：和社保增信类似，相比于社保，公积金还有提取、贷款的记录，反映的信息更加丰富。如果用户既有社保又有公积金，那资质会更好一些。
- 信用增信：用户授权查询人行征信数据，人行征信相比第三方征信更权威，可信度更高。
- 收入资产增信：用户上传能直观地反映还款能力的信息，例如房产证明、收入证明。人工审核也需要对其核查真实性。

增信额度也会做差异化，例如不同的学历给予不同的额度，想做得精细化一点，学历也可以跟信用模型做交叉矩阵。增信的用户资质更好，在后面的支用、营销、贷后等环节也可做差异化管理。

人工额度是用户不满意机审给到的授信额度，主动发起人工审核来重新给出额度。发起人工审核前要过人工审核的门槛，因为人工审核的资源是有限的，信贷机构只对资质比较好的用户进行审核。审核员会评估用户的工作、收入、借贷历史、贷款用途等情况，来判断是否通过以及给出多少额度，若在审核时发现用户有风险，也会修改机审授信通过的结果，将其拒绝。

4. 额度测算方式

额度测算的几种常见方式如下。

(1) 授信额度=min[max(基础额度×风险系数，额度下限)+增信额度，额度上限]，若有人工额度，则以人工额度为最终生效额度，风险系数用规则或模型来定。

(2) 授信额度=min[max(交叉矩阵定额，额度下限)+增信额度，额度上限]，若有人工额度，则以人工额度为最终生效额度，交叉矩阵可以用规则+模型，或者用双模型。

(3) 授信额度=min[max(单模型差异化定额，额度下限)+增信额度，额度上限]，若有人工额度，则以人工额度为最终生效额度。

考虑到大部分用户的资质在短期内不会发生显著变化，额度有效期会设置得比较长，一般为 1 年，有些机构甚至干脆不设有效期。

6.2.5　消费贷款的还款方式

目前消费贷款的还款方式最常见的有三种：等额本息/等额本金、先息后本(按月付息，到期还本)、一次性还本付息。

1. 等额本息/等额本金

首先，等额本息或等额本金还款方式，利息的计算均使用借用的本金余额乘以对应的月利率(约定的年化利率/12 个月)。也就是说，两种不同的还款方式，利率水平其实是一样的。之所以计算出的利息不同，是因为不同月份借的本金不同造成的。借的本金多，要还的利息就多；借的本金少，要还的利息就少。

1) 等额本息

等额本息，是指将收益和本息加起来后平均到每个月，每月偿还同等数额的资金。这种还款方式由于本金归还速度相对较慢，占用资金时间较长，还款总利息较相同期限的等额本金还款额大。其计算公式如下：

$$\text{每月还款额} = \text{本金} \times \frac{\text{月利率} \times (1+\text{月利率})^{\text{还款月数}}}{(1+\text{月利率})^{\text{还款月数}} - 1}$$

推导过程如下。

设贷款总额为 A，月利率为 β，总期数为 m(个月)，月还款额为 X，则各个月末所欠额度如下。

第一个月末：

$$A_1 = A(1+\beta) - X$$

第二个月末：

$$A_2 = A_1(1+\beta) - X = [A(1+\beta) - X](1+\beta) - X = A(1+\beta^2) - X[(1+\beta) + 1]$$

第三个月末：

$$A_3 = A_2(1+\beta) - X = A(1+\beta)^3 - X[(1+\beta)^2 + (1+\beta) + 1]$$

……

由此可得第 n 个月末所欠额度为

$$A_n = A_{n-1}(1+\beta) - X = A(1+\beta)^n - X[(1+\beta)^{n-1} + (1+\beta)^{n-2} + \cdots + (1+\beta)^2 + (1+\beta) + 1]$$

$$= A(1+\beta)^n - \frac{X[(1+\beta)^n - 1]}{\beta}$$

还款总期数为 m，即第 m 个月末刚好还完银行所有贷款，因此有

$$A_m = A(1+\beta)^m - \frac{X[(1+\beta)^m - 1]}{\beta} = 0$$

由此求得

$$X = \frac{A\beta(1+\beta)^m}{(1+\beta)^m - 1}$$

例：借款本金 1 万元，期限为 10 年，年利率是 6.65%。

月利率：

$$6.65\% \div 12 \approx 5.541\,67‰$$

每个月还款：

$$\frac{10\,000 \times 5.541\,67‰ \times (1+5.541\,67‰)^{120}}{(1+5.541\,67‰)^{120} - 1} \approx 114.313\,3(元)$$

2) 等额本金

等额本金，是指在还款期内把贷款数总额等分，每月偿还同等数额的本金和剩余贷款在该月所产生的利息，这样由于每月的还款本金固定，而利息越来越少，借款人起初还款压力较大，但是随着时间的推移，每月还款数越来越少。其计算公式如下：

$$每月还款额 = \left(\frac{贷款本金}{还款月数} + 本金 - 已归还本金累计额\right) \times 月利率$$

例：借款本金 1 万元，期限为 10 年，年利率是 6.65%。

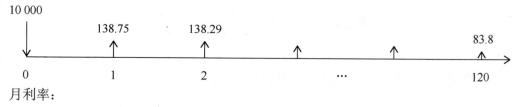

月利率：

$$6.65\% \div 12 \approx 5.541\,67‰$$

第一个月还款：

$$\frac{10\,000}{120} + (10\,000-0) \times 5.541\,67‰ = 138.75(元)$$

每个月递减额：

$$\frac{10\,000}{120} \times 5.541\,67‰ = 0.462(元)$$

2. 先息后本

先息后本(按月付息，到期还本)是指借款人按月归还利息，在贷款到期日一次性归还贷款本金。

先息后本常见于短期(不超过 1 年)项目，因为最后一期才还本，时间太长，变数太大，不能及时跟踪和控制风险，借款人最后一期还款压力太大，逾期坏账的概率会大大增加。一旦同时出现金额过大、多笔订单逾期的情况，平台抗风险能力较差，投资人也会停止投资并提现。

其计算公式如下：

$$每月还款额=本金×年利率×\frac{还款月数}{12}$$

$$到期日还款额=每月还款额+本金$$

例：借款本金 1 万元，期限为 6 个月，年利率是 12%。

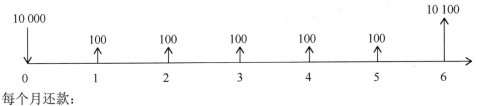

每个月还款：

$$10\ 000×\frac{12\%}{12}=100(元)$$

第 6 个月到期后还需归还全部本金 1 万元，故第 6 个月共归还：

$$10\ 000+100=10\ 100(元)$$

3. 一次性还本付息

一次性还本付息，是指借款人在贷款期内不是按月偿还本息，而是贷款到期后一次性归还本金和利息。这种还款方式在短期贷款中比较常见，但这种还款方式在审批方面会比较严格。其计算公式如下：

$$到期一次性还本付息额=本金×\left(1+年利率×\frac{还款月数}{12}\right)$$

例：借款本金 1 万元，期限为 7 个月，年利率是 4.14%。

到期一次性还本付息额：

$$10\ 000×\left(1+4.14\%×\frac{7}{12}\right)=10\ 241.5(元)$$

6.2.6　用户体验设计

产品设计除了对产品要素进行设计外，还需要对产品的用户体验进行设计，主要包括对产品特征和产品的增值功能进行设计。

1. 产品特征设计

产品特征明显影响到客户对产品的体验，从而影响客户对于产品的接受程度以及产品的盈利能力。消费信贷最显著的特征包括免息期和每月最低还款额。

1) 免息期

放款人通常收取有余额客户(每月都付不清余额的客户)的利息,同时对每月全额还清余额的客户提供至少22天免息宽限期。

免息期的设置一般有两种:一种由放款机构明确规定每月某一天为免息还款截止日,免息期就是放款机构记账日至截止日之间的日期,工商银行、农业银行均采用这种方法;另外一种是由持卡人根据需要自行选择一个账单日,再根据账单日设定最迟还款日,那么免息期就是银行记账日到最迟还款日之间的日期,建设银行和民生银行均采用这种方法。

举例说明,假如丁女士的账单日是每月1日,而还款日是每月25日,如果丁女士在8月的账单日第二天即8月2日消费了5 000元,银行新的计账日也是从次日即8月2日开始,那么这笔消费肯定是来不及出现在1日的账单上的,所以丁女士8月2日当天的消费最有可能出现在9月1日的账单上,最迟可以9月25日还,这样就有50多天的免息期;可是如果丁女士是在7月31日刷了5 000元,那么这笔消费记录将出现在8月1日的账单上,最迟8月25日就要还,不过是早刷了1天,免息期就只有25天了。

因此,持卡人在账单日当天或是之后几天消费,才能享受银行给予的最长免息期。

另外,各家银行的最长免息期规定也不尽相同。中国银行、建设银行、招商银行等10家发卡行最长免息期为50天,民生银行最长免息期为51天,工商银行、农业银行等4家银行最长免息期为56天。有些银行因信用卡品种不同,最长免息期也不同,如中国银行推出的中银白金卡免息期最长达59天,其余卡种则为50天。

2) 每月最低还款额

每月所需的最低还款额,即客户每月必须偿还的用以保证账户不被冻结的最低金额。每月最低还款额是一些放款人强大的营销工具。虽然很少有人只偿还最低还款额度,但这种方法为人们在困难时期(如失业、离婚或生病时)还款提供了便利。高风险、高使用频率的客户,往往会比较在意最低还款额,而对于产品的利率不怎么在意。

虽然每月较低的最低还款额度能够持续吸引客户,但监管机构要求最低还款额必须足够偿还部分本金来抑制过度欠款。

需要注意的是,每月最低还款额的收益,是这一段时间的利息收益,但风险是增加了违约概率。

2. 增值功能设计

增值功能是指以可接受的成本,针对目标市场的特点增加有吸引力的附加功能。对于信用卡发卡行来说,增值服务能增强客户对于该金融产品的黏性、口碑效应,以及拓展自己的获客渠道;对于增值服务的合作方来说,提供该项服务能从发卡行引流更多的客源,降低营销宣传的成本,并且还能提高自己服务客户的水平;对于顾客来说,增值服务不但能满足顾客的虚荣心理,还能以更低的价格享受到相应的服务。

典型的增值功能有积分商城、旅游服务、现金返还、购买奖励、折扣优惠、免费或低成本保险等。但是,一般来说,所有的增值服务都可以分为两类:折扣回馈和会员服务。

1) 折扣回馈

折扣回馈是指用户购买商品或服务时所享受的折扣后所能获得的回报或利益。折扣是商家为促销而降低售价的一种策略,它可以吸引更多的用户购买商品或服务。比如说信用卡积分能换取机票，在某些商场购物有优惠，或者可以购买低成本的保险。

2) 会员服务

会员服务是指为满足会员需求而提供的活动。会员服务的目的是让用户重复消费，提高用户忠诚度，实现放贷机构业绩增长的目的。会员卡是电商、外卖等消费平台普遍使用的一种促销方式，用户购买会员卡后，获得对应的权益，包括优惠券或者打折、返利等，以此来增强会员的黏性和消费欲望。借款领域会员制服务始于 2019 年，目前商业银行、消费金融公司以及互联网金融平台都开发了自营的 App，会员制有利于用户在 App 上停留更长时间，也是聚集用户、增强用户黏性的一种方式，有利于消费金融提供主体更好地和场景绑定，提升品牌价值和影响力。

6.3 成本与收益分析

6.3.1 成本分析

消费金融产品设计完成后，还需要进行成本与收益的分析。消费金融产品的成本主要来源于三个方面：基础资金成本、市场进入成本和运营成本。

1. 基础资金成本

银行的基础资金成本主要分为利息成本(主要为支付所吸收存款的利息)、融资成本(如线下网点的成本和发放金融债券的费用)、沉淀资金成本(如存款准备金、坏账拨备金等)等。由于商业银行拥有非银金融机构不具备的资质，可以吸纳居民存款来开展贷款业务，能够获得成本相对低廉、体量庞大的资金来源，这是商业银行能够开展消费贷款的一大成本优势。

对于消费金融公司来说，除了自有资金外，资金来源还包括同业拆借、银行授信、发行金融债和资产证券化(ABS)等。同业拆借的成本最低，资金成本为 2%～3%；其次是发行 ABS 产品，资金成本通常在 3.6%～5%；最后是银行授信。银行授信相当于消费金融公司向商业银行贷款。资产证券化的成本虽然很低，但资产证券化和发行金融债券的门槛相对比较高。

2. 市场进入成本

从经济学的角度看，企业进入某一产品领域的进入壁垒，表现为进入资质、研发技术与原有企业的竞争中所遇到的困难和障碍。在推行本产品时，由于市场中已经存在着同类产品，消费金融提供主体若要进入该市场需打破市场壁垒，这势必存在市场进入成本，该成本主要分为两类：转换成本和推广成本。转换成本是指将使用一个产品的客户转换为使用另一个产品时所需要付出的成本。推广成本是指通过广告、社区宣传、知识讲座等系列手段来提高群众对产品的关注度，以获得目标客户群体对产品的关注，其中包含广告以及公共关系、人员推销、营业推广等系列活动所产生的成本，该成本是企业不必承担的。

3. 运营成本

运营成本是指使得产品能够持续运行的成本。由于贷款业务需要注重贷前、贷中、贷后三个阶段的业务管理，在产品开始展开后，运营成本就开始产生了。其主要表现为贷前的客户信用调查以及资格审核、贷中的资金使用情况回访与贷后的款项偿还，这些过程都需要工作人员的管理与系统软件的不断支持，其中会产生管理费用与软件的升级维护费用。

6.3.2 收益分析

产品的收益可分为两部分：直接收益和间接收益。直接收益是指由产品直接带来的收入；间接收益是指由运营产品所带来的间接业务收入。

1. 直接收益

由产品直接产生的收益为利差收入，具体可以用公式表示为

$$利差收入=(产品利率-资金成本)×产品规模=利差×产品规模 \qquad (6.5)$$

产品的利差大小直接反映了盈利能力和经营效率，影响利差的因素主要有运营成本、流动性风险及宏观经济状况。由于宏观经济状况是整个市场都要面临的系统性风险，所以可进行优化的因素主要是运营成本和流动性风险。因此，应着力提高经营效率，减少支出成本和费用。此外，应主动完善风险管理机制，增强流动性风险管理，以提高资本质量。

产品规模又可分为两个要素：平均贷款额度与产品数量。平均每单位的贷款额度越大，贷款收回的风险就越高，给放贷机构带来的预期损失就越大，因此，放贷机构需要在增加产品数量(即扩大产品的市场份额)上下功夫。

2. 间接收益

间接收益在本产品中是基于与商家的合作关系产生的。一方面是商家的推广费用，若跟合作商家交易，可以降低相应的道德风险，同时放贷机构也可以降低成本中的风险溢价，但是合作商家引流的选择权在于放贷机构，商家若想与产品绑定推广，需要交纳一定的推广费用作为广告成本，这可以作为放贷机构的一部分间接收益；另一方面客户在合作商户平台使用贷款消费时，放贷机构可以按比例向商家收取一定的手续费，此项收入也是放贷机构的主要收益项。

以花呗为例。花呗的盈利方式主要有以下两种：第一是客户未按时还款而产生的利息收益。消费者在使用花呗后未在规定日期内及时还款，会产生利息，若消费者开通分期还款业务，花呗会根据不同的期数按照不同的费率收取一定的利息，这是花呗其中的一个利润点。第二是向淘宝等卖家收取的服务费。这是花呗主要的盈利点，只要买家使用花呗付款，花呗就会根据交易金额向卖家收取 0.6%～1%的手续费。该手续费率和信用卡一样，这笔费用将在消费者确认收货时进行扣取，剩余部分打款给商家。

6.4　循环授信的业务模式

6.4.1　循环授信的基本模式

1. 循环授信的定义

循环授信，简单地说就是一次授信，多次使用。金融机构基于对消费者个人的信任，包括购买能力、还款能力、还款意愿的信任，给予消费者特定的信用额度，使之在购买时可用额度代替现金进行支付。

2. 循环授信与一次授信

循环授信是与一次授信相对应的一个概念。一次授信是指给用户一个授信总额度，可以不必一次用完，分次分批自己安排使用。需要指出的是，对于一次授信，还款后不能再次自由借出，仍需要重新授信。循环授信额度可循环使用，即授信完毕，在授信有效期限内，归还的贷款本金可以随时借出，不限次数。循环授信的额度在支付时减少，在还款时增加，典型的例子就是信用卡。

6.4.2　循环授信的业务模式之商品贷

1. 循环授信商品贷的基础模式

基于循环授信模式，产生了两种基本业务模式：商品贷与现金贷。

商品贷是指授信申请人直接将向金融机构申请到的额度用于购买产品或服务。金融机构直接打款给商家，授信申请人不可通过提现直接获得现金。循环授信商品贷的基础模式如图 6.3 所示。

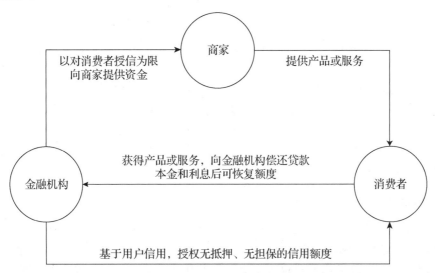

图 6.3　循环授信商品贷的基础模式

2. 循环授信商品贷的业务流程

循环授信商品贷的业务流程如图 6.4 所示。

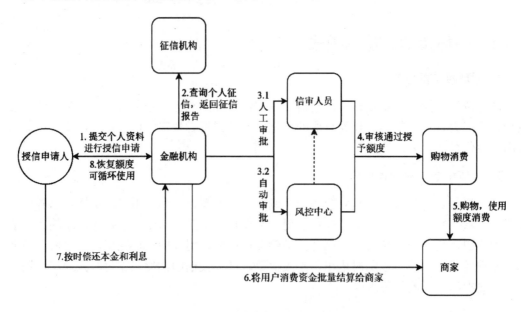

图 6.4 循环授信商品贷的业务流程

用户提交个人资料进行授信申请。获得用户个人资料的金融机构按照用户授权查询用户个人征信报告，并结合风控模型对用户的授信申请进行审批。根据用户的资料进行人工审批或者自动审批，审批驳回，用户无法获取授信额度；审批通过，则用户获取授信额度，用于向商家购买商品或服务并扣减相应金额的可用额度。金融机构根据与商家的约定，分批结算用户消费资金给商家。当用户按时偿还本金和利息后，金融机构恢复相应的可用额度。用户可循环使用。

3. 授信申请环节

授信申请存在白名单与非白名单两种模式。拥有大量用户数据的金融机构更倾向于使用白名单模式。

白名单模式即金融机构依据其掌握的用户数据，采用邀约制，主动授信给用户。这种模式的关键在于白名单的筛选。一般是根据风控中心与征信机构的数据信息基于大数据分析进行白名单的筛选。这种模式更有利于金融机构业务的扩张。

非白名单模式须用户主动提交资料申请授信。这种模式在与采用白名单模式的金融机构的市场竞争中易处于劣势。

4. 信用审批环节

信用审批环节是非白名单模式下的必需环节，其目的是审核用户资料的真实性、信用状况、还款能力与欺诈风险。信用审批存在人工审批、自动审批和自动+人工审批三种模式。

人工审批即以金融机构风控政策及信用审批制度为基础，结合信审人员的经验，对用户进行风险评估，确定是否审批通过。

自动审批即以大数据为基础，建立风险指标与风控引擎，然后将用户申请资料输入，经风控引擎评估后确定是否通过。

自动+人工审批即基于风控引擎进行自动审批，通过后再进行人工复核。

5. 用信支付环节

用户使用已获得的额度进行购物支付，额度支付依赖互联网技术，主要集中在网上商城。但京东白条、花呗等，部分已覆盖线下消费场景。

6. 资金结算

在消费金融商品贷模式下，一般采用受托支付，即贷款资金不会直接付给消费者，而是由金融机构基于订单交易数据定期结算给商家，确保了资金的安全。

7. 用户还款

用户获得商品或服务的同时，金融机构将产生对应的借据及还款计划，用户需按还款日分期向金融机构支付还款金额。还款一般包括两种方式：主动还款或委托金融机构自动代扣。

自动代扣是指用户开通银行卡快捷支付功能，授权金融机构在还款日自动划扣应还款金额，用户只需确保代扣银行卡余额充足，无须进行任何操作。如花呗，账单默认自动代扣。

主动还款是指用户在还款日之前，在金融机构提供的互联网平台，主动选择账单及支付银行卡，支付应还金额至金融机构。

6.4.3　循环授信的业务模式之现金贷

现金贷是指授信申请人直接将向金融机构申请到的额度提取现金。循环授信现金贷的基础模式如图 6.5 所示。

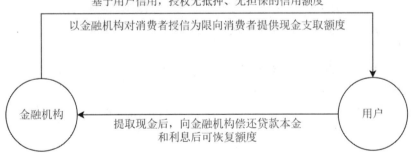

图 6.5　循环授信现金贷的基础模式

1. 循环授信现金贷的业务流程

循环授信现金贷的业务流程如图 6.6 所示。

用户提交个人资料进行授信申请。获得用户个人资料的金融机构按照用户授权查询用户个人征信报告，并结合风控模型，对用户的授信申请进行审批。根据用户的资料进行人工审批或者自动审批，审批驳回用户无法获取授信额度；审批通过，则用户获取授信额度，用户提现并扣减相应金额的可用额度。当用户按时偿还本金和利息后，金融机构恢复相应的可用额度，用户可循环使用。

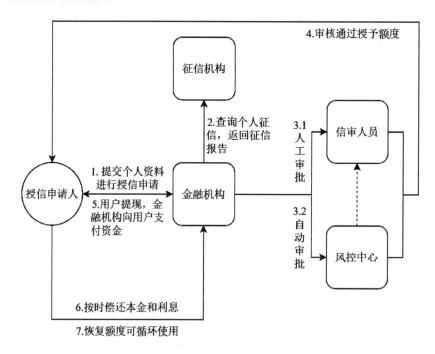

图 6.6　循环授信现金贷的业务流程

2. 循环授信商品贷与现金贷的异同

循环授信的业务模式分为商品贷和现金贷两种。二者授信申请与信审流程基本相同，只是授信申请提交的资料及现行的审核指标及标准会存在差异。现金贷无用信支付环节，用户在线上直接提现，金融机构向用户指定银行账户支付资金，所以也不存在与商家进行资金结算环节，另外，用户资金用途不受限。但商品贷限制在消费场景中。

现有二者相结合的模式，即授予一定的信用额度，其中，部分额度可直接提取现金，但不可全额提现。

总之，在循环授信的基本模式下，一次授信多次使用，解决了一次授信下二次使用仍需重复授信的烦琐流程，大大改善了用户体验。

目前，市场上的"类信用卡"产品举例及其与信用卡循环消费信用业务的比较如表 6.4 所示。

表 6.4　目前市场上的"类信用卡"产品举例及其与信用卡循环消费信用业务的比较

	主要发行机构及其性质	信用授予方式	还款方式	支取方式
信用卡	各商业银行	授予一定额度的信用，还款后额度即相应恢复，可循环使用(即信用提供方所宣传的"一次申请，循环使用")	免息期内全额还款，或最低还款额还款，或分期还款(账单分期或单笔消费分期均可)	消费支付或取现

	主要发行机构及其性质	信用授予方式	还款方式	支取方式
京东白条	京东(小额贷款公司及其他)	同上	2017 年 5 月前免息期内全额还款，或分期还款(每笔消费均单独计算还款日及还款数额，不可账单分期); 2017 年 5 月后还款方式同信用卡	消费支付
蚂蚁花呗	阿里巴巴(小额贷款公司及其他)	同上	免息期内全额还款，或分期还款(还款日固定，账单分期或单笔消费分期均可，但不可重复使用)	消费支付
北银Mini循环贷	北银(消费金融公司)	同上	最低还款额还款	取现
分期乐	分期乐平台	同上	免息期内全额还款，或分期还款(还款日固定，单笔消费分期后仍可进行一次账单分期)	消费支付或取现
微粒贷	微众银行(民营互联网银行)	同上	分期还款(还款日固定，有周期性账单，但不可账单分期)	取现

以某银行为例，该银行在当地异常激烈的信贷市场中推出了一款循环额度的信贷产品，其产品特征以高额度、低利息且还款方式便捷等突出的优势在进入市场后迅速占领了市场。值得一提的是，其还款方式较为便捷，每月还息，到期还本。在额度范围内可进行多笔借款，在额度有效期内可进行多次循环借款，这样的还款流程给客户带来了很低的还款成本和较大的资金占用比例，对于部分私营业主或小企业主客群来说尤其受欢迎，往往在 3 年甚至 5 年的有效期内仅需完成一次还清本金即可。这样的还款方式和分期模式对银行贷中、贷后的风险管理能力提出了更高的要求，也为某些风险的发生埋下了伏笔，在贷款即将到期时出现了部分账户额度使用率过高且逐步进入逾期的状况，幸好银行也以快速的反应能力及时地进行风险的分析和追踪，有效地提升贷中、贷后风险预警及资金监控的能力，同时在经济下行的大背景下及时地优化产品要素，针对不同客群逐步进行还款方式和定价的区隔，保障了产品业务的平稳高质增长。

竞品调研案例：花呗

选择的竞品分析对象为京东白条与苏宁任性付，这两款产品均为消费金融行业内的重量级角色。

花呗是支付宝(现蚂蚁金服)平台在 2014 年年底推出的一项类似于信用卡业务的消费信

贷产品，申请开通后，用户将获得500～50 000元不等的消费额度，用户在消费时，可以预支蚂蚁花呗的额度，享受"先消费，后还款"的用户体验。

白条是由京东于2014年2月推出的业内首款互联网信用消费产品。为用户在京东商城提供"先消费，后付款，实时审批，随心分期"的服务。

任性付是苏宁金融于2015年推出的个人消费分期品牌，作为苏宁分期平台，依托苏宁生态圈为苏宁线上、线下全渠道会员提供消费分期服务。

一、场景定位及用户

(一)消费场景

蚂蚁花呗仅支持用户在淘宝、天猫上消费使用。京东白条一般仅能在京东商城网购，且不支持线下门店使用。任性付可以在苏宁线上、线下场景使用。①线上场景：苏宁易购App、苏宁小店App、苏宁推客App、苏宁金融App等，或者微信网页环境中也可以使用。②线下场景：苏宁易购广场、苏宁小店、苏宁红孩子、苏宁零售云店、家乐福等苏宁门店。

综合来看，任性付的使用范围相对更广，不仅局限于线上，线下指定场景也能使用。

(二)用户及申请条件

不同花呗的开通要求主要有三点：①必须是年满18周岁的中国大陆用户；②支付宝账户必须完成实名认证，并正常使用；③芝麻信用分需达到600分以上。

京东白条的开通要求也是三点：①年龄需要在18～60周岁；②需要有京东账号，并且消费满6笔；③京东账号完成实名认证。

任性付的开通要求是三款产品中最低的，主要有两点：①年龄在20～55周岁的中国大陆用户；②具备一定的经济能力，能按时还本付息。

另外，无论是花呗、白条，还是任性付，都不对在校学生开放，并且对申请人的个人征信有一定要求。蚂蚁花呗与京东白条、苏宁任性付的消费场景及用户比较如表6.5所示。

表6.5 蚂蚁花呗与京东白条、苏宁任性付的消费场景及用户比较

	蚂蚁花呗	京东白条	苏宁任性付
消费场景	淘宝、天猫、口碑等其他合作方	京东商城等(主要为自营产品)	苏宁商城
用户	针对18～65岁的大陆居民，"90后"占42.75%	主打客群中"90后"占比近55%	中低收入人群

二、产品要素

(一)产品功能定位

蚂蚁花呗、京东白条和苏宁任性付的产品功能均定位于场景的循环分期信贷。蚂蚁花呗的借款期限为3、6、9、12个月，设置了3、6、9、12四个分期。京东白条的借款期限为3～24个月，设置了3、6、12、24四个分期。苏宁任性付的借款期限为3、6、9、12个月，设置了3、6、12、24期。蚂蚁花呗与京东白条、苏宁任性付产品要素比较如表6.6所示。

(二)申请难易程度及额度区间

从申请的难易程度来看，从难到易排列分别是苏宁任性付、京东白条、蚂蚁花呗。

在申请额度上，各消费分期平台都会根据申请者的资质以及信用情况，给出授信额度区间。其中，蚂蚁花呗的额度一般为500～50 000元，具体的额度根据每个人的不同情况而定，大部分人的花呗额度是10 000元左右。如果用户的芝麻信用很高，而且经常在淘宝购

物，那花呗的额度会相对高一些。京东白条的额度范围是 1 000~15 000 元，普遍的额度在 6 000 元左右。当然，每个人最终获得的额度也是不一样的，资质好的，额度自然就会高一些。和花呗一样，任性付的额度最高也是 50 000 元，绝大多数人的额度为 5 000~10 000 元。这个额度也不是固定不变的，系统会定期检查每个人账户的使用情况，如果使用情况良好，就有可能获得提额机会。

综合对比来看，任性付、花呗的额度相对较高。

(三)免息期和分期付款期限

无论是花呗、白条还是任性付，本质类似于互联网赊账业务，与虚拟信用卡相比，赊账业务不涉及取现。这类产品的特点就是先消费，后还款，且都具有一定的免息期。

从免息期来看，京东白条的免息期最长。京东白条自带 30 天免息期，叠加信用卡 50 天免息期，京东白条最高可享有 80 天超长免息。相比较而言，花呗与任性付的免息期较短：花呗为 47 天，任性付仅有 30 天。

从分期付款期限来看，任性付最高可分 5 年还清。京东白条的分期付款期限是 2 年。花呗分期期限最短为 3 期，最长分期时间为 12 个月，也就是一年。

(四)分期利息及手续费、逾期费率

各平台的利率则根据具体期限而不同，在这里就不一一列举了。

从分期手续费来看，蚂蚁花呗分 3、6、9、12 个月，期数可选，手续费分别为 2.5%、4.5%、6.5%、8.8%。京东白条的分期手续费为 0.5%~1.2%。任性付的分期手续费为线下 1.2%~2%，线上 0.75%~0.833%。

总体来说，京东白条相对其他两个产品免息期较长，手续费也较低。

从逾期费率来看，京东白条为 0.03%/日，逾期违约成本最低。花呗和任性付的逾期费率均为 0.05%/日。

(五)还款方式

从还款方式来看，三款产品均可提前还款与自动还款。在对应的最后还款日前，用户只需保证关联账户上有充足的余额即可自动还款。但京东白条的关联账户较单一，目前仅支持银行卡；而花呗与任性付的关联账户更加多元，不仅支持银行卡，还支持各自旗下的"宝宝"类理财产品。

表 6.6 蚂蚁花呗与京东白条、苏宁任性付产品要素比较

信贷产品 设计要素	蚂蚁花呗	京东白条	苏宁任性付
产品功能定位	定位场景的分期循环信贷		
额度区间	500~50 000 元	1 000~15 000 元	最高 50 000 元，一般为 5 000~10 000 元
分期付款期限	• 借款期限为 3、6、9、12 个月； • 设置了 3、6、9、12 四个分期	• 借款期限为 3~24 个月； • 设置了 3、6、12、24 四个分期	• 借款期限为 3、6、9、12 个月； • 设置了 3、6、12、24 期

信贷产品 设计要素	蚂蚁花呗	京东白条	苏宁任性付
费率	• 3 期、6 期、9 期和 12 期的费率分别为 2.3%、4.5%、6.5%、8.8%； • 逾期违约金：0.05%/日	• 0.5%～1.2%/月； • 逾期违约金：0.03%/日	• 线下 1.2%～2%/月； • 线上 0.75%～0.833%/月； • 逾期违约金：0.05%/日
还款方式	• 蚂蚁花呗的免息期为 47 天；京东白条的免息期一般为 30 天，最长可达 80 天；苏宁任性付的免息期为 30 天。 • 均可提前还款和自动还款		

三、蚂蚁花呗与其他消费信贷产品的比较

(一)京东白条

京东白条与蚂蚁花呗在申请条件和授信基础等方面存在不同。首先，蚂蚁花呗的申请条件是，用户的芝麻信用达 600 点以上和在淘宝上的购物频率达到一定要求；京东白条的申请条件是，捆绑信用卡和在京东消费达到七次。其次，在信用额度依据上不同，蚂蚁花呗把用户的消费习惯和金额联系起来，在确定用户的使用限额时，兼顾用户的使用频率和信用评级，并对限额进行增减；京东白条则是根据消费额和信用卡绑定情况。再次，在使用范围上，京东白条只能在京东商城线上使用，还不能延伸到线下消费；蚂蚁花呗的使用范围相对较广，除在淘宝和天猫商城等电商平台上使用外，还可以用于许多传统实体店的支付结算。最后，在还款来源上，银行信用卡可以被用作京东白条的最后还款手段，而蚂蚁花呗则是不允许的。

(二)苏宁任性付

苏宁任性付与蚂蚁花呗相比有一些区别。就免息期而言，苏宁任性付提供 30 天免息(费)，某些特定商品三"零"分期(零利息、零手续费、零首付)，还开发出了 5 年的分期还款产品；蚂蚁花呗提供 41 天免息(费)。从消费范围来看，苏宁任性付支持自家各实体门店所有实物商品的支付结算，还支持苏宁易购网络商城实物商品的结算。同时，苏宁任性付还可以在其特约商户处使用。蚂蚁花呗的业务范围也扩展到许多网络电商平台，比如天猫、淘宝等，还可以用于线下传统实体店的消费。另外，蚂蚁花呗还支持海尔商城、银泰网、当当、东方购物、魅族和拉手网等外部网站。

(三)三种产品对比分析

与京东白条相比，蚂蚁花呗不具有明显的竞争优势。蚂蚁花呗的规模更加庞大，支付宝客户超 10 亿，商超有 8 000 万家。虽然京东白条在规模上无法与蚂蚁花呗相比，但从相关数据来看，在实际用户体验和服务方面京东白条要更强些。蚂蚁花呗在规模上强一些，京东白条在用户黏性上也不弱。虽然在目标用户群和服务理念上，两大电商平台存在一些差异，但京东白条注重高效率的特点，对与蚂蚁花呗有重叠的业务形成一定的冲击。这里需要说明的是，京东只有京东白条一个消费信贷产品，而阿里在消费信贷平台上有借呗和花呗两个互为补充的产品。这也决定了两家电商平台在扶持力度和产品投入上的努力程度不同，这种差异也会在未来影响两家平台可持续发展的能力。

相比苏宁任性付，蚂蚁花呗在用户规模、使用范围及信贷技术等核心问题上都更加优越。苏宁任性付在市场拓展方面存在问题，在应用场景的闭环上也显不足，品牌的劣势就此日益显现。

本 章 作 业

1. 简述消费金融产品竞品调研的波特五力模型。
2. 简述消费金融产品授信额度设计的步骤。

第7章 消费信贷信用评分

本章目标

- 掌握信用评分的内涵和特点、信用评分的基本原理，掌握信用评分和信用评级的异同。
- 掌握数据挖掘的基本流程，掌握基于数据挖掘技术的信用评分模型构建步骤。
- 熟练掌握信用评分的 Logistic 回归方法，掌握信用评分的支持向量机方法和决策树及其组合方法，掌握信用评分模型效果评估指标。

本章简介

信用评分是信贷的基础。信用评分提高了信贷的效率，节省了人力成本。通过本章的学习，读者将了解什么是信用评分，信用评分与信用评级有什么区别和联系，信用评分的基本原理；什么是数据挖掘，数据挖掘的流程，基于数据挖掘的信用评分的步骤；还将了解信用评分的传统方法有哪些，基于机器学习的信用评分方法有哪些，如何评价信用评分方法。

7.1 信用评分概述

7.1.1 信用评分的内涵与信用评分原理

1. 信用评分的概念

信用评分最早始于 20 世纪 50 年代初。信用评分最初使用统计学方法来区分"好"的贷款和"坏"的贷款，从而对贷款的信用风险进行评价。最初，信用评分的重点是，是否要给贷方发放贷款，后来，这种行为转变成了申请人评分。信用评分借助申请人评分这一项成为一个成功的评价系统。在美国《公平信用报告法》中，将信用评分(credit score)定义为："一组数值或者分类方法，源于为放贷人员设计的用来预测信贷行为未来违约可能性的统计工具或者模型体系，也可称为风险预测或风险评分。"通俗来说，信用评分是信息所有者根据其掌握的大量的关于信息主体的信用信息，运用统计和其他方法，建立信用评分模型，对信息主体的未来表现进行预测，并用分数的形式表现出来的活动。

按照评分使用所针对的目标群体，即信息主体，信用评分可分为个人信用评分和中小企业信用评分。我们通常所说是信用评分是指个人信用评分。

信用评分在我国发展迅速，短短几年时间，蚂蚁金服已经建立了一个维度极大的评分系统——芝麻信用，覆盖 3.25 亿人口。

2. 信用评分与信用评级的比较

信用评级是指信用评级机构对影响经济主体或者债务融资工具的信用风险因素进行分析，就其偿债能力和偿债意愿作出综合评价，并通过预先定义的信用等级符号来表示。

信用评级对象是指受评经济主体或者受评债务融资工具，包括：贷款，地方政府债券、金融债券、非金融企业债务融资工具、企业债券、公司债券等债券，资产支持证券等结构化融资产品，其他债务类融资产品。信用评级产品的应用具有较强的针对性，最主要的应用领域是资本市场，此外，在银行信贷、政府监管、企业经营合作中也有广泛的应用。

1) 信用评分与信用评级的共同之处

信用评级与信用评分在业务开展的目的或产品的性质上更相似，都采用一定的符号或者分数来对信息主体未来的违约风险或信用表现进行预测。两者均采用一定的技术手段。同时，从事企业信用评分的企业征信机构和信用评级在监管方面均采用备案制。而从事个人信用评分的个人征信机构以许可审批为监管方式。

2) 信用评分与信用评级的区别

从经营主体来看，信用评级业务由信用评级机构经营。信用评级机构是指依法设立，主要从事信用评级业务的社会中介机构。信用评分业务由征信机构经营。征信机构是指依法设立，主要经营征信业务的机构。征信机构分为个人征信机构和企业征信机构。

从数据来源来看，信用评分的数据主要来源于征信机构已积累数据及采集公开渠道的信息等。而信用评级的数据主要由信息主体提供，以及通过公开渠道进行收集及实地调研。

从数据处理上来看，信用评分是运用模型进行自动化处理和计算。而信用评级则综合运用定性、定量、静态、动态多种方法进行分析和评价。

从提供产品或服务来看，信用评分是提供评分分数，或把分数嵌入征信报告中。而信用评级则是提供信用评级等级和评级报告，含评级展望。评级展望是评级机构对评级对象未来信用状况走向的预判，一般可分为正面、负面、稳定、待定。

从所起的作用来看，首先，信用评分主要应用于信贷市场，用于衡量借款人的偿债能力，降低信贷风险。信用评级主要应用于资本市场，用于衡量发债主体和债项的违约风险。其次，在信贷市场上，能帮助商业银行判断客户风险，应用风险控制，降低商业信贷风险。最后，可以用于政府监管，通过信用评级报告，有助于监管者较全面地了解监管对象，助其加强分类管理和指导，如对小贷公司、融资性担保公司等实施信用评级等工作。

从服务对象来看，信用评分主要针对中小企业和个人，主要供市场主体及第三方使用，如商业银行、监管部门等，且主要用于信贷市场。信用评级的对象更广泛，除了一般借款企业外，还包括金融机构、主权国家等，主要供投资者使用，应用于资本市场；也可以用于信贷市场或供监管部门使用，但不包括个人。

3. 信用评分的原理

信用评分的基本原理是通过分析技术，由过去的资料来研发能预测未来授信客户表现的分数。其假设在授信审核时有一些已知的客户特性，会与授信客户未来是否准时还款有关系，一旦找出这些关系性，在假设未来情况会与过去相类似的情形下，就可以套用现在的资料，对未来作预测。这些假设与早期授信人员大多运用过去授信审核的经验判断授信户未来是否还款的情形相同，所不同的是现在许多资料可记录在资料库中，借助软件及算法的辅助，可以使分析更准确。特别注意的是，信用评分模型是假设未来情况会与过去相类似，但未必都是如此，且通常时间经过越久，信用评分模式预测能力越差。因此，评分模式建立完成后，会持续监控，以确保评分模式能有效运作。

7.1.2　信用评分的起源与发展

"信用"一词源于拉丁语 credo，意思是"相信"(believe)，因为借贷双方彼此信任的关系而达成交易，但借方为了降低损失，在决定借款前，会先评估借款人的风险高低，以作为是否借款的参考。而信用评分则是基于这样的概念所发展出来的风险评估工具。一般认为，Durand 在 1941 年将 Fisher(1936)提出的"线性判别分析"(discriminant analysis)应用于区别客户好坏，为信用评分应用之开端。另有一种说法是，在 20 世纪 30 年代，邮购公司(mail-order company)为了克服不同的信用分析人员对于信用决策产生不一致的情形，引进数值评分系统，而第二次世界大战发生后，因大多数人都投入战场，许多信贷公司(finance house)及邮购公司缺乏专家做信用分析工具，这些公司便要求有经验的人将评估信用的准则写出来，方便没有经验的人做贷款决策。总之，早期设计评分卡(scorecard)的统计学家最初的想法是，想仿照在申请保险时，会有一张评分卡，依据不同年龄及性别，而给予不同的费率，若是银行在办理贷款时，也能设计一张评分卡，依据贷款客户的特性给予不同的分数，作为是否授信的依据，这样既可以有效地节省核贷的时间，又能达到风险管理的目的。

在 20 世纪 50 年代，已经有人将自动化的信用决策与统计分类技术结合，开发出帮助授信决策的模式。但是，一方面当时的机构拒绝使用计算机进行决策，另一方面计算数据和评分卡的使用方法十分枯燥且复杂，所以早期的信用评分并没有得到很好的认可，直到 1956 年，工程师 Bill Fair 和数学家 Earl Isaac 在美国旧金山成立第一家信用评分咨询公司——Fair Isaac 咨询公司，即后来的著名的费埃哲公司(Fair Isaac Corporation)，简称 FICO。1958 年，FICO 为 American Investment 开发了首个评分卡，成为这项新技术的先驱。这个进步既要归功于计算机能力的提升(开发评分卡更容易)，也要归功于信用卡市场的飞速发展(新业务的违约率很高)。20 世纪 60 年代，相继出现了许多专门提供客户信用报告和信用分数的信用管理局，如美国著名的三大信用管理局(Experian、Equifax 和 TransUnion)。

20 世纪 60 年代末，信用卡的诞生使银行和其他信用卡的发卡机构认识到了信用评分的实用性。每天申请信用卡的人数之多，使得无论从经济上还是人力上都不得不对发卡决策实行自动化，计算机技术的发展提供了技术上的可能性。这些机构发现，信用评分比任何主观判断都更具预测性，不良贷款率也下降了 50%以上。直到 1975 年美国颁布《公平信贷机会法》并于 1976 年对其进行修订后，社会才完全接受了信用评分，应用也越来越广，并且从美国扩展到其他地方，从此信用分析师成了全球范围内比较紧俏的职位。

20 世纪 80 年代，信用评分在信用卡中的成功应用使银行开始将评分用于其他产品，例如个人贷款，信用评分也开始在住房抵押贷款和小企业贷款中运用(信用评分的发展是从财务、直邮、零售到信用卡，然后运用于个人贷款、房贷、小企业贷款中)，但是评分大多是通过人工审核完成的。直到 1972 年，FICO 才完成了信用评分的自动化。

20 世纪 90 年代，信用评分开始用于市场营销，直销的发展使得企业开始利用信用评分以提高广告战中的响应率。事实上，信用评分在直销中的应用最早始于 20 世纪 50 年代，Sears 公司利用评分确定向哪些客户邮寄产品目录。

早期的信用评分建模方法主要是判别分析法和线性模型法。20 世纪 80 年代，随着计算机计算能力的提升和统计软件的升级，评分卡开发者们开始尝试其他方法。逻辑回归和线性规划是现今最常用的算法。一些数据挖掘技术(如神经网络、支持向量机、随机森林)开始使用。信用评分应用到更多的领域，包括客户保留、损耗、催收和保险等。

1981 年费埃哲公司首次研发了 FICO 征信局风险评分，并在住房抵押贷款以及小微企业贷款等先前信用评分技术表现平平的领域取得了意想不到的良好表现。1987 年美国环联公司率先在联机、实时提供的信用报告中嵌入信用历史评分产品。1991 年 FICO 评分开始在三大征信机构得到普遍应用(从开发出 FICO 征信局风险评分到三大征信机构应用花了 9 年的时间)。

从信用评分的诞生到大规模应用，美国用了将近 30 年的时间。信用评分和美国经济与金融的发展互为促进。促使信用评分成功的一个重要原因是利用全局数据的征信局信用评分的效果远比金融机构内部利用局部数据的信用评分好得多。费埃哲公司在信用评分发展的过程中功不可没。信用评分也在不断地发展，费埃哲公司受到了三大个人征信机构和其他数据挖掘公司的挑战。

在过去 10 多年中，全球信用评分市场领域得到更加蓬勃的发展，出现了许多信用评分公司和信用管理局，同时也极大地提高了银行对用户进行信用评估的准确性、有效性和一致性。信用评分的目的已从最初的评估违约风险，逐步扩大到评估响应(某客户对直接邮寄的新产品作出反应的可能性有多大)、使用(某客户使用新产品的可能性有多大)、保持(某客户在产品推广期结束后继续使用该产品的可能性有多大)、流失(该客户会转向其他放贷机构吗)、负债管理(如果该客户出现逾期还款，各种措施在多大程度上可以防止违约)，以及欺诈评分(某借款申请在多大程度上是欺诈)。

7.1.3　信用评分技术的优势

信用评分技术与传统的人工信贷审批相比，具有更加高效、便捷等优势。无论银行规模是大还是小，无论地区经济是发达还是落后，突破地域限制的信用评分技术都可以使银行或金融机构能更高效和准确地进行贷款授信和发放，扩展了信贷客户的群体，提升了个人或中小企业贷款的可获得性。具体而言，信用评分技术有如下几个特点。

1. 提升信贷审批的效率，节约人力成本

信用评分技术被普遍应用到零售信贷业务(即个人客户或中小型企业客户信贷业务)，这类信贷业务的最大特点就是单笔业务金额小，人力成本高，但业务量却非常庞大。利用信用评分技术能够大大缩短每笔业务的审批时间。信贷人员不再需要撰写复杂的申报材料和调查报告，只需要录入信贷申请客户的相关资料到信用评分系统，系统就会自动计算出客户的信用评分，并自动给出通过、拒绝或人工干预的审批结果。应用信用评分技术后，通常能减少 50%～80%的人工审批工作量，从而实现了节约人力成本的目的，同时也提高了审批效率。

2. 提高信贷审批的客观性

传统的人工审批最大的缺点就是主观性太强，审批人员的个人风险偏好、情绪和主观

感受等都会对信贷申请能否通过产生决定性影响。而无论是基于专家经验的还是数据驱动的信用评分技术，其选择的变量、权重和评分标准都是进行了统一量纲的量化计算，对于同一个客户或者评分卡要素信息录入相同的客户，无论哪个审批人员都能得到一致的结果，从而避免了人为主观因素的影响，降低了人工审批的不一致性，保证了信贷审批标准的客观性、一致性，使风险特征相近的信贷申请能够得到相似的审批结果、授信额度和贷款利率等。

3. 有效地控制了信贷风险

虽然信用评分技术并不一定能降低违约概率，但通过临界值的选择能够达到有效控制风险水平的目的。银行和金融机构的经营策略和风险偏好决定了其风险水平：若其属于风险厌恶型，通常会以降低风险水平为主要经营策略和目标，则可以通过设置较高的自动通过和自动拒绝临界值，提高贷款审批标准，减少自动审批通过量，增加自动拒绝的信贷申请量，实现降低违约风险的目标；若其属于风险偏好型，通常会以扩大业务规模为主要经营策略和目标，则可以通过设置较低的临界值水平，增加自动审批通过量，减少自动拒绝的贷款申请量，扩大信贷发放的规模和数量。信用评分技术的应用又能大幅降低需要进行人工干预的量，使得信贷审批人员能投入很多的时间和精力以专注于需要进行人工审核的信贷申请上，从而也能达到控制信贷风险的目的。临界值水平通常都是一个需要持续动态调整的值，需要在业务的具体实践中不断地探索和尝试。

7.1.4 信用评分的应用领域

信用评分的应用比较广泛，其中，在信贷领域主要是对贷款申请人进行资格评估，从而辅助授信机构作出授信决策，或对已有客户的信用状况和预期利润进行预测，以便做好风险防范和客户管理。除此之外，信用评分还可以应用到其他相关风险领域(如保险领域)，甚至是宏观经济领域以及商业消费场景。

1. 传统信贷领域的应用

信用评分在传统信贷领域应用的基本功能是信贷审批和信贷风险定价，涵盖了信用卡生命周期管理、住房抵押贷款、汽车贷款和消费信贷。放贷者利用信用评分来决定是否授信，决定提供多少信用额度，用什么条款。例如，美国的房利美和房地美利用信用评分启动了自动化的信贷审批系统，使得信贷管理人员将房地产抵押贷款审批流程化。信用评分还可以帮助放贷者实现风险定价。当放贷者利用风险定价进行决策时，其提供给信用历史记录差的消费者的信贷条款就会比较苛刻。这种风险定价机制让一些信用记录比较差的消费者获得贷款的成本比信用记录好的消费者要高。

我们通常所接触到的评分大多用于信贷审批，即申请评分卡(A卡，application scorecard)。同时，业内常用的还有B卡(behavior scorecard)和C卡(collection scorecard)，分别用于贷后管理及催收管理。A卡使用最广泛，用于贷前审批阶段对借款申请人的量化评估；B卡的主要任务是通过借款人的还款及交易行为，结合其他维度的数据预测借款人未来的还款能力和意愿；C卡则是在借款人当前还款状态为逾期的情况下，预测未来该笔贷款变为坏账的概率，由此衍生出滚动率、还款率、失联率等细分的模型。不同的评分卡，对数据的要求和所应用的建模方法会不一样。A卡、B卡、C卡的区别总结如下。①使用的时间不同。A卡、B卡、C卡分别侧重贷前、贷中、贷后。②数据要求不同。A卡一般可做贷款0～1年的信用分析；B卡则是在申请人有了一定行为后，有了较大数据进行的分析，一般为3～5年；C卡则对数据要求更大，需加入催收后客户反应等属性数据。③每种评分卡的模型会不一样。在A卡中常用的有逻辑回归、AHP等，而在后面两种卡中，常使用多因素逻辑回归，精度等方面更好。

2. 传统信贷领域的延伸应用

信用评分的目的也从最初的评估违约风险，逐步扩大到评估响应(某客户对直接邮寄的新产品租出反映的可能性有多大)、使用(某客户使用新产品的可能性有多大)、保持(某客户在产品推广期结束后继续使用该产品的可能性有多大)、流失(该客户会转向其他放贷机构)、负债管理(如果该客户出现逾期还款，各种措施在多大程度上可以防止违约)，以及欺诈评分(某借款申请在多大程度上是欺诈)。

3. 保险领域的应用

信用评分也常常用于汽车保险和居民保险过程中的定价。从1990年开始，个人征信机构开始开发特定的保险评分，帮助保险公司来评价潜在顾客的保险风险。研究表明，通过使用这种保险评分，大部分消费者可以降低保费，信用评分高的消费者索赔的次数往往比较少。

7.2　数据挖掘与信用评分

7.2.1　数据挖掘

1. 数据挖掘简介

数据挖掘是指在大型的数据库中对有价值的信息知识进行获取，属于一种先进的数据信息处理模式。更具体地说，数据本身可能是杂乱无章、无意义且数量庞大的，数据挖掘就是要在这些看似没有规律、无价值的数据中找出有规律和价值的知识的过程，其目标是建立一个决策模型，根据过去的行动数据来预测未来的行为。

数据挖掘利用了来自统计学中的抽样、估计和假设检验方法，以及人工智能、模式识别和机器学习领域中的思想。作为一门交叉学科，数据挖掘也吸收了其他学科的思想方法，这些方法中有最优化、进化计算、信息论、信号处理、可视化等。数据挖掘的方法有两种：一种是分类分析，寻找数据之间的依赖关系，并且进行预判断输出离散类别；另一种是聚类，首先要对数据进行简单分类，将精华部分进行合并，最终实现对象之间可以产生联系且归在同一类。

2. 金融数据挖掘的主要方法

数据挖掘用于个人信用评分的常用方法包括分类、回归、聚类、关联规则、神经网络方法、Web数据挖掘等，这些方法从不同的角度对数据进行挖掘。下面对一些常用的数据挖掘算法进行介绍。

(1) 决策树方法。利用树形结构来表示决策集合，这些决策集合通过对数据集的分类产生规则。国际上最有影响和最早的决策树方法是 ID3 方法，后来又发展了其他的决策树方法。

(2) 规则归纳方法。通过统计方法归纳，提取有价值的 if-then 规则。规则归纳技术在数据挖掘中被广泛使用，其中以关联规则挖掘的研究开展得较为积极和深入。

(3) 神经网络方法。从结构上模拟生物神经网络，以模型和学习规则为基础，建立三种神经网络模型：前馈式网络、反馈式网络和自组织网络。这种方法通过训练来学习的非线性预测模型，可以完成分类、聚类和特征挖掘等多种数据挖掘任务。

(4) 遗传算法。模拟生物进化过程的算法，由繁殖(选择)、交叉(重组)、变异(突变)三个基本算子组成。为了应用遗传算法，需要将数据挖掘任务表达为一种搜索问题，从而发挥遗传法的优化搜索能力。

(5) 粗糙集(rough set)方法。Rough 集理论是由波兰数学家帕夫拉克(Pawlak)在 20 世纪 80 年代初提出的一种处理模糊和不精确性问题的新型数学工具。它特别适合于数据简化，数据相关性的发现、发现数据意义、发现数据的相似或差别、发现数据模式和数据的近似分类等，近年来已被成功地应用在数据挖掘和知识发现研究领域中。

(6) *K*-最邻近技术。这种技术通过 *K* 个最相近的历史记录的组合来辨别新的记录。这种技术可以作为聚类和偏差分析等挖掘任务。

(7) 可视化技术。将信息模式、数据的关联或趋势等以直观的图形方式表示，决策者可以通过可视化技术交互地分析数据关系。可视化数据分析技术拓宽了传统的图表功能，使用户对数据的剖析更清楚。

不难发现，数据挖掘使用的主要技术都是成功应用于信用评分的技术。数据挖掘的基础技术是数据汇总、变量剔除、分类观察，以及预测和解释，在数据汇总时，使用了标准的描述性统计概念，例如频率、平均值、方差、交叉表格等。信用评分中使用的方法也成功应用于其他数据挖掘的应用领域。将客户分成可以用不同方式观察的小组，或购买不同产品的小组，是数据挖掘的另一个方法。信用评分也根据客户不同的行为将客户分成不同的小组，并为每个小组制作不同的评分卡。

数据挖掘实际上使用的是信用评分的技术和方法，而这些技术和方法的应用领域要广泛得多。

7.2.2　基于数据挖掘的信用评分模型构建步骤

利用数据挖掘技术构建信用评分模型一般可以分为 10 个步骤，分别是商业目标确定、数据源识别、数据收集、数据筛选、数据质量检测、数据转换、数据挖掘、结果解释、应用建议和结果应用。

1. 商业目标确定

明确数据挖掘的目的或目标是成功完成任何数据挖掘项目的关键。例如，确定项目的目的是构建消费金融的信用评分模型。

2. 数据源识别

在给定数据挖掘商业目标的情况下，下一个步骤是寻找可以解决和回答商业问题的数据。构建信用评分模型所需要的是关于客户的大量信息，应该尽量收集全面的信息。所需要的数据可能是业务数据，可能是数据库/数据仓库中存储的数据，也可能是外部数据。如果没有所需的数据，那么数据收集就是下一个必需的步骤。

3. 数据收集

如果银行内部不能满足构建模型所需的数据，就需要从外部收集，主要是从专门收集人口统计数据、消费者信用历史数据、地理变量、商业特征和人口普查数据的企业购买得到。

4. 数据筛选

对收集的数据进行筛选，为挖掘工作准备数据。在实际项目中，由于受到计算处理能力和项目期限的限制，在挖掘项目中想用到所有数据是不可能实现的，因此，数据筛选是必不可少的。数据筛选考虑的因素包括数据样本的大小和质量。

5. 数据质量检测

一旦数据被筛选出来，下一步就是数据质量检测和数据整合。其目的是提高筛选出来的数据质量。如果质量太低，就需要重新进行数据筛选。数据质量检测主要可以分为如下三个阶段。

1) 数据质量分析

为了保证数据的质量能够满足数据挖掘的需要，就需要对数据的质量进行分析，得出各种统计值，包括不同指标的最大值、最小值、均值、中值、方差、缺失值、异常值、分位数等，通过对每个指标统计值的观察，判断该指标是否可以在数据挖掘的过程中使用。

2) 数据清洗

由于实际数据中存在许多噪声、异常值、缺失值，需要对数据进行清洗。清洗的原则主要是删除一些在实际意义上异常、相互矛盾、有缺失值的数据。

3) 数据的分组

在数据的分组中，主要涉及两个问题。一个是用于建立模型的数据量要依据具体问题、选用方法、目标变量的不同而不同，要满足最基本的数量要求，并且检验模型的数据也应达到一定数量。另一个是目标变量各类别样本的比例应比较平衡，通常来说，各类别的数据量应一致，特殊情况下，可以根据实际情况进行调整。

6. 数据转换

在选择并检测了挖掘需要的数据、格式或变量后，在许多情况下数据转换非常有必要。数据挖掘项目中的特殊转换方法取决于数据挖掘类型和数据挖掘工具。一旦数据转换完成，即可开始挖掘工作。

7. 数据挖掘

1) 需求分析

需求分析就是对数据挖掘的目标进行清晰的界定，明确问题是什么，解决的答案该是什么形式，对应成数据挖掘中分类、预测、聚类等具体问题，以便进行下一步的操作。值得注意的是，这一步非常关键，是整个数据挖掘的核心步骤之一。数据挖掘最常犯的错误就是没有界定清楚问题就进行挖掘，导致挖掘的结果不能满足需求。需求分析一定要由应用部门与技术人员进行充分的沟通，使技术人员明白需求部门的要求到底是什么，技术人员也要就数据挖掘的局限、不足、能达到的效果进行说明，避免使用模糊的、不确定性的评价词语来描述需求，以便技术人员采用合适的方法来满足应用部门的需求。

2)　设计变量

在明确需求并确定了问题性质的基础上，就要基于这一问题设计相应的变量。在设计变量的过程中，要结合数据的情况，以全面准确地反映问题的实质，并可操作，如分类问题是多分类还是二元分类，是通过连续值分类还是直接分类。不同的变量设计对问题的解决有着非常重要的影响，直接导致结果的显著性和可操作性。除了描述问题的变量，还需要考虑属性变量，由于原始变量相互之间通常会存在一定的相互关系，甚至不同的变量在实质上是对同一个信息产生不同角度的数据。直接利用其构建模型，结果可能会不显著，效果可能会不稳定。因此通常会对原始变量进行一定的处理，得到新的衍生变量，衍生变量的预测力通常比原始变量更强。另外，选择合适的属性变量也要结合具体问题的性质和拟选用的方法本身来考虑。比如同样的分类问题，决策树模型采用离散变量更合适，而回归模型采用连续变量更合适。

3)　建立模型

在选定变量之后下一步就是建立模型。数据挖掘中建立模型的方法有很多种，不同的方法都有其优势和不足，在建立模型的过程中需要技术人员对这些方法的优势和不足有清醒的认识，结合具体的问题选择合适的方法。建立模型是一个复杂的过程，是整个数据挖掘的核心。整个过程可能需要多次尝试才能建立合适有效的模型，在这一过程中变量的选择、模型的调整、精确性和可靠性的取舍，在很大程度上依靠技术人员的经验。

4)　模型检验

建立模型之后就要对模型进行检验，以验证模型的准确性和可靠性。检验的数据通常来讲应该是未参加建模的数据，以更好地考察模型的效果。考察模型的效果有很多指标，不同的指标考察模型的不同方面，这时就需要结合具体问题选择更侧重哪些指标。

建立好逻辑回归模型之后，需要用评分卡模型将逻辑回归模型得出的信用主体违约概率转换为分值，有助于金融机构更好地量化和管理信用风险，以便更客观地作出信贷决策。

8. 结果解释

数据挖掘模型构建完成之后，就需要对模型是否合理进行分析，争取在理论上和逻辑上能够对模型结果进行解释，尤其是要与具体业务部门进行沟通，分析模型与实际是否符合，能否进行操作。

9. 应用建议

在应用中，要注意现实的发展变化，保持对模型合理的修正频率，遇有突发情况，要对模型进行压力测试，或使用极端数据进行检测，保证模型的可靠性。数据挖掘的关键问题是，如何把分析结果(即信用评分模型)转化为商业利润。

10. 结果应用

通过数据挖掘技术构建的信用评分模型，有助于银行决策层了解整体风险分布情况，为风险管理提供基础。当然，其最直接的应用就是将信用评分模型反馈到银行的业务操作系统，指导零售信贷业务操作。

信用评分模型的构建步骤如图 7.1 所示。

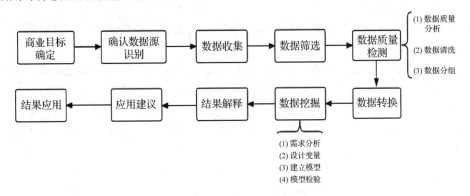

图 7.1　信用评分模型的构建步骤

7.2.3　客户数据的基本类型

在银行对企业或个人的信用评估信息中，客户的信息被分为软信息和硬信息两类保存在金融机构的客户信息资料中。软信息是指因为不能通过正式的统一标准的方式采集和处理的用户信息，导致没有办法通过书面的形式将客户信息传递给金融机构。在金融信用系统中软信息是指的是客户的非财务信息，比如年龄、工作、家庭情况等个人信息。硬信息是指一些可以通过标准化的方法进行收集的信息，主要包括一些客户工资账单、担保贷款、家庭收入等财务信息。

1. 客户硬信息

硬信息主要包括客户的工资流水、当前负债资金、消费流水、家庭收支情况等个人财务和个人交易有关的信息。

(1) 工资流水。客户的工资流水可以直接反映当前用户的收支情况，收入高能够保证客户有较稳定的还款来源，有利于降低客户的违约风险。

(2) 当前负债情况。当前负债情况在一般情况下是和客户的还款风险成负相关的，即用户负债率越高，客户还款的难度就越大，违约风险也就较高。一般情况下，高负债的客户是不能给予放款审批的，无负债和低负债的用户往往是信贷交易的目标人群。

(3) 消费流水。客户的消费流水明细能够显示客户本身和家庭的消费情况，通过分析家庭消费情况，可以捕捉客户财务上的异常变动。比如，家庭消费某几个月突然降低可能说明财务情况有问题，需要重点关注该客户的交易情况有没有出现异常，金融机构可以根据客户财务状况有针对性地进行业务调整去降低交易风险。

(4) 家庭收支情况。个人的风险评估也受其家庭收支情况的影响，客户的收入较低、年龄较小、工作不稳定等特征会降低个人的信用评估，但如果其家庭收入较高，家庭消费处于较高且稳定的水平，表明其家庭有为其承担财务风险的能力，相应地其信用可以得到较高的评分。

2. 客户软信息

客户的软信息可分为客户基本信息和客户经营信息两类。

1) 客户的基本信息

客户的基本信息主要包括客户的年龄、性别、有无子女、住房情况、教育水平、家庭情况、工作稳定性等方面。

(1) 客户年龄。一般情况下，客户的年龄特征是信用评估的重要衡量标准，客户年龄较小的话可能会没有固定收入或收入不稳定；年龄较大的话偿还能力也有限，且个人健康风险较高，存在无力偿还欠款或不愿偿还的风险，交易风险也比较高。年龄问题与客户的健康状况、社会经验、工资水平都有较大的关系，所以年龄是信用评估中一个不可忽略的问题。

(2) 客户学历。客户的受教育水平也是一个很重要的衡量标准，学历高的人往往工作职位好，工资高，同时学历高意味着客户有较高的素养和认知水平，会比较在意自己的信誉评价，有较低的违约风险。因此，我们可以根据客户的学历大概推测客户的违约风险和还款意愿。

(3) 有无子女。有无子女可能决定客户的还款意愿和积极性，如果有孩子的话，产生征信问题可能会影响孩子的上学问题，用户会很在意自己的征信问题，这种情况下客户很少会产生违约。

(4) 住房情况。客户当前的住房情况能够反映客户当前的经济状态，如果当前是租房住且没有自己住宅的情况下，客户的违约风险可能较高；相应地，如果在有住宅的情况下，客户的违约风险相对较低。同时客户的房产价值也能够反映客户当前的经济情况，可以作为衡量客户违约的重要指标。

(5) 工作情况。客户的工作情况可以划分为是否工作，工作单位按照单位属性可以分为国家事业单位、国有企业、私有企业、外资企业；按照企业大小可分为大型企业、中型企业、小微企业。可以根据用户的工作情况进行信用评估，比如没工作表明没有收入来源，产生信用违约的概率就比较高。工作单位的性质和单位的大小往往会与违约风险相关，工作单位稳定且是政府机关，客户违约率就比较低；小型私人企业可能工作稳定性就较差，需要综合考虑是否放贷。

2) 客户经营信息

客户经营信息主要包括客户的经营能力、当前经营公司数量、经营公司的发展前景等。

(1) 客户的经营能力。经营能力不仅体现在客户经营上的经验和经营的盈利情况，还需要关注客户自身的学历背景、行业的往期发展情况和经营者自身经营能力的相关性。客户经营的风险不仅依靠客户的经营能力和经营上的经验，还可能来自行业的发展动态，因此，关注经营者的经营能力，有利于对客户以后的经济风险进行预测。

(2) 当前经营公司数量。客户当前经营公司的数量也在一定程度上反映了客户的经营能力和财产情况，同时需要关注各个公司的收支情况和公司发展前景，通过公司数量和公司经营情况综合反映客户的未来违约风险。

(3) 经营公司的发展前景。通过调查经营公司的主要领域判断客户的发展前景，比如从事钢铁、纺织等传统型产业的客户公司状况就比较稳定，从事金融投资类的客户公司稳定性较差，风险相对较高，客户的未来发展前景不太明确。

信用评分模型的数据来源包括信用局数据、行业共享数据和消费信贷机构内部数据。

7.2.4　数据挖掘的流程

数据挖掘通常包括数据探索性分析、数据预处理、数据特征选择、模型选择和评价。

模型的选择和评价就是通过尝试不同模型算法，以其模型的结果来选择最优模型，分别在本章第三节和第四节介绍。下面介绍数据的探索性分析、数据的预处理和数据的特征处理。

1. 探索性分析

探索性分析(exploratory data analysis)目的是通过对原始数据进行结构性分析，使用图文和统计分析方法对样本数据进行获取分析，通过发掘特征之间的关联关系，从而了解数据的实际分布情况，通过文字、图表等形式对数据进行可视化操作，帮助其更好地发现数据间隐藏的关系，为后期的数据清洗、模型构建提供前期支持。

2. 数据的预处理

个人信用数据的来源相对较复杂，不仅包括银行的记录，还包括政府部门和其他金融机构的信用数据，因此，个人信用数据中常存在缺失、异常、冗余数据。为了减少信用数据中的噪声数据给信用评估机构和评估人员在为消费者信用状况评估时带来的困难，同时为了满足计算的要求和保证实验结果的有效性，在建立模型前需要对实验数据进行预处理。

数据预处理主要包括数据缺失值处理以及异常值处理。

1)　缺失值处理

缺失值是指原始数据中由于缺少部分数据信息，从而造成的数据聚类、分组、截断等情况。它表示的是在当前数据集中某一特征或是某些特征的部分值是有缺失的。实际中数据有缺失是不可避免的，造成数据缺失的原因主要有两点：一是人为原因，二是机械原因。

(1)　人为原因。人为原因是指因为人为因素而导致的数据缺失，包括由于人的主观性造成的失误、历史某些方面的局限、人为的刻意隐瞒等。比如，在进行一些访问调查时受访者不想回答某些问题，或部分受访者的回答是没有意义的，在数据录入阶段由于录入人员粗心遗漏某些数据，等等。

(2)　机械原因。机械原因是指在数据搜集的阶段或存储阶段，由于一些非人为因素而造成的数据不完整。比如，存储工具破损，外因导致存储设备某段时间故障，从而使这段时间的数据缺失。

数据缺失一直是一个棘手的问题，因为数据缺失就意味着信息不完整，有缺失的数据可能会导致无法完成接下来的工作，比如有些数据挖掘的算法对有缺失的数据是不兼容的。因此，处理缺失值是十分必要的，并且缺失值处理的效果也会直接影响模型解释力。

缺失值处理的方法有三种：删除、插补和不处理。

(1)　删除法。删除缺失值往往是最有效和最方便的办法，但该方法以删除数据来保证数据的完整，意味着会丢失部分隐藏在数据中的信息，所以仅在以下两种情况下使用该方法：一是当某一特征包含缺失值比率较大时直接删除该特征；二是当含有缺失值的样本占比较小时直接删除样本。

(2) 插补法。可以选择用中位数、分位数、均值和众数插补，但是这种插补无异于人为地添加噪声，效果一般。也可以利用其他变量做预测模型来填补缺失值，这种插补要优于第一种方法。但是该方法存在本质上的缺陷，如果待插补的变量与其他变量无关，那么预测的结果毫无意义，如果预测的结果非常准确，又说明该变量没有必要加入模型。

(3) 不处理。把缺失值作为单独的类型，如果变量的属性是离散的，可以直接将缺失值作为一个新类型加入；如果变量是连续的，可以将连续变量分箱，将缺失值作为新类别。

第三种方法是最精确的方法，既保证了数据的完整性，又保留了原始数据的全部信息。

2) 异常值处理

针对异常值，一般有如下三种方法：一是用合理区间的端点数据来替换异常数据；二是异常值是连续型变量的可以使用分位数等来替代；三是直接删除整行和/或列。

3. 数据的特征处理

特征处理包括数据分箱、WOE 计算、IV 计算、特征选择。

1) 数据分箱

数据分箱(也称为离散分箱或分段)是数据预处理技术的一种，它可以减少次要观察误差的影响，是一种将多个连续值分组为较少数量的"分箱"的方法。一般地，在构建分类模型时，可以对连续型变量作离散处理，特征离散化后，模型会更稳定，降低了模型过拟合的风险。

分箱的方法可分为有监督分箱和无监督分箱。其中常用的有等距分箱、等深分箱、最优化分箱、卡方分箱。

2) WOE 计算

WOE (weight of evidence)就是证据权重，是对分箱后的每个分组进行计算的。即要对一个变量进行 WOE 编码，则首先要把这个变量作分箱处理或是离散化处理。分组后，对于第 i 组，WOE 的计算公式如下：

$$\text{WOE}_i = \ln\left(\frac{p_{y_i}}{p_{y_0}}\right) = \ln\left(\frac{\dfrac{B_i}{B}}{\dfrac{G_i}{G}}\right) = \ln\left(\frac{\dfrac{B_i}{G_i}}{\dfrac{B}{G}}\right) \tag{7.1}$$

其中：p_{y_i} 为坏样本占所有坏样本的比例；p_{y_0} 为好样本占所有好样本的比例；B 为坏样本总数；B_i 为变量 i 对应的坏样本个数；G 为好样本总数；G_i 为变量 i 对应的好样本个数。

WOE 表示的实际上是"当前分组中坏样本占所有坏样本的比例"和"当前分组中好样本占所有坏样本的比例"的差异。公式进行转化以后，也可以理解为：当前这个组中坏样本和好样本的比值和所有样本中坏样本和好样本比值的差异。这个差异为这两个比值的比值，再取对数来表示的。WOE 越大，这种差异越大，这个分组里的坏样本可能性就越大；WOE 越小，差异越小，这个分组里的坏样本可能性就越小。

WOE 转化优势：可以增强模型的泛化能力，提高模型的可解释性。① 标准化功能。WOE 编码之后，自变量其实具备了某种标准化的性质。也就是说，自变量内部的各个取值之间就可以直接进行比较，相当于是 WOE 之间的比较。而不同自变量之间的各种取值也可以通过 WOE 进行直接比较。②异常值处理。通过 WOE 的转化，一些异常值的变量可以变为非异常值。③WOE 与违约概率具有某种线性关系。通过这种 WOE 编码可以发现自变量与目标变量之间的非线性关系(例如 U 形或倒 U 形关系)，提升预测效果。

3)　IV 计算

IV(information value)主要用于对输入变量进行编码和预测能力评估，是某一个变量的信息量。单个分组 IV 的计算公式为

$$\mathrm{IV}_i = (p_{y_1} - p_{y_0}) \times \mathrm{WOE}_i \tag{7.2}$$

计算了一个变量各个组的 IV 之后，就可以计算整个变量的 IV。

$$\mathrm{IV} = \sum_{i=1}^{n} \mathrm{IV}_i \tag{7.3}$$

从公式来看，可以看成是 WOE 值的一个加权求和，IV 的大小代表了自变量对因变量的贡献程度。在模型建立的过程中，W 值主要用来选择特征，W 越大，该变量对判断样本属于好或是坏的贡献就越大，即 W 值可以用来代表一个变量的预测能力。IV 值预测能力对应表如表 7.1 所示。

表 7.1　IV 预测能力对应表

IV	预测能力
<0.03	无预测能力
0.03～0.09	低
0.1～0.29	中
0.3～0.49	高
≥0.5	极高

4)　特征选择

特征选择也称为特征子集选择或属性选择，是一个搜索寻优过程，主要思想是从问题域中识别或挑选出有效的最优特征子集，同时最大限度地保持原始特征的结构，以此来减少特征空间维数的过程。特征选择过程是一个可以降低特征维数，而不会降低算法相关性能的决策过程。完整的特征选择过程包括生成特征子集、评价特征子集、搜索终止条件和结果验证。图 7.2 是特征选择的完整过程。常见的特征选择方法有三种，分别为过滤式(filter)、包裹式(wrapper)和嵌入式(embedded)。

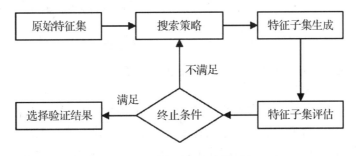

图 7.2　特征选择的完整过程

(1)　过滤式。过滤式方法首先利用特征选择数据集，然后对学习器进行相应的训练。值得注意的是，特征选择不与后续中的学习器产生关联，即初始特征只进行"过滤"，模型通过特征过滤后再进行训练。常见的过滤方法有：①移除方差较小的特征；②利用特征

和输出之间的相关系数进行排序，将相关系数较小的特征剔除；③利用假设检验；④利用特征和输出之间的相互信息，通过比较相互信息的大小来进行特征选择。该方法的原理如图 7.3 所示。

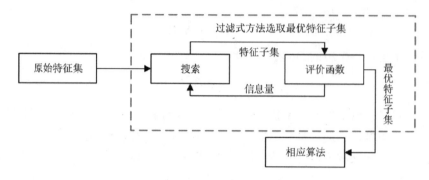

图 7.3　过滤式方法的工作原理

过滤式方法对于噪声特征不敏感，在搜索过程中能缩小最优特征子集的范围，因此该方法具有时间开销小、泛化能力强且独立于分类器的优点。但是其也存在不足：对挑选出的最小特征子集，其不能保证是最优的，以及该方法容易忽略特征之间的关联性，进而使分类器的分类性能降低。

(2) 包裹式。包裹式方法是指在训练学习器过程中，不断从初始特征集合中选取特征，依据模型表现来判定所选特征子集的优劣。如果以最终学习器的性能来判断，包裹式比过滤式更好，可是由于多次训练学习器是包裹式特征所必须经历的过程，所以包裹式特征选择不如过滤式特征选择经济。该方法的原理如图 7.4 所示。

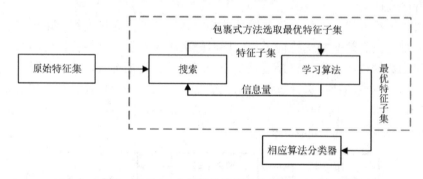

图 7.4　包裹式方法的工作原理

包裹式方法与过滤式方法相比，在分类能力上具有更好的效果，但是，它需要更多的时间花销，具有更高的时间复杂度。

(3) 嵌入式。嵌入式方法是指在学习器的训练过程中，特征选择也在同时进行，两者互相结合，共同优化。常见的嵌入式方法有 L1 和 L2 正则化方法。正则化系数越大，参数系数会逐渐趋于零，并使得最终模型越简单，在此过程中，系数先为零的特征被优先剔除。

嵌入式方法与过滤式方法相比，具有更低的计算复杂度；与包裹式方法相比，由于其特征选择过程依赖学习器，所以较好地考虑了分类器之间的相互作用。

7.3　信用评分方法

7.3.1　传统信用评分方法

　　传统信用评分的基本思想是比较借款人信用历史资料与数据库中的全体借款人的信用习惯，检查借款人的发展趋势与经常违约、随意透支甚至没有偿债能力等各种陷入财务困难的借款人的发展趋势是否相似。

　　传统信用评分的基本算法是运用一些简单的参数统计分析方法(如经典判别分析法、Logistic 回归模型等)对一些强金融属性、弱金融属性以及关联金融属性数据进行建模，最终实现借款人违约概率的排序和评分等级。传统信用评分主要从以下几个方面考察用户的信贷资质，主要有信贷组合、争取新贷款、信贷市场、付款历史、未偿债务等。传统的信用评分方法经过数十年的沉淀与发展，技术相对成熟稳定。

1. 经典判别分析法

　　经典判别分析法是运用于个人信用评价比较早的一类方法，它包含在分类预测的范畴中，主要原理是根据总体信用数据的特征将客户进行分类并形成若干母体，由此来对新的客户进行划分，用判别函数判别新客户属于哪一母体。

　　在分类问题中，假设因变量一共有 K 个类别，那么就可以假定某客户属于第 k 类的(先验)概率为 π_k，而 $\sum_{K=1}^{K} \pi_k = 1$，用 $f_k(x)$ 表示分布密度函数，则 x 属于第 k 类的后验概率为

$$P(G = k \mid x) = \frac{f_k(x)\pi_k}{\sum_{m-1}^{K} f_m(x)\pi_m} \tag{7.4}$$

经典判别分析的密度函数为

$$f_k(x) = \frac{1}{(2\pi)^{p/2} \mid \sum k \mid^{1/2}} \exp\left\{ -\frac{1}{2}(x - \mu_k)^T \sum_{K}^{-1} (x - \mu_k) \right\} \tag{7.5}$$

对于线性判别，还假定 $\sum k = \sum \forall k$，在这个假定下，最优分类为

$$\hat{G}(x) = \mathrm{argmax}[f_k(x)\pi_k]$$

由此得到：

$$\hat{G}(x) = \mathrm{argmax}\left[x^T \sum{}^{-1} \mu_k - \frac{1}{2} \sum{}^{-1} \mu_k + \ln(\pi_k) \right] \tag{7.6}$$

　　在求解过程中，判别分析要求密度函数服从正态分布，但在实际应用中很难满足这个基本假设前提，因而在实际运用中会受到限制。

2. Logistic 回归模型

　　Logistic 回归模型研究的是多个自变量对离散型因变量的影响，特别适合研究因变量是二分类的事件(包括"好"客户/"坏"客户、逾期/未逾期事件、失败/成功事件等)。由于其具有容易理解、计算简单、非黑箱操作而且能与概率相结合等优点，Logistic 回归模型成为

构建信用评分模型最常用的方法。

假设有一组客户，$X=(X_1,X_2,\cdots,X_k)$ 是客户的特征变量，y_i 为因变量，当 y_i 等于 1 时表示"好"客户，y_i 等于 0 时表示"坏"客户。假设客户为"好"客户的概率与特征变量之间存在线性关系，即

$$p = \beta_0 + \beta_1 X_1 + \beta_2 X_2 + \cdots + \beta_k X_k = \beta X^T \tag{7.7}$$

其中：$\beta = (\beta_0,\beta_1,\beta_2,\cdots,\beta_k)$ 为回归系数；$X^T = (1, X_1, X_2, \cdots, X_k)$。利用样本数据和最小二乘法即可得到上式的参数估计，如要确定新客户为"好"客户的概率，可将"好"客户的特征变量带入公式(7.7)来计算。线性方程(7.7)右边取值范围为 $-\infty$ 到 $+\infty$，但是方程左边为概率，取值范围在(0,1)，导致在实际计算中会出现概率大于 1 或者小于 0 的情况，Logistic回归应运而生。Logistic 回归将线性回归方程左边的概率换成概率比的自然对数，如下：

$$\ln \frac{p_i}{1 - p_i} = \beta_0 + \beta_1 X_1 + \beta_2 X_2 + \cdots + \beta_k X_k \tag{7.8}$$

其中：p_i 为第 i 个客户为"好"客户的概率；$1 - p_i$ 为第 i 个客户为"坏"客户的概率。"好"客户概率与"坏"客户概率的比值称为发生比，Logistic 回归将线性回归 $(-\infty,+\infty)$ 的输出范围缩小到(0,1)，$\beta_0,\beta_1,\cdots,\beta_k$ 可以通过最大似然法来估计。

7.3.2 基于机器学习的信用评分模型

伴随人工智能产业的飞速发展以及理论研究的不断深入，信用评分模型的构建制度在不断完善，研究人员利用机器学习方法构建出许多预测精度更加精确的信用评分模型。较为常见的模型为基于神经网络、支持向量机、随机森林、决策树、K-近邻判别、Logistic 回归、遗传算法等机器学习方法构建的单一的或混合的信用评分模型。采用机器学习方法构建的信用评分模型，不论是单一的模型还是混合的模型，与传统的评分模型相比，它们不仅在决策上可以更加快速、更加方便，而且对消费者的信用评估结果更具有客观性和一致性，预测效果也更好。以下是对利用机器学习方法构建的信用评分模型的典型建模方法的具体描述。

1．神经网络

人工神经网络是对自然神经网络的模仿，它可以有效地解决复杂的且有大量互相相关变量的回归和分类问题。神经网络可以被看成非线性回归的一种方式，模拟非线性运算的效果较好，对大量数据进行存储，学习功能很强，特别是对海量数据进行模拟。它是大量简单神经元相互连接而成的自适应非线性动态系统，反映了人脑的若干基本特征，是对人脑的某种模仿、简化。其本质仍然是解决分类或者模式识别问题，但其原理与其他方法大不相同。

使用较多的是 BP 神经网络。BP 神经网络模型由三部分构成，分别为输入层、隐含层和输出层，具体描述如图 7.5 所示。

在信用评分中，同样以 BP 神经为例，其基本思想是：首先对信用训练数据集中消费者的信用特征进行线性组合，即将消费者的信用特征作为 BP 神经网络的输入节点；然后通过非线性变换输出结果，即通过隐含层作为输出节点，也就是所期望预测的信用分数；最后直到所有的信用训练样本的误差都达到最小为止。

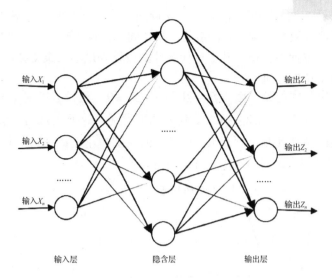

图 7.5　BP 神经网络模型

用公式表示如下：

$$y_j = \sigma(\sum_k \omega_{kj} z_{jk} + \omega_{0j}) = \sigma\{\sum_k \omega_{kj}[f(\sum_i \omega_{ik} x_i + \omega_{0k})] + \omega_{0j}\} \tag{7.9}$$

式中：ω_{ik} 是自变量 x_i 在第 k 个节点的权重；ω_{kj} 是第 k 个节点对于第 j 个因子变量的权重；z_{jk} 是相应于第 j 个因变量在第 k 个节点的值。这里的 f 和 σ 为激活函数，通常定义为 S 行的 Logistic 函数：$\dfrac{1}{1+e^{-x}}$。

假定向量 $z_j = \{z_{jk}\}$ 包含常数项 1，这样式(7.9)按照向量记号为 $y_j = \sigma(\omega z_j)$，于是修正权重的方式为朝着使误差减少(负梯度)的方向调整。

(1) 计算误差：$\delta_j \leftarrow y_j - \sigma(\omega z_j)$。

(2) 更新神经网络权重：$\omega_k \leftarrow \omega_k - \alpha \times$梯度$=\omega_k + \alpha \delta_j z_{jk} \sigma'(\omega z_j)$。

反向传播(back-propagation)就是这样不断自动地更新各种权重，直至达到一定精度为止，这里的 α 是学习速率。

BP 神经网络方法的预测效果与 Logistic 回归相比，具有较好的预测能力。虽然在信用评分中，海量的信用数据中存在大量的噪声和缺失数据，但 BP 神经网络方法在处理复杂的信用数据时，具有强大的处理能力，有高度的容错性；BP 神经网络方法在对消费者进行"好"顾客和"坏"顾客的划分过程中，存在过度拟合的可能，容易造成较大概率的错误划分，并且由于神经网络训练过程过分依赖样本数据，且其是一个"黑箱"实验过程，因此其在稳定性和解释性方面表现较差。

2. 支持向量机模型

支持向量机是由万普尼克(Vapnik)最早在 1963 年提出的统计学理论，在此后 30 多年的不断研究中，Vapnik 等人于 1995 年将支持向量机应用于信用评分。支持向量机是一种分类算法，通过考虑最小结构化风险来提高机器学习能力，寻求经验风险和置信范围的最小化，实现利用较少的统计样本训练相对准确的信用评分。支持向量机为二分类模型，其基本模型定义为特征空间上间隔最大的线性分类器，即支持向量机的学习策略便是间隔最大化，最终可转化为一个凸二次规划问题的求解。支持向量机与神经网络模型类似，具有良好的学习能力，在信用评分领域得到了广泛应用。与此同时，各种改进的 SVM 模型也在一些金融机构的信用评分中进行了尝试，其中有代表性的成果为最小二乘支持向量机。

1）线性可分支持向量机

定义一个 p 维空间中的超平面，$\beta_0 + \beta_1 + \cdots + \beta_p = 0$。假设 p 维空间中有 n 个训练观测组成，$x_i = [x_{i1}, x_{i2}, \cdots, x_{ip}]$，$i = 1, 2, \cdots, n$，$y$ 代表观测类别，等于 1 或-1。假设存在一个超平面可以把类别不同的训练观测分割开来，图 7.6 的左图的左上部分属于 $y_i = 1$ 的类别，右下部分属于 $y_i = -1$ 的类别，则对所有的 $i = 1, 2, \cdots, n$，有

$$y_i(\beta_0 + \beta_1 x_{i1} + \cdots + \beta_p x_{ip}) > 0 \tag{7.10}$$

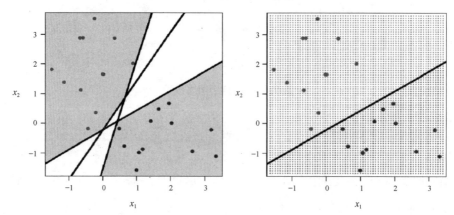

图 7.6　支持向量机最优分界面示意图

一般来说，如果数据是线性可分的，那么事实上存在无数个这样的超平面。在无数个超平面中合理地选择一个超平面一般采用最大间隔法。计算每个训练观测到一个特定超平面的距离，这些距离的最小值称为间隔。支持向量机就是寻找间隔最大的超平面。样本中距离超平面最近的观测点称为支持向量，只要支持向量的位置发生移动，那么最大间隔超平面也会发生移动，而与其他的观测无关，即最大间隔超平面仅由观测的一个小子集确定。

一般来说，观测点距离分隔超平面越远，则分类的确信程度就越高。$\omega^T x + b$ 的符号与 y 是否一致可以表示分类正确与否，所以可用 $y(\omega^T x + b)$ 来表示分类的正确性与确信度，称之为函数间隔。但是在求解分隔超平面的过程中，仅有函数间隔还不够，因为如果成比例地改变 ω 和 b，超平面没有发生改变，但函数间隔却成比例地改变，因此通常对 ω 添加规范化的约束，令 $\|\omega\| = 1$，间隔就是确定的。此时函数间隔变为几何间隔。求解最大间隔超平面的问题可以转换为一个求解几何间隔最大的最优化的问题，该问题具有如下形式：

$$\max \frac{\gamma}{\|\omega\|}$$
$$s.t. \quad y_i(\omega^T x_i + b) \geqslant \gamma, \quad i = 1, 2, \cdots, n \tag{7.11}$$

其中，γ 代表函数间隔。函数间隔的取值对不等式约束和目标函数的优化都没有影响。

因此可以取 $\gamma = 1$，同时最大化 $\frac{1}{\|\omega\|}$ 等价于最小化 $\frac{1}{2}\|\omega\|^2$，于是该优化问题可以转化为如下形式：

$$\min \frac{1}{2}\|\omega\|^2$$

$$s.t. \quad y_i(\omega^T x_i + b) - 1 \geqslant 0, \quad i = 1, 2, \cdots, n$$

实现最大间隔一般不是直接求解最优化问题(7.11)，而是通过寻找它的对偶问题的解得到它的解。拉格朗日函数如下：

$$L(\omega, b, a) = \frac{1}{2}\|\omega\|^2 - \sum_{i=1}^{n} \alpha_i y_i(\omega^T x_i + b) + \sum_{i=1}^{n} \alpha_i \tag{7.12}$$

其中，$\alpha = (\alpha_1, \alpha_2, \cdots, \alpha_n)$ 为拉格朗日乘子向量，各个分量大于等于 0，每一个分量对应一个不等式约束。根据对偶理论，原始问题的对偶问题转化为极大、极小问题，即先求 $L(\omega, b, a)$ 对 ω, b 的极小，再求对 α 的极大。

$$\max_{\alpha} \min_{\omega, b} L(\omega, b, a)$$

求解过程不再赘述，最终得到下列优化问题：

$$\min_{\alpha} \frac{1}{2}\sum_{i=1}^{n}\sum_{j=1}^{n} \alpha_i \alpha_j (x_i x_j) - \sum_{i=1}^{n} \alpha_i \tag{7.13}$$

$$s.t. \quad \sum_{i=1}^{n} \alpha_i y_i = 0$$

$$\alpha_i \geqslant 0, \quad i = 1, 2, \cdots, n$$

原始问题的目标函数和不等式约束函数是凸函数，所以存在 ω^*、b^* 是原始问题的最优解。设 α^* 是对偶问题的最优解，其中存在某个分量 $\alpha_j^* > 0$，根据 KKT 条件，可以解得

$$\omega^* = \sum_{i=1}^{n} \alpha_i^* x_i y_i$$

$$b^* = y_j - \sum_{i=1}^{n} \alpha_i^* y_i (x_i x_j) \tag{7.14}$$

即最终的分类决策函数可以写成

$$f(x) = \text{sign}\left(\sum_{i=1}^{n} \alpha_i^* y_i (x x_i) + b^*\right)$$

可以证明优化问题(7.13)是一个凸二次规划，记

$$H = (y_i y_j (x_i x_j))_{n \times n}, \quad e = (1, \cdots, 1)^T$$

$$\alpha = (\alpha_1, \alpha_2, \cdots, \alpha_n)^T, \quad y = (y_1, y_2, \cdots, y_n)^T$$

则优化问题(7.13)可以表示为

$$\min_{\alpha} W(\alpha) = \frac{1}{2}\alpha^T H \alpha - e^T \alpha$$

$$\alpha^T y = 0$$

$$s.t. \quad \alpha_i \geqslant 0, \quad i = 1, 2, \cdots, n$$

令 $Q = (y_1, x_1, \cdots, y_n, x_n)$，显然 $H = Q^T Q$，所以 H 是半正定矩阵，问题(7.13)是凸二次规划问题，有成熟的优化算法。

2) 支持向量机与软间隔最大化

在实际问题中，两个类别的观测样本并不一定是完全线性可分的，事实上即使分隔超平面存在，但基于分隔超平面的分类器仍有不可取的时候，因为基于分隔超平面的分类器

需要将所有的训练观测都进行正确分类，有可能会为了分类的准确率而牺牲函数间隔，使得函数间隔非常小。此外，此类分类器对个体观测很敏感，分类器很不稳定，容易造成过拟合问题。图 7.7 中给出了一个示例，右图相对于左图只添加了一个样本点，但是分隔超平面发生了很大的变化，而且此时的分离超平面的间隔非常小，很可能存在过拟合的问题。

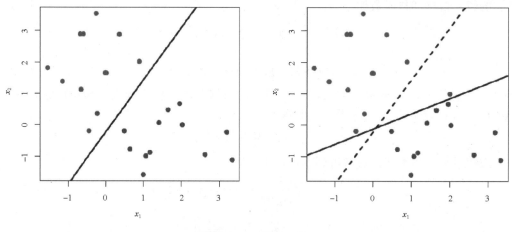

图 7.7　小间隔分类器

在这种情况下，为了提高分类器的稳定性和泛化能力，允许小部分观测出现训练误差而使得函数间隔尽可能大，从而使得对其余大部分观测更好地分类。我们称之为软间隔分类器，即允许一些观测落在间隔错误的一侧，甚至是超平面错误的一侧。

此时，某些样本点不能满足函数间隔大于等于 1 的限制，为了在数学形式上表达方便，我们对每一个样本点 (x_i, y_i) 引入一个松弛变量 $\varepsilon_i \geq 0$，函数间隔加上松弛变量大于等于 1 即可。约束条件变为

$$y_i(\omega x_i + b) \geq 1 - \varepsilon_i \tag{7.15}$$

同时，对一个误分类的点 (x_i, y_i) 我们都付出了大小为 ε_i 的代价，将误分类的代价考虑进损失函数，则目标函数变为

$$\frac{1}{2}\|\omega\|^2 + C\sum_{i=1}^{N}\varepsilon_i \tag{7.16}$$

这里 $C > 0$ 称为调节参数，代表了对误分类程度大小的容忍程度。C 越大，代表对误分类错误的容忍度越低，因此对目标函数的惩罚也就越重；C 越小，对误分类的容忍程度也就越高，对目标函数的惩罚也就越小。最小化上述目标函数有双重含义：一是使得函数间隔尽量大，二是使得误分类点尽可能少。该优化问题的形式为

$$\min_{\omega, b, \varepsilon} \frac{1}{2}\|\omega\|^2 + C\sum_{i=1}^{N}\varepsilon_i \tag{7.17}$$

$$s.t. \quad \begin{aligned} &y_i(\omega x_i + b) \geq 1 - \varepsilon_i, \quad i = 1, 2, \cdots, N \\ &\varepsilon_i \geq 0, \quad i = 1, 2, \cdots, N \end{aligned}$$

设问题的解是 ω^*, b^*，分隔超平面表示为 $\omega^* x^* + b^*$，分类决策函数为

$$f(x) = \text{sign}(\omega^* x^* + b) \tag{7.18}$$

式 (7.18) 的求解与线性可分支持向量机的求解过程类似，同样利用拉格朗日对偶函数和 KKT 条件来求解，添加了软间隔的拉格朗日函数是：

$$L(\omega,b,\varepsilon,\alpha,\mu) = \frac{1}{2}\|\omega\|^2 + C\sum_{i=1}^{N}\varepsilon_i - \sum_{i=1}^{N}\alpha_i(y_i(\omega x + b) + \varepsilon_i) - \sum_{i=1}^{N}\mu_i\varepsilon_i \qquad (7.19)$$

其中，$\alpha_i \geq 0$，$\mu_i \geq 0$。设 $\alpha^* = (\alpha_1^*, \alpha_2^*, \cdots, \alpha_N^*)^T$ 是上述对偶问题的一个解，若存在 α^* 的一个分量 α_j^*，$0 < \alpha_j^* < C$，则原始问题的解如下所示：

$$\omega^* = \sum_{i=1}^{N}\alpha_i^* y_i x_i$$

$$b^* = y_i - \sum_{i=1}^{N}y_i\alpha_i^*(x_i x_j)$$

因此，分离超平面可以写成

$$\sum_{i=1}^{N}\alpha_i^* y_i(x x_i) + b^* = 0$$

分类决策函数可以写成

$$f(x) = \text{sign}\left(\sum_{i=1}^{N}\alpha_i^* y_i(x x_i) + b^*\right)$$

支持向量机模型虽不能生成标准的信用评分卡，但能够得到显式的分类决策函数，从而为放贷提供决策依据。

3)　支持向量机的算法

求解支持向量机本质上是解一个凸二次规划的问题，它具有一些非常好的特性，例如除了凸性之外，它还具有解的稀疏性。解决这类问题算法的基本途径是：将大规模的原问题分解成为一系列的小问题，选择迭代策略，不断求解子问题，逐渐逼近精确解。根据子问题的选择和迭代方式的不同，主要有选块算法和分解算法。目前常用的算法是分解算法中的序列最优化算法(SMO)。这种算法是一种特殊的分解算法，其每次选取的工作集只有 (x_i, y_i)、(x_j, y_j) 两个训练点，每次只调整这两个训练点所对应的 α_i 和 α_j，这时所要求的子问题只有两个变量，问题的规模已经缩小到最小。随着工作集规模的缩小，求解次数必然增加，但是此时只含有两个变量，可以解析求解，因而在求解过程中不需要凸二次规划的迭代过程。在每一次迭代中选出两个分量进行调整，其他的分量保持不变，对两个变量的最优化问题求解出最优解，然后用这两个最优解改进相应的 α 分量。序列最小最优化算法的步骤如表 7.2 所示。

表 7.2　SMO 算法

---

(1) 选取精度要求 ε，选取 $\alpha^0 = (\alpha_1^0, \alpha_2^0, \cdots, \alpha_N^0)^T = 0$，令 $k = 0$。

(2) 根据当前可行的近似解 α^k 选取集合 $\{1, 2, \cdots, N\}$ 的一个有两个元素组成的子集 $\{i, j\}$ 为工作集 B。

(3) 求解与工作集 B 对应的优化问题的解，得解 $\alpha_B^* = (\alpha_i^{k+1}, \alpha_j^{k+1})^T$，以此更新 α^k 的第 i 和第 j 个分量，得到新的可行近似解 α^{k+1}。

(4) 若 α^{k+1} 在精度 ε 范围内满足某个停机准则，则得近似解 $\alpha^* = \alpha^{k+1}$，停止计算；否则，令 $k=k+1$，转到第(2)步

---

3. 决策树及其组合分类方法

许多学者在研究个人信用评估的过程中经常会使用传统的机器学习算法决策树、K-近

邻判别、逻辑回归、支持向量机等单一分类器模型来进行分类，而集成方法首先由训练集数据构建一组元分类器(base classifier)，然后通过对每一个元分类器的预测结果按照一定的规则进行投票而分类。T. G. Dietterieh 在 2000 年给出了机器学习中的组合方法方面的相关概述，使用组合分类器的基分类器之间应该是相互独立的，并且基分类器的分类性能应该好于随机的分类器，这样得到的组合方法可以有效地改善分类器的性能，避免错分风险，并提高泛化能力。

1) 组合方法的基本原理

组合方法的基本原理就是，通过对原始数据建立多个基分类器，然后当有新数据进入模型之后，就对新数据进行分类和预测。图 7.8 所示为组合分类器的工作原理。

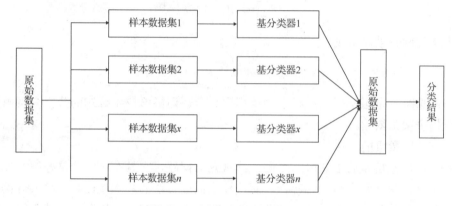

图 7.8　组合分类器的工作原理

组合方法对于像决策树、神经网络、SVM 等不稳定的对于训练集极小的数据变化都很敏感的分类器来说，会显示出优良的分类性能。组合方法的分类误差主要来源于训练样本不是一成不变的，所以结合不同训练集上的基分类器能够大大减少由于样本变化造成的分类器误差。

2) 构建组合分类器的方法

决策树的组合算法有 Bagging 算法、随机森林、AdaBoost。下面介绍这些算法的工作原理。

(1) 决策树。

决策树有回归决策树和分类决策树两大类。回归决策树是对因变量的取值进行预测，而分类决策树则是用来对目标变量进行分类。决策树方法是一种归纳学习算法，从实例中归纳推理出分类规则，用于分类与预测。决策树方法的原理是：样本空间 X 包含两类样本(A 类和 B 类)，决策树将其作为根节点，按照某种规则进行划分，产生两个节点，即子集 X_1 与 X_2，满足 $X = X_1 \bigcup X_2$。持续递归地对 X_1 与 X_2 进行划分，直到按照某种标准节点无法再分，使之成为最终的叶节点，这些叶节点决定了它们属于哪一类样本。决策树在对子集分类时最关键的一点是最大限度地确保相同种类之间的差异最小，而不同子集之间的差异最大化，决策树算法就由此展开。图 7.9 是一棵决策树，一条路径对应一条分类规则，展示了贷款客户信息与是否发放贷款决策之间的关系。

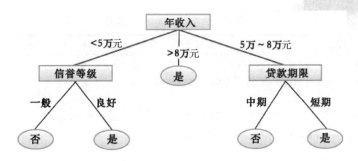

图 7.9 决策树模型

常见的决策树算法有 ID3、C4.5、CART。

ID3 算法。ID3 算法是采取信息增益作为纯度的度量。选取使得信息增益最大的特征进行分裂。信息熵代表随机变量的复杂度(不确定度),条件熵代表在某一个条件下,随机变量的复杂度(不确定度)。而信息增益则是:信息熵-条件熵。因此在计算过程中先算限制的复杂度,再减去某种条件分裂下的复杂度,选择增益最大的那种条件。信息熵和条件熵可以通过各类样本占样本集合的比例来计算。如果选择一个特征后,信息增益最大(信息不确定性减少的程度最大),那么我们就选取这个特征。但缺点是信息增益准则其实是对可取值数目较多的属性有所偏好。比如,按照编号分类的话信息增益一定是很大的,只要知道编号,其他特征就没用了,但是这样生成的决策树显然不具有泛化能力。为了解决这个问题,引入了信息增益率来选择最优划分属性。

C4.5 算法。C4.5 是用信息增益率来选择属性。信息增益率=信息增益/IV(a)。这里的 IV(a) 衡量了以 a 属性划分时分成的类别数量,分成的类别数量越大,IV(a)就越大。可以看出,增益率准则其实对可取类别数目较少的特征有所偏好。因此实际上的 C4.5 算法不直接选择增益率最大的候选划分属性,而是在候选划分属性中找出信息增益高于平均水平的属性(保证特征效果较好),再从中选择增益率最高的(保证了不会出现如通过编号特征分类这种极端的情况)。

CART 算法。CART 既能是分类树,又能是回归树。当 CART 是分类树时,采用 GINI 值作为分裂依据;当 CART 是回归树时,采用样本的最小方差作为分裂依据。分类树通过对象特征预测对象所属的类别,而回归树根据对象信息预测该对象的属性(并以数值表示)。

(2) Bagging 算法。

Bagging(bootstrap aggregating)利用原始数据集按照有放回随机抽样得到不同的随机样本子集,这些子集称为 Bootstrap 样本集。有放回的均匀随机抽样会使得样本集中有重复的样本,从而导致原始数据未被全部抽取而遗漏掉一些,当样本集与原始数据集样本容量相同时,这并不是缺点,反而因为 Bootstrap 样本集之间的差异性给集成模型带来了多样性的可能。通过计算某个数据未被样本集选中的概率 $(1-1/n)^n$,可以了解不同 Bootstrap 样本集之间的差异性,当 $n=5$ 时,概率约为 31;而当 $n \to \infty$ 时,该概率的极限为 $\frac{1}{e}=0.368$。该结果说明的问题是每个 Bootstrap 样本集可能漏掉约 1/3 的数据。

表 7.3 给出了基本的 Bagging 算法,其返回值为由一组模型构成的集成模型,我们可通过投票(由多数模型所预测的类别获胜)或取平均(更适用于基本分类器输出得分或概率的情形)的方式来整合不同模型的预测结果。

表 7.3　基本的 Bagging 算法

算法 1	Bagging(D,T,λ)：从 Bootstrap 样本集训练一个集成模型
输入	数据集 D；集成尺寸 T；学习算法 λ
输出	需要通过投票或取平均的方式来组合预测的集成模型
1.	For t=1 T 　d
2.	从 D 的 $|D|$ 个数据点中，用有效放回随机抽样构建 Bootstrap 样本集 D_t；
3.	在 D_t 上运用 λ，得到模型 M_t；
4.	end
5.	返回 $\{M_t,\ 1\leqslant t\leqslant T\}$

(3) 随机森林。

随机森林算法并不会像绝大多数决策树一样存在过拟合问题和局部收敛的问题，而是将这些单个决策树分类器组合起来组成森林，使得整体情况下的误差率比起单个的决策树有了进一步的降低。尽管一棵树能够正确预测的可能性并不高，但是整棵树整体预测正确的概率却很高。由于 AdaBoost 中的权值是不断更新的，它的概率分布也随之而发生改变，而随机森林则是采取固定的样本产生随机向量。使用 Bagging 是随机森林的特例，通过随机地从原训练集中有放回地选取 N 个样本，将随机性加入整个模型的构建过程中去。

图 7.10 和图 7.11 是随机森林整个模型的构建及过程，其中第一个阶段是生成森林阶段，第二个阶段是进行决策阶段。

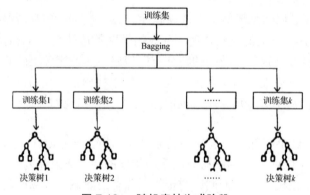

图 7.10　随机森林生成阶段

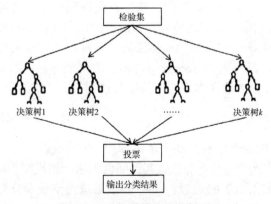

图 7.11　随机森林决策阶段

下面是与随机森林相关的几个概念。

- 分类强度(strength)：森林中单棵树的分类强度 strength 的数值越大，则能够说明随机森林的分类性能就越好；反之，分类性能就越差。
- 相关度(correlation)：森林中的树与树之间的相关性 correlation 的数值越小，则随机森林的分类性能就越好；反之，分类性能就越差。
- OOB 估计：OOB 是一种较好的估计泛化误差的方式，随机森林使用装袋 Bagging 进行有放回的抽样的过程之中，由于抽样的很强随机性，有些数据有可能会被抽到很多次，但也有一些数据在整个学习训练的过程中一次都不会出现，我们称这部分整个过程中都不会被抽到的数据为袋外数据，简记 OOB。

对应的算法流程如表 7.4 所示。

表 7.4　算法 2 步骤

算法2　Bagging(D,T,d)：从 Bootstrap 样本集和随机子空间训练一个集成模型
输入　　数据集 D；集成尺寸 T；子空间维数 d
输出　　需要通过投票或取平均的方式来组合预测的集成模型
1.　　For t=1 T　d
2.　　从 D 的 $\|D\|$ 个数据点中，用有效放回随机抽样构建 Bootstrap 样本集 D_t；
3.　　随机选择 d 个特征，由此降低 D_t 的维数；
4.　　以无剪枝的方式在 D_t 上训练，得到一个树模型 M_t；
5.　　end
6.　　返回　　$\{M_t, 1 \leqslant t \leqslant T\}$

(4) AdaBoost。

AdaBoost(Adaptive Boosting)算法是 Boosting 算法的改进版本。

AdaBoost 与其前身 Boost 算法都是从决策树发展出来的一种算法，其算法思想是针对同一个训练集样本的不同特征，分别训练出不同的弱分类器，然后把这些弱分类器级连起来，构成一个最终分类器，即强分类器。

从结构上讲，AdaBoost 与其他的机器学习算法不同，该算法可以分为两层，第一层是 AdaBoost 主算法，第二层是其他的二分类算法，所以 AdaBoost 是一种复合型算法。第二层最常用的是单层决策树。当然，也可以是其他任何二分类算法，例如梯度下降法、SVM 等。下面给出 AdaBoost 算法的基本原理和步骤。

① 赋予训练集的样本相同的权重，构成一个权重向量 D。

② 调用底层的算法训练出一个弱分类器，并计算误差率。这里我们使用单层决策树算法。

$$\omega = \frac{正确分类的样本}{全部样本}$$

③ 迭代再训练此分类器，并调整权值。第一次分对的样本权值下降，分错的样本权值提高，权值调整算法。

$$\alpha = \frac{1}{2}\log_e\left(\frac{1-\xi}{\xi}\right) = \frac{1}{2}\ln\left(\frac{1-\xi}{\xi}\right)$$

④ 根据计算好的权值更新权值向量 D。

● 对于正确分类的样本，权值更新为

$$D_{i+1} = \frac{D_i^{(t)}\xi^{-\alpha}}{\text{sum}(D)}$$

● 对于错误分类的样本，权值更新为

$$D_{i+1} = \frac{D_i^{(t)}\xi^{\alpha}}{\text{sum}(D)}$$

⑤ 在计算出权值向量 D 之后，算法进入下一轮迭代。通过不断重复训练以及权值调整，直到训练错误率为 0 或弱分类器的数目达到预先设定值为止。

对 AdaBoost 算法的研究及应用大多集中于分类问题。

7.4 信用评分模型效果评价

"所有模型都是坏的，但有些模型是有用的"，在建立模型之后，往往需要对模型进行评价，确定这个模型是否"有用"。在评价模型时，人们喜欢用错误率来评价一个二分类模型的好坏，但这个指标忽略了实例如何被错分的事实，本文使用第二类错误率、AUC值和 K-S 值三个评价指标来综合地评价模型。

7.4.1 基于第二类错误率的个人消费信用评分模型的评价

在比较模型的准确度时，往往会首先比较模型的分类错误率，错误率低的模型区分能力强，是比较好的模型。分类错误率分为两种：第一种是将"好"客户错误地划分为"坏"客户，第二种是将"坏"客户错误地划分为"好"客户。显然这两种分类错误率造成的损失是不同的，第二种错误分类的成本要远远高于第一种错误分类。一般我们将"坏"客户划分为"好"客户的错误分类称为"第二类错误率"。如果我们能知道这两类错误所带来的损失大小，以总损失为衡量模型好坏的标准是最合适的办法，但是在实际生活中，很难估算这两种错误造成的损失。

在二分类问题中，我们在预测时往往会出现以下四种情况。

(1) 如果客户实际是"好"客户，而且模型将该客户正确预测为"好"客户，称为真阳性(true positive，TP)。

(2) 如果客户实际是"好"客户，但是模型却将该客户预测为"坏"客户，称为假阴性(false negative，FN)。

(3) 如果客户实际是"坏"客户，而且模型将该客户正确预测为"好"客户，称为真阴性(true negative，TN)。

(4) 如果客户实际是"坏"客户，但是模型却将该客户预测为"好"客户，称为假阳性(false positive，FP)。

则准确率为：(TP+TN)/(TP+TN+FP+FN)

第二类错误率为：FP/(FP+TN)

混淆矩阵如表 7.5 所示。

表 7.5　混淆矩阵的内容

全体样本 N		实 际 值	
		"好" 客户	"坏" 客户
预测值	"好" 客户	TP(true positive)：实际是"好"客户，预测成"好"客户的样本数	FP(false positive)：实际是"坏"客户，预测成"好"客户的样本数
	"坏" 客户	FN(false negative)：实际是"好"客户，预测成"坏"客户的样本数	TN(true negative)：实际是"坏"客户，预测成"坏"客户的样本数

7.4.2　基于 AUC 值的个人消费信用评分模型的评价

ROC(receiver operating characteristic)曲线即受试者工作特征曲线，又称为接收者操作特性曲线，最初用于评价雷达性能。在对信用评分模型进行评价时，我们通过模型的评分结果对客户进行排序，计算"好"客户和"坏"客户在不同分数区间下各自的累计比例。ROC 曲线的横轴就是"好"客户的累计比 $\mathrm{TPR} = \dfrac{\mathrm{TP}}{\mathrm{TP}+\mathrm{FN}}$，纵轴是"坏"客户的累计比 $\mathrm{FPR} = \dfrac{\mathrm{FP}}{\mathrm{TN}+\mathrm{FP}}$。

在 ROC 曲线图中还有一个很重要的衡量指标——AUC 值。AUC 值是指 ROC 曲线下方的面积，取值[0,1]。ROC 曲线如图 7.12 所示。ROC 曲线越靠左上角，AUC 值越大。AUC 值越大的 ROC 曲线，模型预测的正确率也会越高，即区分能力会越好。当 AUC 值等于 1 时，表示模型 100%预测正确，采用该模型，任何阈值都能得到最佳的预测结果。但在实际中，这样的模型是不存在的。当 AUC 值在[0.5,1]之间时，表示模型预测优于随机猜测，在该模型下设置合适的阈值会得到较好的预测结果。当 AUC 值等于 0.5 时，表示模型预测与随机预测结果一样，模型没有预测能力。当 AUC 值小于 0.5 时，则表示模型预测比随机预测还差，这时如果反方向预测，则有可能得到比随机预测更好的结果。

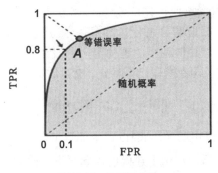

图 7.12　ROC 曲线

ROC 曲线的横轴为 TPR，纵轴为 FPR。首先，将分数从小到大进行排序，计算每个临界点上的 TPR 和 FPR，将这些点连接起来就是 ROC 曲线。

7.4.3　基于 K-S 值的个人消费信用评分模型的评价

K-S 值是 K-S 曲线上"好"客户和"坏"客户分布之间距离最大的点，用于评价模型的区分能力。K-S = max(TPR – FPR)，取值范围为[0,1]，K-S 值越大，表示模型区分能力越强，低于 0.2 的模型的价值不高。通常 K-S 值大于 0.2 时，即表示模型有较好的区分能力；高于 0.7，可能存在过拟合现象。K-S 统计量简单易懂，在生成标准信用评分卡时，如果以分数为横轴，可以发现 K-S 统计量经常离分数临界线很远，此时 K-S 统计量对应曲线上的点可能和当前问题没有关联。因此，K-S 统计量经常和其他评价方法结合使用。

K-S 曲线如图 7.13 所示。K-S 曲线与 ROC 曲线相比，虽然它们使用的指标都是 TPR 和 FPR，但是 ROC 曲线的横坐标为 TPR，纵坐标为 FPR，而在 K-S 曲线中，TPR 和 FPR 都为纵轴。

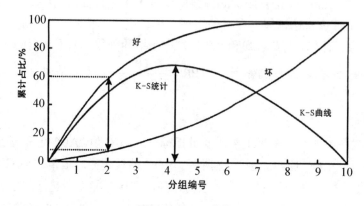

图 7.13　K-S 曲线

7.4.4　稳定性评价

PSI(population stability index)叫作群体稳定性指标，是衡量模型的预测值与实际值偏差大小的指标。PSI 可衡量测试样本及模型开发样本评分的分布差异，为最常见的模型稳定度评估指标。在建模时，数据(变量或得分)的分组占比分布是期望值，即希望在测试数据集及待测数据集中，也能展示出相似的分组分布，将其称为稳定。

PSI 值没有指定的值域，其值越小，越稳定，一般在风控中取 0.25 作为筛选阈值，即当 PSI > 0.25 时，认为该变量或者模型已不稳定。PSI 的计算公式为

$$PSI = \sum_{i=1}^{n}(A_i - E_i) \times \ln\left(\frac{A_i}{E_i}\right)$$

其中：A_i 代表分箱后第 i 组的实际占比(占全部数量)；E_i 代表第 i 组的期望占比(即训练时的分组占比)。目前，PSI 指标常用于建模前筛选变量与模型上线后监控模型的风控场景。

阅 读 材 料

FICO 评分系统

　　1989 年，Fair Isaac 与当时主导美国征信市场的三家信用机构 Equifan、Experian 和 Trans Union 合作发布了第一个消费者信用评分产品。该产品将消费者的信用状况用 300～850 的数字来表示，分数越高，表明其信用评级越高，这就是我们现在所熟悉的 FICO(fair isaac corporation score)评分，它迅速成为美国银行的信贷决策标准。FICO 评分是美国使用量最多、认知度最高的一类评分产品。一般来讲，美国人经常谈到的"你的得分"，通常指的是你目前的 FICO 分数。

　　FICO 评分并不是指一个评分，而是上百种评分的统称，各个 FICO 评分的模型、使用数据、应用领域有所不同。FICO 评分的评分模型都由费埃哲公司(Fair Isaac)提供，使用的数据则主要是 Equifax(艾克飞)、Experian(益博睿)、Trans Union(环联)所采集的个人信息。费埃哲公司是一家信息服务公司，是商业化信用评分的发明者，艾克飞、益博睿、环联是美国的三家综合性消费者报告机构，三家机构都使用费埃哲公司的评分模型(支付评分模型使用费)，利用自身数据形成个人信用评分，并将分数嵌入本机构提供的个人信用报告中，用于消费者申请贷款、信用卡、保险、租赁、求职等领域。

一、FICO 评分影响因素

　　FICO 评分从五个方面去分析一个人的财务状况，并为每个方面赋予不同的权重，包括信用偿还历史(35%)、信用账户数(30%)、使用信用的年限(15%)以及两个信用组合——正在使用的信用类型(10%)和新开立的信用账户(10%)得分组成。最终所得出的数字对是否能获得贷款、多久能获得贷款至关重要，FICO 评分现在已用于美国 90%以上的消费者信贷决策。

　　信用分数是利用数学模型依据个人的信用报告评估银行风险大小的一个数值，一般来说，数值越高，风险越小。信用分数的数学模型有许多种，在银行业运用最广泛的就是 FICO 分数(300～850 分)，这是由 FICO 公司拥有的一种计算模型，其具体细节并没有披露，但是其信用分数的组成已经被总结出来了，如图 7.14 所示。

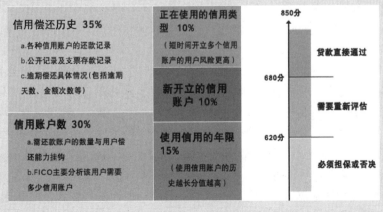

图 7.14　FICO 信用评分的构成要素及权重

1. 按时还款

申请人有贷款或是有信用卡没有问题，问题是申请人是否可以按时还款。如果申请人的还款记录好，会对申请人的信用分数有很大帮助。支付历史主要显示客户的历史偿还情况，以帮助贷款方了解该客户是否存在历史的逾期还款记录，主要包括以下内容。

- 各种信用账户的还款记录。该类记录包括信用卡(如 Visa、MasterCard、AmericzanExpress、Discover)、零售账户(直接从商户获得的信用)、分期偿还贷款、金融公司账户、抵押贷款。
- 公开记录及支票存款记录。该类记录主要包括破产记录、丧失抵押品赎回权记录、法律诉讼事件、留置权记录及判决。涉及金额大的事件比金额小的对 FICO 得分的影响要大，同样金额下，晚发生的事件要比早发生的事件对得分的影响大。一般来讲，破产信息会在信用报告上记录 7～10 年。
- 逾期偿还的具体情况。该类记录包括逾期的天数、未偿还的金额、逾期还款的次数和逾期发生时距现在的时间长度等。例如，一个发生在上个月的逾期 60 天的记录对 FICO 得分的影响会大于一个发生在 5 年前的逾期 90 天的记录。据统计，大约有不足 50%的人有逾期 30 天还款的记录，大约只有 30%的人有逾期 60 天以上还款的记录，而 77%的人从来没有过逾期 90 天以上不还款的记录，仅有低于 20%的人有过违约行为而被银行强行关闭信用账户。

2. 申请人的债务和收入要有一定的比例

申请人的债务和收入比例过高，会对信用分数有影响；相反，如果申请人不借一分钱，也就是没有债务的话，其实对申请人的信用分数也有负面影响。所以保持一个合理的比例是最好的。对于贷款方来讲，一个客户有信用账户需要偿还贷款，并不意味着这个客户的信用风险高。相反，如果一个客户有限的还款能力被用尽，则说明这个客户存在很高的信用风险，有过度使用信用的可能，同时，也就意味着他具有更高的逾期还款的可能性。该类因素主要是分析对于一个客户，究竟多少个信用账户是足够多的，从而能够准确反映出客户的还款能力。这类因素具体包括以下几个。

- 仍需要偿还的信用账户总数。美国的信用管理局每个月都会将客户截止到上个月需要偿还的信用账户总数写入客户的信用报告中。
- 仍需要偿还的分类账户数。这是对信用账户总数的详细描述，例如，仍然偿还的信用卡数量、分期付款账户数等。
- 信用账户余额。一般来讲，有一个少量余额的信用账户会比没有余额的信用账户让贷款方感到更可靠。另外，注销那些余额为零的不再使用的信用账户会体现客户的良好信用，但是并不能提高信用得分。
- 总信用额度的使用率。使用率越高，则说明客户的信用风险越大。
- 分期付款账户偿还率，用以衡量分期付款账户的余额。据最新统计，美国人均信用账户有 13 个，包括信用卡账户和分期付款账户，不包括储蓄存款账户和支票账户。这 13 个信用账户中，信用卡账户一般占 9 个，分期付款账户有 4 个。大约 40%的信用卡持有者，其信用卡内的余额低于 1 000 美元，仅有 15%的客户会使用超过 10 000 美元的信用额度。除了抵押贷款外，48%的客户贷款余额低于 5 000 美元，近 37%的客户贷款余额超过 10 000 美元，在美国使用信用卡的客户，平均授信额度为19 000美元，超过半数的客户使用的信用额度不足30%，仅有七分之一的客户使用的信用额度超过80%。

3. 申请人信用史的长短

一般来讲，使用信用的历史越长，越能增加FICO信用得分。该项因素主要指信用账户的账龄。据信用报告反映，美国最早开立的信用账户的平均账龄是14年，超过25%的客户的信用历史长于20年，只有不足5%的客户的信用历史短于2年。

4. 新增的信用账户

在现今的经济生活中，人们总是倾向于开立更多的信用账户，选择信用购物的消费方式，FICO评分系统也将这种倾向体现在信用得分中。在很短时间内开立多个信用账户的客户具有更高的信用风险，尤其是那些信用历史不长的人。该项因素主要包括：①新开立的信用账户数。系统将记录客户新开立的账户类型及总数。②新开立的信用账户账龄。③目前的信用申请数量。该项内容主要由查询该客户信用的次数得出，查询次数在信用报告中只保存两年。④贷款方查询客户信用的时间长度。⑤最近的信用状况。对于新开立的信用账户及时还款，会在一段时间后提高客户的FICO得分。

5. 申请人借款的种类

主要分析客户的信用卡账户、零售账户、分期付款账户、金融公司账户和抵押贷款账户的混合使用情况，具体包括：持有的信用账户类型和每种类型的信用账户数。

二、FICO评分计算方法

FICO信用分计算方法是把借款人过去的信用历史资料与数据库中的全体借款人的信用习惯相比较，检验借款人跟经常违约、随意透支甚至申请破产等各种陷入财务困境的借款人的发展趋势是否相似。表7.6为FICO个人信用评分表。

表7.6 FICO个人信用评分表

住房：	自有	租赁	其他	无信息
	25	15	10	17

现地址居住时间(年)：
<0.5	0.5~2.49	2.5~6.49	6.5~10.49	>10.49	无信息
12	10	15	19	23	13

职务：
专业人员	半专业	管理人员	办公室	蓝领	退休	其他	无信息
50	40	31	28	25	31	22	27

工龄：
<0.5	0.5~1.49	1.5~2.49	2.5~5.49	5.5~12.49	>12.5	退休	无信息
2	8	19	25	30	39	43	20

信用卡：
无	非银行信用卡	主要贷记卡	两者都有	无回答	无信息
11	16	27	20	10	12

银行开户情况：
个人支票	储蓄账户	两者都有	其他	无信息
5	10	20	11	9

债务收入比例：
<15%	15%~20%	26%~35%	36%~49%	>50%	无信息
22	15	12	5	0	13

1年以内查询次数：
0	1	2	3	4	5~9	无记录
3	11	3	-7	-7	-20	0

信用档案年限：
<0.5	1~2	3~4	5~7	>7
0	5	15	30	40

循环信用透支账户个数：
0	1~2	3~5	>5
5	12	8	-4

信用额度利用率：
0~15%	16%~30%	31%~40%	41%~50%	>50%
15	5	-3	-10	-18

毁誉记录：
无记录	有记录	轻微毁誉	第一满意线	第二满意线	第三满意线
0	-29	-14	17	24	29

　　FICO 评分方法的实质是，应用数学模型对个人信用报告包含的信息进行量化分析。该模型主要的评估内容是客户以往发生的信用行为，其对近期行为的衡量权重要高于远期行为。FICO 评分模型中所关注的主要因素有五类，分别是客户的信用偿还历史、信用账户数、使用信用的年限、正在使用的信用类型、新开立的信用账户。评分权重占比如表 7.7 所示。

表 7.7　FICO 评分规则

评分项	占比/%	评分规则
信用偿还历史	35	● 各种信用账户的还款记录(信用卡、零售商账户、分期付款、财务公司账户及抵押贷款)； ● 负面公共记录以及诸如破产、抵押、诉讼、留置等报告事项，账户及应付款的违约情况，以及公共记录的细节； ● 支付账户未出现延期的天数
信用账户数	30	● 仍需要偿还的信用账户总数； ● 有信贷余额的账户数目； ● 信用账户的信贷余额； ● 总信用额度使用率； ● 分期付款账户偿还率
使用信用的年限	15	● 信用账户开立的最早时间、平均时间； ● 特定信用账户开立的时间； ● 该客户使用某个账户的时间
正在使用的信用类型	10	● 该客户拥有的新开立账户的数目、开立时间； ● 最近贷款人向信用报告机构查询该客户信用状况的次数、间隔时间； ● 该客户以往出现支付问题后的情况，最近的信用记录是否良好
新开立的信用账户	10	● 新开立信用账户类型及总数； ● 新开立信用账户账龄； ● 目前的信用申请数量； ● 贷款方查询客户信用的时间长度； ● 近期信用状况

不考虑因素：种族、肤色、宗教信仰、性别、婚姻状况、年龄、薪资、头衔、雇主、受雇历史、居住地、已有信用账户的信用利率、赡养义务、特定类型的查询、不包括在信用报告上的信息、未被证实的与预测客户未来信用状况有关的信息

　　此外，美国的《公平信用机会法》和《客户信用保护法》中还规定民族、肤色、宗教、性别、婚姻状况等信息不能作为评分的依据，以保护客户的隐私不受侵犯或防止客户遭受歧视。被禁止使用的信息是 FICO 评分中不考虑的因素。

　　FICO 评分系统得出的信用分数范围在 300～850 分。分数越高，说明客户的信用风险越小。但是分数本身并不能说明一个客户是"好"还是"坏"，贷款方通常会将分数作为参考，来进行贷款决策。

FICO 评分主要用于贷款方快速、客观地度量客户的信用风险，缩短授信过程。FICO 评分在美国应用得十分广泛，人们能够根据得分，更快地获得信用贷款，甚至有些贷款可以直接通过网络申请，几秒钟就可以获得批准，缩短了交易时间，提高了交易效率，降低了交易成本。信用评分系统的使用，能够帮助信贷方作出更公正的决策，而不是把个人偏见带进去，同时，客户的性别、种族、宗教、国籍和婚姻状况等因素，都对信用评分没有任何影响，保证了评分的客观公正性。

FICO 评分系统经过多年的实践和不断深入的理论与实证研究，已经成为美国个人信用评分事实上的标准，加之美国完善的个人信用法律环境和反馈及时的文化环境，使美国建立了相对完善的个人信用制度。FICO 评分可以帮助商业银行快速、客观地度量客户的信用风险，缩短授信过程。借款人也能够凭借自己的得分更快地获得银行贷款，信用良好的借款人凭借较高的信用评分还能够获得更加优惠的贷款利率。

美国三大信用管理局 Equifax、Experian 和 Trans Union 都使用 FICO 评分方法，每一份评估报告上都附有 FICO 信用评分，美国商务部要求在半官方的抵押住房业务审查中使用 FICO 信用分数。美国金融机构获得这些数据之后，主要通过信用评分的方式将客户的这些信息形成量化的指标以指导信贷决策。据估计，美国金融机构有 90%的消费者信用决策会将信用评分作为决定性的影响因素，有 75%的房地产抵押贷款决策会将信用评分视为重要因素。

本 章 作 业

1. 比较一下信用评分与信用评级。

2. 什么是数据挖掘？金融数据挖掘的主要方法有哪些？阐述基于数据挖掘的信用评分构建步骤。

3. 阐述信用评分的主要方法。

第8章　消费金融风险控制

本章目标

- 熟练掌握消费金融的主要风险及特征。
- 熟练掌握消费金融风险形成机理。
- 熟练掌握消费金融贷前审批、贷中反欺诈和贷后逾期催收的策略。
- 掌握美、日消费金融发展的经验及其对我国的启示。
- 了解我国消费金融的发展趋势。

本章简介

消费金融在给人们带来便利和增值服务的同时，也暴露出过度授信、多头借贷、违约率高、贷后风险管控脆弱等问题。因为消费金融面向的人群中 70%～80% 是没有征信记录的"白户"，所以如何判断这部分人的信用，控制这些风险是消费金融亟须攻克的行业难点。此外，欺诈成本较低、身份冒用、恶意骗贷等欺诈手段层出不穷，消费金融成为欺诈分子攻击的重要对象，平台坏账率居高不下。

风险控制是消费金融发展的关键。通过本章的学习，读者将了解消费金融面临哪些主要风险，它有什么特征，以及消费金融风险形成的机理；读者将对它们的策略有比较清晰的认知；读者还将对美、日消费金融的发展有个全面的了解，以及它们的经验对我国消费金融发展的启示。

8.1　风险控制是消费金融发展的关键

8.1.1　消费金融行业的快速发展提升了风控难度

1. 消费金融行业的创新发展导致了行业风险飙升

我国消费金融自产生以来，由于金融压抑、信用约束等原因，便展现出巨大的发展潜力。然而，消费金融的创新发展是一把"双刃剑"，一方面，它极大地激活了消费需求与潜力，促进了宏观经济的发展；另一方面，它又导致了消费金融行业的风险飙升，以及诉讼案例的激增。首先，由中国人民银行支付结算司发布的《支付体系运行总情况》中的数据可得知，2011 年第一季度末，信用卡逾期半年内未还款的总额为 82.07 亿元，截至 2022 年年末，该数字增加到了 865.80 亿元，占信用卡应偿信贷余额的 1.00%，并且每季度的信用卡不良率总体呈上升趋势。根据中国银保监会以及行业调研数据，2012 年我国以持牌消费金融公司为代表的消费金融行业不良率仅有 0.56%，2013 年与 2014 年平稳上升至 1.40%与 1.56%，2015 年不良率突破 2%，达到 2.85%，2016 年更是突破监管红线 4%，达到 4.11%，

2017 年与 2018 年市场不良率高达 6.62% 与 8%(其中以 2018 年 23 家全部消费金融公司为例，资产规模与净利润最高的为捷信消费金融公司，但根据其 2018 年财务报告显示，捷信中国的不良率高达 9.7%)。其次，从中国裁判文书网的案例分析可知，从 2015 年到 2021 年，我国有关消费金融诉讼案件分别为 1 037 件、2 672 件、8 556 件、19 034 件、20 581 件、18 094 件以及 15 420 件，近年来消费金融诉讼纠纷呈现出快速增长趋势(2020 年和 2021 年有所下降)。

2. 市场的快速发展提升了风控难度

消费金融机构逐渐向遵循金融发展规律，把握服务实体经济，防控金融风险，以自身的高质量发展服务实体经济高质量发展。对于公众来说，消费金融机构互相竞争下的新模式、新产品、新服务层出不穷，在一定程度上有效满足了不同消费者的金融服务需求。

对于消费金融机构来说，快速发展的背后也有挑战。从具体产品和业务来看，消费金融产品具有额度分级、支付便捷、使用范围广等特点，近年来更是几乎实现了衣食住行等场景的全覆盖。但是，便捷触达用户所带来的风险控制难度也在增加。

3. 风控一直是消费金融所面临的最大问题

众所周知，中国的数据非常分散，大量的数据保存在银行，但因体制原因导致银行不能很好地利用优质数据，而另一些基础数据分布在大的机构里(如百度、腾讯、阿里巴巴等互联网公司)，大量的交易数据和社交数据没有很好的共享机制，自然形成了信息孤岛问题。

中国不像美国有三大征信机构，可以比较权威地反映一个用户的信用状态，用户想要贷款就需要满足不同的授信要求。而中国的信贷环境不是特别好，数据比较分散，自然给风控带来很大的问题。

风险控制成为制约消费金融市场进一步拓展的要素，而中国的信用体系不健全成为制约消费金融发展的最根本性的因素。

8.1.2 消费金融经营的特点决定了风控是至关重要的问题

1. 消费金融的目标人群定位决定了风险控制的难度

消费金融的目标用户群定位于长尾市场的用户，而这类用户没有征信记录，安全还是对消费金融扩张主体也就为消费金融带来更大的风险和挑战。因此风控能力的高低无论是对消费金融提供主体的持续发展来说都至关重要。如果风控做不好，坏账率就高，会直接导致企业的生存危机。在消费金融领域，风控过程中最大的挑战是欺诈。其中身份冒用类欺诈占比最高，其次是团伙欺诈，以及账户盗用、恶意违约等。目前，国内的骗贷中介已经形成了一个十分强大的组织系统，它们利用身份冒用、虚假消费等手法专门研究消费金融提供主体的风控漏洞，通过受利益诱惑的无知民众或者老赖人员骗取大量贷款。特别是近年来，商户、中介、欺诈用户，甚至消费金融提供主体内部员工四者交叉的联合骗贷行为逐渐成为新型的欺诈手法，非法套取了众多消费金融提供主体的贷款。

2. 消费金融"小额、分散"的特点对于风险控制提出了挑战

金融具有"小额、分散"等特点，消费金融的受众群体逐步多元化，随着"互联网+大

数据”时代的推进，对于消费金融的风控则要求更高，响应速度更快，消费金融机构的重点不应完全放到获客方面，恰恰风控成为消费金融至关重要的问题。如果风控做不好，坏账率就高，会直接导致企业的生存危机。

随着消费金融市场的不断壮大，越来越多的公司开始抢滩消费金融市场，消费金融高速发展的同时，消费金融对技术的要求也越来越高，传统的风控体系已经不能支撑庞大的用户群和多种消费场景间的合作与对接，风控技术开始成为消费金融公司竞争的关键。

3. 消费金融风控网络完整但风控技术不足

在互联网金融时代，消费金融产品多样且丰富，吸引了众多机构加入到消费金融市场中，激烈的竞争背后反映的是金融风控的必要性，因此市场参与者必须解决好风控本质问题，才能保证消费金融业务平稳运行。目前，消费金融市场风控的发展现状为风控结构网络完整，但配套基础设施不健全，风控技术有待提高。消费金融行业的主要业务模式为线上线下相结合的 O2O 模式，该模式在线上与线下之间形成了一个完整的风控网络。在线下，风险控制设置了第一道门槛，用来对贷款申请进行初步审核。在线上，大多数消费金融机构都建立了贷前审批中心并采取“信贷工厂”的审批模式，为保证资金安全，避免出现“小样本偏差”风险，风险管理团队遵循“小额分散、大数法则”的原则对已通过初步审核的贷款申请进行集中审批，在此基础上还建立了贷后催收中心对贷后风险进行防范。虽然消费金融风控有一个完整的结构与流程，但是该领域较高的逾期率与坏账水平表明风控技术有待进一步提高，这也说明了目前风控体系配套的基础设施不健全以及风控数据共享不足等现象，因此消费金融市场的各参与者须不断提高风控技术，进一步提高风控水平。

8.2 消费金融面临的主要风险及特征

8.2.1 消费金融面临的主要风险

1. 信用风险

信用风险又被称为违约风险，根据银行业的风险理论，信用风险是指借款人因各种原因未能及时、足额偿还债权人或银行贷款而违约的可能性。

由于消费金融产品的授信是建立在客户信用基础之上的，因此，信用风险是消费金融面临的主要风险。首先，消费金融的主要客户群体为中低收入的“长尾”用户，相较于传统金融机构的高净值用户，还款能力与还款意愿更低，信用违约的主体风险更高。其次，从消费金融的客体来看，主要是采用互联网线上方式为广大境内消费者提供的无抵押、无担保的消费信贷，这种缺乏抵押担保的信用贷款，相较于传统金融机构的有抵押担保的消费贷款，其信用违约风险更大。再次，从消费金融的供给平台来看，大部分金融资质审核不严格，市场准入门槛相对较低。在竞争日益激烈的消费金融行业，这些缺乏竞争力的消费金融机构为提高业绩，往往存在着对潜在的“利基”用户过度授信的行为，从而导致消费者获得了超越其收入能力的消费金融配给，大幅提升了我国居民杠杆率。最后，我国征信体系不够健全。现阶段，我国唯一的征信系统即中国人民银行征信中心，中国 14 亿人口中，中国人民银行征信中心有征信记录的一共为 3.5 亿人左右，5 亿人只有简单的个人信息，相比中国 14 亿人口，征信记录的覆盖率不到 30%。在这样的背景下，消费金融的交易多方地域分布的全国化，交易额度的小额且分散化，并带来了行业居高不下的多头借贷问题，加剧了行业的信用违约风险。

与传统信贷业务的风控不同，消费金融行业多通过线上进行风控，其信用风险有独特之处，即触达场景多样性、客群特征差异性、风险暴露快速性及客户资信偏弱性。2021 年年末，信用卡逾期半年未偿还的信贷总额为 860.39 亿元，同比增长 2.59%，而 2011 年，这一数字仅为 110.31 亿元，10 年时间增长近 8 倍。

2. 欺诈风险

在风控中，欺诈风险比信用风险要大得多，所以反欺诈是重中之重。一般来说正常的客户，如果不是刻意骗贷的，只是因为家里出现突发事故、生意出现问题、暂时失业等原因而导致资金周转不过来而逾期的，这种情况毕竟是少数，而且借款只是逾期，能够还款的概率还是比较高的。因此，消费金融行业绝大多数不良是因为欺诈引起的。

一些信用风险较大的个人可能通过伪冒申请、提供虚假资料和虚假联系人、多头借贷等方式获取信贷资源；更有甚者，通过黑灰色产业的代办包装、组团骗贷等方式获取额度和资金，由于所谓的信贷中介谙熟各家银行的审核规则，它们就会通过各种手段对申请人进行包装以突破银行风控规则。虽然目前大多数金融机构宣称使用大数据和创新性模型进行反欺诈及风险评估，但是如果数据本身的维度和真实性存在问题，那么无论使用了多大体量的数据和多么先进的模型，其结果的可靠性都会大打折扣，导致欺诈风险抬升。

一般来说，欺诈主要包括个人欺诈以及团伙欺诈。随着欺诈手段和技术的提升，欺诈行为越来越难以由个体实施，而是依赖欺诈团伙有组织地进行，消费金融欺诈逐渐呈现出团伙化和专业化的趋势。团伙欺诈成为金融反欺诈中的重要问题。下面分别对消费金融的商户欺诈、团伙欺诈和数据欺诈风险进行介绍。

1）　商户欺诈

商户通过欺骗消费者，在消费者不知情的情况下制造虚假交易，套取金融机构资金的欺诈行为，叫作商户欺诈。随着场景金融进入各大垂直领域，这种隐蔽性较高的小额分散的受托支付形式，成为商户欺诈的重灾区。

以购机分期业务为例，这类业务通过"0 元购机""办套餐享优惠"的方式，吸引客户在购买手机的同时办理套餐服务，其中手机的购机费用由客户在金融机构办理信贷资金，并提前一次性受托支付给商户，信贷本金和利息在客户之后每个月的套餐话费中扣除，运营商会通过话费红包的形式给客户进行本息补贴。这类信贷业务虽然具备小额分散、受托支付的特点，其中却暗藏非常高的商户欺诈风险。购机分期大多采用线下营业厅地推进件的形式，营业厅的动机是卖出更多的手机、办理更多的套餐，因此如果营业厅通过欺骗消费者，在消费者不知情或不充分知情的情况下进行购机分期业务的推广，抑或联合黑产大量办理购机套餐，再将手机进行出售套现，套取金融机构资金，都会让金融机构遭受巨大的经济和声誉损失。

案例：销售商利用他人信息骗取合作贷款机构的贷款，构成合同诈骗罪

王某某系迪乐通信服务部经营者，其分别与佰仟金融服务公司、捷信消费金融公司签订分期购业务推广合作协议，共同向购买手机的客户推出手机消费分期业务。王某某自己或者经他人先后联系了刘某某等 24 人，通过虚构上述人员在迪乐通信服务部分期购买手机的事实，骗取佰仟金融服务公司贷款 9.8 万余元，捷信公司贷款 9 800 元，赃款用于归还债务、支付名义购机人好处费等用途。王某某以非法占有为目的，在签订、履行合同的过程中，骗取对方当事人钱财 10 万余元，数额巨大，其行为构成合同诈骗罪。

2）团伙欺诈

团伙欺诈是指欺诈分子有组织、有计划地对一家或多家金融机构实行消费贷款诈骗的行为。消费金融具备小额分散、客群下沉的特点，单体的欺诈难以获得较高的欺诈收益。消费金融真正的欺诈防范对手正是黑产团伙，这些团伙通过批量"养企养人"，有组织地寻找场景金融的"口子"，一旦发现金融业务风控漏洞，将会蜂拥而上，在短期内让金融机构遭受大量经济损失。

团伙欺诈通常表现为同一批申请人申请时间、地点接近，工作单位、工作岗位相似，资产资料有较为明显的共同点。多名欺诈分子对金融机构进行试探性申请，一旦通过申请后，欺诈团伙就会按照这名同伙的资料为其他申请人进行包装，并总结金融机构的风控政策与审核规律，使之后的申请更容易获得通过：第一组负责寻找合适的申请人；第二组通过黑产购买用户信息、虚假证件、资料并进行包装；第三组专门研究金融机构的风控策略，并负责电话审核的应答。另外，由于团伙欺诈金额较大，通常伴随着内外勾结行为，其中就包括银行的客户经理、消费金融公司的客户经理。

多年来，不论是商业银行信用卡、持牌消费金融公司还是互联网公司，都经历过一批批有组织、有预谋的团伙诈骗，或者骗取高额度信用卡套现后失联，或者以包装后的他人身份信息骗贷，其危害巨大，损失惨重，这就是"网络黑产"的魔力，可谓触目惊心。当今的消费金融欺诈主要来自"网络黑产"，而这一产业正在往技术化、产业化、国际联网方向发展。中国互联网协会《中国网民权益保护调查报告 2016》显示，网络"黑产"直接从业者超过 40 万人，算上"黑产"上下游人员共 160 万人，游离在市场上的身份证约 1 000 万张。数据显示，2017 年，网络欺诈导致的损失已达到我国 GDP 的 0.63%，损失估计高达 4 687.2 亿元。

3）数据欺诈

数据欺诈是指场景平台或商户通过数据造假的方式，让金融机构错误评估其经营情况和交易信息，进而作出错误的决策。场景平台和黑产数据造假的动机有两类：一类是为欺骗金融机构，伪造虚假交易主体和交易信息，通过受托支付的形式骗取信贷资金；另一类是为欺骗投资人，通过伪造财务报表、刷单、伪造平台活跃客户等手段，骗取投资资金，与此同时也波及了与平台合作场景金融业务的金融机构。比如，B2B2C 电商平台是 B 端经营场景金融的重要模式，金融机构根据电商平台的买方或者卖方商户历史留存的订单、支付、物流、评论等信息，为商户提供经营类金融服务。然而，电商平台的商户为提升其在平台的搜索排名和销量，可能会采用刷单、刷评论等手段进行数据造假。无论商户是为了"主动骗贷"还是为了提升自身平台排名而"无心插柳"，这种数据造假都会让金融机构错误地评估其经营资质，从而给出错误的授信结果。

3. 操作风险

巴塞尔委员会认为："操作风险是指由于不完善或者有问题的内部操作过程、人员、系统或者外部事件而导致的直接或者间接损失的风险。"银监会将操作风险定义为："操作风险是指由不完善或有问题的内部程序、员工和信息科技系统，以及外部事件所造成损失的风险。"操作风险是指工作人员或系统作业处理不当，因而给客户及公司造成直接或间接损失的风险。此类风险最容易被忽视，可是一旦发生就可能造成严重损失。

消费金融属于新行业，而场景消费金融既具有互联网科技属性，又具有消费属性，还具有金融属性，具有综合创新的特征。场景消费金融产生和发展具有摸索的性质，容易出现管理漏洞，导致损失。在场景消费金融的业务流程中，由于缺乏监管，消费金融服务商在一些业务经营中可能存在着诸多操作性风险：劝诱性宣传、不了解客户、不当催收、信息披露不足、泄露用户信息。而内部员工的操作风险也尤为典型，例如：内部机密、数据的外泄，管理操作不当等。一方面，应该加强内控合规、公司规章制度的建设、健全；另一方面，员工制度的学习、培训、公司文化建设也十分重要。比如，中银消费金融因 2018年 8 月至 2019 年 6 月贷款调查、审查不尽职，2018 年 4 月至 2019 年 12 月存在以贷收费的行为，2021 年 5 月被上海银保监局处以罚款 100 万元。

4. 合规风险

消费金融是一个高度复杂、深度专业、风险遍布的行业，因而必然受到监管政策的制约。合规是消费金融行业生存和发展的根基，是实现稳健经营的关键。场景消费金融下的合规风险是指消费金融企业在开展场景消费金融业务时，未遵守法律、法规、规章、行业协会强制性自律性规范和其他规范性文件，可能遭受法律制裁或监管处罚、财务损失或声誉损失，给企业实现经营目标带来不利影响。一方面，对于消费金融行业来讲，行业监管政策也是"摸着石头过河"，不仅法律规范界定较为模糊，而且行业监管政策变化较为快速，从而对一些消费金融的创新业务带来阻碍。由于场景的分散化，在具体场景上的法律法规还不够完善，机构有可能突破现有监管边界，欺诈客户的资金，如非法集资等。另一方面，对客户而言，遭受损失的时候获得自身合法权益较为困难。场景金融中机构需要连接众多合作商户，这些合作中各自的权限需要有合法合规的法律文件作保障。

新监管形势在不断强化，场景消费金融乱象治理也在稳步进行，近年来银监会对北银消费金融、马上消费金融、海尔消费金融、湖北消费金融等的违规行为都给予了行政处罚。以北银消费金融为例，2017 年 8 月，北京银监局就北银消费金融严重违反审慎经营规则，超经营范围开展业务，提供虚假且隐瞒重要事实的报表，开展监管叫停业务等内容展开处罚。而早在 2015 年 11 月、2016 年 7 月，北银消费金融就因业务违规受到银监会处罚。据悉是北银消费金融和一些中介公司合作来发展客户，而合作公司违规骗现，通过"拉人头"方式骗取贷款，最后客户大量逾期，许多人向法院起诉，造成了恶劣的社会影响。

5. 网络安全风险

网络安全风险通常是指在消费金融交易中，其所依托的数据传输网络而带来的安全隐患风险。消费金融往往倚重大数据、云计算、人工智能等金融科技，但是新技术是一把"双刃剑"，可以提高效率，增加利润，消费金融与金融科技融合之后，一些带有金融科技特性的风险也随之而来。网络黑客入侵，数据库和服务器漏洞等一直以来都是互联网发展过程中的问题。而消费金融提供机构既掌握大量客户金融数据，更储存电子账户资金，因此历来都是网络攻击的重灾区。由于网络金融犯罪不受时间、地点限制，作案手段隐蔽，犯罪主体呈现年轻化趋势，往往是高智商、高学历人群，更形成了黑色产业，进行集群式犯罪。同时，消费金融提供主体内部也发生过系统操作、管理人员等内部犯罪的案例。因此，消费金融提供主体在自身安全管理、内控合规、网络安全技术等方面都需要进一步加强，以防范风险。

6. 场景消费金融中的特有风险

场景消费金融中的特有风险，比如3C分期中的套现风险、校园分期中的社会舆情风险等。这些风险都隐匿在不同的场景中，需要在设计产品时进行充分考虑，并给出相应的应对机制。例如，3C分期行业套现风险就包括三种：一是借款人的套现风险，即借款人与套现中介合谋骗取贷款并向套现中介支付服务费，以及借款人与商户勾结，通过虚假交易套现并支付商户部分报酬；二是商户的套现风险，即3C销售商作为套现者，通过虚构借款人资料和信息，制造虚假交易套现；三是套现中介的套现风险，即套现中介通过"圈人头"，串通手机销售商内部销售人员套现。由此可见，套现存在诸多增大风险的因素，对于场景消费金融提供机构而言，增加了客户还款的不确定性。

8.2.2　消费金融风险的主要特征

1. 风险扩散速度快

如今，在消费金融行业内，大多数消费金融机构主要采用互联网方式展业，消费金融是网络技术发达与金融业开放并行的产物。消费金融采用多维度、高门槛的数字技术，并逐步代替传统的线下人工审核、纸质化作业的信贷模式。通过深度采用数字技术，消费金融具备强大的信息技术支持，可以全程线上操作，远程进行申请，大大提升客户体验。

技术的革新使得消费者实际承担的利率降低，促使消费者有激励性购买消费金融产品，但技术的革新在提升金融产品效率、降低金融产品利率的同时也增加了消费金融的风险，加速了风险的传播速度和广度。相比传统消费金融下的"线下申请—机构审核—机构放贷"模式，互联网消费金融下的"线上申请—快速审批—机构放贷"模式所遇到的风险更大，扩散速度更快，而且很难在短时间内处理和化解。

2. 风险监管难度高

随着信息技术的日益普及，消费金融行业日益从传统消费金融向互联网消费金融迈进，消费金融风险防控和金融监管要求更高。互联网消费金融日益摒弃传统消费金融线下"铺网点、搞地推"的模式，将消费者从线下申请转移到线上移动端、个人电脑端申请。

在技术的驱动下，消费金融交易日益数字化、虚拟化，导致消费金融机构很难定位消费者的申请位置和交易时间，无法有效追踪消费者的信贷资金用途。整体而言，消费金融交易过程缺乏信息透明度，致使金融风险形式层出不穷。在此情形下，消费金融的监管机构与被监管机构之间形成一道"信息壁垒"，消费金融监管机构难以有效检测到消费金融机构(尤其是互联网消费金融机构)的实际运行情况，对消费金融行业的监管难以穿透，这种信息不对称导致消费金融风险监管难度较大。

3. 风险交叉传染性强

在传统金融监管语境下，金融监管机构往往采取分业经营、设置市场屏障或者特许经营等各种方式，将金融风险进行相对隔离。然而，金融科技背景下的消费金融不同于传统消费金融，它不仅影响某一细分领域，而且还广泛影响到与其相关联的消费金融上中下游产业链，其内在关联性与传染性很强，如果消费金融与商业银行主导的传统金融结合，那么消费金融便很有可能成为一个触发机制或者是"蝴蝶效应"的起点，导致重大金融风险。

对于金融科技而言，它最明显的特征便在于"互联互通"，这种特征能够特别有效地打破物理隔离的环境，所以如今我国多家金融机构开始通过金融科技方式开展综合化经营模式。消费金融作为金融机构的重要板块，与其他细分板块具有密不可分的关系。如果消费金融板块产生风险，那么它很可能会将其风险延伸至其他相关板块，形成金融风险的交叉"感染"。对此，我国需要加强金融科技背景下消费金融的"防火墙"建设。

4. 风险具有一定的"长尾"性

不同于传统金融机构注重金融风险防范、定位高净值客群的特性，消费金融在商业目标的刺激下对于金融风险的防范较为宽松，主要定位于以蓝领工人、年轻白领等为主的"长尾"客群。不过，这些"长尾"客群的金融知识、风险识别和承担能力相对欠缺，属于金融系统中的"弱势"群体，容易遭受误导、欺诈和不公正的待遇。而且该客群的收入普遍不高，一旦发生信贷逾期，虽然大部分客户有如期还本付息的意愿，但是依然可能在收入约束背景下产生群体性逾期，具有较为明显的负面效应，波及客群数目众多，对社会的负面影响较大。

8.3　消费金融风险形成机理

对于消费金融行业所面临的各种风险，根据是否具有内源性，可以将其分为内源性风险与外源性风险。内源性风险包括信用风险、欺诈风险和操作风险，属于内部风险；外源性风险包括法律合规风险与网络安全风险。图 8.1 所示为消费金融风险形成机理。

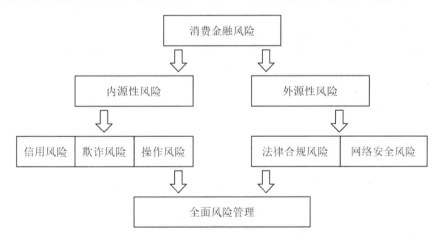

图 8.1　消费金融风险形成机理

8.3.1　消费金融内源性风险的形成机理

1. 信用关系脆弱导致的信用风险

通常而言，信用风险是指交易双方中因其中一方无法履行义务而产生损失的风险。那么对于消费金融来说，它的信用风险是指债务人未按照约定履行还款义务，给消费金融机构经营目标所带来的不利影响，这是一种信贷客户完全不具备还款意愿的风险。消费金融主要目标客户为"长尾"用户，具有收入水平较低、信用质量较差、贷款费用较高、消费习惯一般等特点，而这些特点的叠加，可能会带来消费金融行为的信用风险。

消费金融信用风险的产生可归结于以下几类原因。其一，消费金融所面对的消费场景通常是小额、分散、无抵押、针对个人的信用贷款，缺乏较为足额的信用或实物支持，致使面临的信用风险较大，这是消费金融机构所面临的主要风险。如何在金融科技的背景下，建立合规有效的风控模型(比如通过设立反欺诈模型防范欺诈风险)，有效识别信用风险，是消费金融风险防范的重中之重。其二，如今互联网消费金融往往采取数字化、智能化的展业方式，消费金融机构基于大数据技术对消费信贷申请进行机器审批，审批具有在线化、无纸化、快速化等特点，并不能如传统线下审批模式"面对面"地识别真实用户，而且此类消费信贷还面临着真实用途难以知悉、贷款用途管理不到位等困境。其三，消费金融难以有效识别"多头借贷"以及"共债风险"等问题，部分借款人往往同时从多家消费金融平台进行贷款，或者在不同平台之间"借新还旧"，其贷款金额往往远超其还款能力，导致信用违约风险很高。然而，由于我国目前个人征信体系并未打通，各消费金融机构平台并没有实现互联互通，所以导致消费金融行业的"多头借贷"的识别困境以及"共债风险"不断上升。其四，社会保障体系的严重不足。贝尔托拉(Bertola)等通过分析四个国家(西班牙、法国、澳大利亚与比利时)的消费信贷数据，发现失业和疾病是导致居民违约的主要原因；Domowitz&Sartaro 等人的研究表明，消费者金融教育的不足，也是居民违约的主要原因。这些都充分说明社会保障体系的不足，可能导致消费金融用户"返贫"，没有能力也没有意愿还本付息，从而导致信用风险的扩大。

信用风险的风控重点在于，甄别客户违约的原因究竟是还款能力，还是还款意愿问题。如果客户真的由于各方面的原因，暂时不具备还款能力，这是概率问题。即使发生了，处置起来也不会有什么损失。而如果是还款意愿问题，则存在较大的资金损失概率。

2. 内控机制失灵导致的操作风险

消费金融既具有消费属性，又具有金融属性与科技属性。换言之，消费金融行业具有综合复杂性。

倘若消费金融企业内部控制机制失灵，则很可能放大操作性风险。金融科技背景下的消费金融发展还处于摸索中前进的阶段，消费金融内部容易出现管理漏洞与损失。而且，在消费金融的"贷前""贷中"以及"贷后"业务流程中，由于在企业内部治理上存在着内部控制与风险防范缺失的问题，可能在一些消费金融业务中存在着诸多操作性风险，如劝诱性宣传、不当催收、信息披露不足以及用户信息泄露等。其中，内部员工的操作风险尤为典型，例如内部数据的泄露、管理不当与操作有误等。

3. 风险管理欠缺导致的欺诈风险

个体欺诈的欺诈风险形成通常经历欺诈酝酿、欺诈发生两个步骤，群体欺诈的形成过程是一个由欺诈酝酿、欺诈发生、欺诈传播构成的闭环。

欺诈酝酿是欺诈意图萌芽到形成的过程。根据欺诈意图形成时间可以将欺诈酝酿分为贷前欺诈酝酿和贷中欺诈酝酿。贷前欺诈酝酿是指欺诈意图形成于贷款合约签订之前，这种欺诈是主观欺诈，借款人毫无还款意愿。贷前欺诈意图有两种情况。一种是借款人对消费贷款风控较为了解，知道消费贷款依托便利性和低风控成本存活，认为贷款机构对欺诈风险识别能力不足，通过包装申请资料可以很容易通过风控审查，并且贷款机构对骗贷案件贷后处置能力弱，即使自己违约也未必遭受惩罚，随即萌生了欺诈意图，并且在搜集目标贷款机构的进件材料和风控偏好的过程中，确认了目标贷款机构符合前期预测，欺诈意图完全形成。另一种是借款人法律知识淡薄，对消费信贷产品和风控不甚了解，对违约惩罚亦不清楚，但看到周围亲友骗贷成功，认为有一种操作简易、中介费低却可以获得大额现金的方式，在他人煽动下欺诈意图不断强化，决定效仿他人进行骗贷。贷中欺诈酝酿按照欺诈意愿形成的原因，也可分为两种情况：一是借款人申请贷款的时候本没有欺诈意图，但是在申请贷款后由于财务状况恶化，从而产生欺诈违约故意；二是借款人向多家信贷机构借款，借新债还旧债，在循环贷过程中，借款人明知存在无法借到新的贷款用于偿还本次贷款的可能，仍然提交贷款申请，循环一旦打破，本次贷款欺诈酝酿就形成了。

欺诈发生是指借款人因欺诈心理而违约，导致信贷机构遭受经济损失。如果说欺诈酝酿是借款人违约心理承受能力逐渐强化的过程，那么欺诈事件发生就是借款人将欺诈意图付诸实践的过程。在互联网信贷业务中，各家信贷机构都会在贷款到期还款日前向借款人发出还款提醒，借款人此时会再次对自己的履约能力和违约后果进行评估，如果经过评估借款人违约心理承受能力不变或者更强，借款人就会真正地实施欺诈。

欺诈传播是指借款人在实施骗贷不当获利后向他人鼓吹骗贷，或者他人效仿借款人进行骗贷的过程。特别是互联网消费信贷中家族骗贷、区域骗贷的现象十分明显，这主要是基于以下两种传播途径。一种是亲密联系人传播，这是典型的家族骗贷的传播途径。一个借款人骗贷成功后，会向亲友推荐信贷产品，亲友作为借款人经历欺诈酝酿和欺诈发生。另一种是黑产数据共享。互联网骗贷产业几乎与互联网信贷产业同时起步，经过几年的发展，黑产也织出了一张信息网，黑产之间信息互通、数据共享，一家黑产骗贷实施成功后，会招来多家黑产入市。实际业务中欺诈传播有两个特点：一是欺诈传播不具有方向性，通常是发散性地传播，即借款人在可传播范围内不会指向性地选择特定对象传播，可能传播给亲人，也可能传播给同事或者同学，传播给谁主要取决于双方的亲密度；二是欺诈传播距离短，主要是亲密的一度关联人(自己直接可以联系到的人)，一般不会超过二度关联人(一度关联人的直接联系人)。

8.3.2　消费金融外源性风险的形成机理

1. 法律体系不健全引发的法律合规风险

消费金融行业作为一个发展时间短、发展速度快的创新金融业态，在法律规制层面，由于法律制定具有滞后性与时效性，所以当前我国有关消费金融的法律规范依然存在着严重的供给不足问题，相关法律细则以及监管要求尚不明确。

第一，关于消费金融的最高利率、"砍头息"等规定模糊，并没有从高位阶法律上具体明确消费金融利率问题。虽然最高人民法院于 2020 年修订了《关于审理民间借贷案件适用法律若干问题的规定》，将原来的民间借贷利率保护上限从 24% 变为 15.4%(4 倍 LPR)，但是一方面，该项法律规范的法律位阶较低，只是最高人民法院出台了相关法律解释；另一方面，《关于审理民间借贷案件适用法律若干问题的规定》的规制对象为民间借贷，而非具有消费金融牌照的机构，在司法实践中，不同基层法院可能具有不同理解，采取不同裁判。

第二，关于消费金融的资金渠道问题。虽然根据《消费金融公司试点管理办法》，消费金融公司可以通过同业借款或者发行金融债券等方式募集资金，但由于缺乏具体操作细则，因此，须进一步明晰相关资金来源条款。

第三，关于消费金融的资金用途问题。对于消费金融公司贷款使用用途的监管亦存在难以把控情形，纯粹消费场景或许可用于日常生活周转，不过中间的使用范围便很难界定，能够保证的就是客户贷款资金不会流向股票市场、房地产市场、债券融资等高杠杆领域，但是对于那些用于生意周转、生产设备原材料购置等方面的资金亦难以把控。

第四，关于消费金融的个人破产问题。当前我国已经具有针对企业的《中华人民共和国企业破产法》，但是并没有颁布个人破产法，也未建立起个人破产法律制度。风险社会背景下的消费金融，倘若没有金融法治的有效保护，就好比在暴风骤雨中把伞丢开，放弃保护，需要从法律源头上完善消费金融法治，有效保护消费金融合法权益。

2. 金融科技快速迭代引发的网络安全风险

随着以大数据与人工智能等为代表的金融科技迭代发展，这些科技全面渗透消费金融行业，消费金融系统后台往往都严重依赖金融科技。不过，由于金融科技的快速迭代与理论认知深度不够，导致金融科技在消费金融行业的深度应用中容易引发网络安全风险。

第一，虽然大数据、人工智能等金融科技在消费金融领域有大规模的实践应用，但是此类科技是新一代的信息技术，依然主要是理论上的认知，它是一种不全面的认知，而且这些技术模型复杂程度较高，所以在应用于消费金融领域时，很有可能由于理论、认知以及模型等因素带来信息科技风险，这需要我们继续深入探索。

第二，金融科技全面贯穿于消费金融的"贷前""贷中"与"贷后"的应用，在消费金融实践应用中，尤其是消费金融机构在消费者信息分析与信息保护环节面临着由于金融科技发展而引发的信息科技风险。消费金融机构的发展离不开金融科技的支持，那么通过金融科技"抓取"与分析消费者相关信息尤为重要，不过如何能够在法律规范准许的范围内，合法地获取与分析客户全面信息，对于在法定权限范围内降低消费金融机构贷款损失率，提高公司净利润具有重大帮助。信息科技的过度使用，导致大量消费者信息在信息传递过程中被非法窃取与不当利用，并给信息系统的稳定性带来风险。在此过程中，消费金融机构如何切实保护消费者信息，避免冒用信息申请贷款，对于消费金融机构而言具有重大考验。

8.4　消费金融风险控制的措施

消费金融的风控就是对客户不还钱的可能性做侦查、判断并对其进行管控，需要考虑的就是这个客户的还款能力、还款意愿以及公司的政策松紧。消费金融风险控制的三个环节为贷前审核、贷中监控、贷后管理。贷前审核通过对用户进行各方面的资质审核，决定是否通过其贷款申请。贷中监控根据用户的使用率及经济稳定性，动态调整其借贷额度。贷后管理通过制定定期催缴策略，对高风险用户进行提前预警，保证借贷资金的正常收回。这三个环节相互作用，构成整个消费金融风险控制体系，如图 8.2 所示。

图 8.2　消费金融风控流程

贷前审批、贷中反欺诈以及贷后逾期催收是消费金融风控最重要的组成部分。

8.4.1　贷前审批

1. 消费金融风控数据的来源与分类

消费金融业务由于借款金额小，用户分散，即"小而分散"的特点，使得传统金融那种低效率高成本的运作模式行不通，势必会衍生更科学、更智能的决策方式，这使得数据决策化成为必然。"数据"是基础，是整个风控体系的根基。

另外，大数据技术的日渐成熟也推动了传统信贷数据之外的数据在风控方面的应用。对于消费金融风控，数据源主要来自三个方面：一是用户申请过程中填写的数据和埋点时采集的行为数据和日志数据；二是第三方合作数据，如人行征信数据、多头借贷等数据；三是互联网上的数据。

常用到的数据大致可以分为四类：一是信息核查类，如身份证认证、银行卡认证、运营商认证等，用于核验借款人的身份真实性；二是反欺诈类，包括黑名单、多头借贷、工商/法院执行、设备指纹、行为轨迹等数据；三是信贷表现类，包括贷款记录、贷款使用、逾期信息等数据；四是用户画像类，包括基本属性(如性别、年龄、籍贯等)、人际交往圈、电商消费、运营商通话等，如图 8.3 所示。

消费金融风控所需要的数据以前绝大部分是可以通过第三方数据公司获取，但是，随着 2017 年 6 月 1 日我国首部网络安全法规——《中华人民共和国网络安全法》的正式施行，个人用户数据的采集会涉及用户隐私，当前政府对数据的监管越发规范和严格，因此，无论从合规性还是从数据本身的可靠性和稳定性考虑，金融机构都应当首先充分挖掘和利用自有数据，再者优先与正规的征信机构合作(数据服务现在也是征信机构的主营业务之一)。2019 年 11 月 6 日，中国互联网金融协会下发《关于增强个人信息保护意识依法开展业务的通知》，对爬虫类数据服务商进行了取缔和整顿，这对部分金融机构的业务造成了一定的影响。数商时代，数据就是商品，数据就是企业的生命线，是现代消费金融的风控基石，所以它的安全性、稳定性怎么强调都不为过。

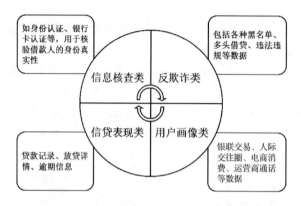

图 8.3　消费金融风控之数据分类

2. 信息核验/贷款申请审核

在消费金融风控的三个环节中，贷前审核是信贷风险控制最重要的环节。该环节主要通过两个流程判断是否通过用户的贷款申请。首先，通过欺诈检测判断用户是否具备还款意向。欺诈用户通过盗取或冒用他人身份进行借贷申请，主要目的是骗取平台的借贷资金，在业务场景中需要直接拒绝该类用户的贷款申请。其次，通过违约预测判断用户是否具备还款能力。违约用户具备还款意愿，但是可能会由于其自身经济情况恶化无法按时偿还借贷资金，在业务场景中同样需要拒绝该类用户的贷款申请，减少不良贷款。总的来说，贷前审核就是通过对用户进行核查和筛选，过滤欺诈的用户，拒绝违约的用户，放贷给正常的用户。贷前审核环节的基本流程如图 8.4 所示。

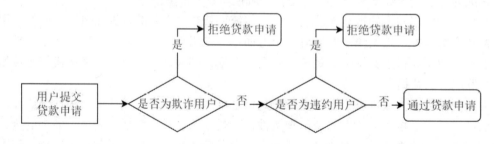

图 8.4　贷前审核环节的基本流程

在金融信贷业务中，信息核验是用户申请进件后的第一个风控环节，通过对用户的个人信息(如姓名、身份证号、手机号、银行卡号等)进行真实性校验，可有效控制恶意欺诈风险。

此外，还需要对用户的信用资质进行核验，比如对借款人的历史借贷、消费特征等行为进行分析，前置性判断用户的还款能力(经济实力)和还款意愿(道德风险)，结合海量合规风险数据，甄别借款人是否曾经在司法机关、金融、信贷等机构出现过不良记录，为信贷决策提供可靠的参考依据。

8.4.2　贷中反欺诈

反欺诈在整个信贷领域里是非常重要的一个模块，它的目的并不是挖掘真正的信用风险，而是想识别它的欺诈风险。识别欺诈包括名单过滤、欺诈检测、多头识别、交叉验证等。下面着重介绍消费金融领域欺诈检测的常用方法。

1. 规则引擎方法

规则引擎是由经验驱动的反欺诈方法，依赖于从大量历史交易中总结出来的专家经验。反欺诈专家对历史欺诈交易行为的特点进行归纳、分析，提炼出欺诈交易的行为模式，建立反欺诈行为规则，并应用于未来交易的分析和判断，从而识别欺诈交易行为并进行处置，例如设立 IP 黑名单、电子邮件域等。

一般来说，金融欺诈所涉及的交易行为都具有非正常的交易属性，由于缺乏与实体经济活动所一致的资金运作规律，金融欺诈行为往往呈现出交易对象异常、交易数量异常、资金走向异常等特点。因此早期的欺诈检测多是基于规则的，专家通过具体交易场景来设计欺诈规则，如果某个交易行为触发了事先定义的规则，则会被系统定性为欺诈。欺诈行为的判断规则并非只有一条，而可能是多个规则构成的规则集。Sdnchetw 公司利用关联规则来研究智利零售公司的信用卡欺诈数据，从包含真实欺诈性交易的数据集中利用模糊关联规则挖掘算法提取了一套关联规则，并将这些规则与风险分析师所采用的标准进行比较。这种方法仍广泛应用于银行等金融公司的风控系统中，如交通银行于 2010 年开发的"反欺诈管理系统"，通过对历史收集的欺诈案例进行分析形成规则和模型，从而对可疑的交易进行监控。

但随着金融交易复杂性的提升以及交易场景的丰富，基于专家规则进行反欺诈的局限性逐渐暴露出来，如不能枚举所有业务场景、容易被破解。例如 IP 黑名单可以通过 VPN、匿名代理等服务轻松规避，在良好的电子邮件域下，可使用临时的电子邮箱地址进行虚假账户注册来产生。有实验表明，在仅使用规则引擎的情景下，欺诈团伙可以通过申请信誉良好的邮箱后缀或者是使用不同的 IP 地址来规避规则引擎的检查。因此，仅依赖传统的规则引擎方法是远远不够的，基于数据驱动的方法开始应用到金融欺诈检测中。

2. 机器学习模型

机器学习反欺诈模型是数据驱动的反欺诈方法，它通过大数据技术采集的交易特征变量，基于历史数据(即已知的欺诈申请和正常申请的数据)，使用机器学习算法对数据进行统计和回归分析，从而发现欺诈交易的行为模式和行为特征，对交易数据进行监测，及时发现异常的交易行为，实现欺诈预警。

对于个人欺诈检测，主要采用的有逻辑回归、支持向量机、决策树、自组织映射等。

利用混合方法是近年来的趋势，可以利用多种算法的优势来对样本进行分类，识别欺诈。帕尼格拉希(Panigrahi)的信用卡欺诈检测系统由四部分组成，分别是基于规则的过滤器、登目斯特-谢弗(Dempster-Shafer)加器、数据库中历史交易记录和贝叶斯学习器。其中，交易样本先通过基于规则的组件将交易分为正常、异常和可疑。一旦交易被发现是可疑的，再通过贝叶斯学习判断可疑样本与历史的欺诈样本的相似性，最终通过是否超过阈值来判断是否为欺诈交易。混合方法与其他单一方法相比，对信用卡欺诈检测系统的性能有非常高的积极影响。

3. 基于图模型的反欺诈方法

不论是规则引擎还是机器学习模型，都是从历史案例中发现金融欺诈时重复出现的个体行为模式。这个方法在信用风险评估等多个领域被证明为有效的，然而在金融反欺诈问题上却表现一般，原因在于随着反欺诈技术的进步，欺诈行为越来越难以由个体实施，而是必须依赖欺诈团伙有组织地进行。作为天然的关系网络的分析工具，基于图模型的反欺诈方法可以反映出欺诈者以及欺诈行为之间的关联关系，这更有利于从正常行为中识别出异常的身份造假、身份冒用、代办包装、团体欺诈等恶意欺诈行为。

在欺诈领域中，欺诈者或者是欺诈行为之间是相互关联的，以其关联信息来构成关联网络，在此基础上可以进行推理推断以及图算法的应用。Peng 通过抽取通话记录进而转化成网络，使用标签传播进行社区发现，从而在此基础上进行欺诈发现。此外，基于图的异常检测也可以帮助发现大型网络中的异常现象，异常通常表现为关系异常，知识图谱本质上是以实体为点和关系为边的结构组成，通过对图的结构进行关系分析来找出那些异常点，是找到欺诈人或者是欺诈事件的关键。

8.4.3 贷后逾期催收

逾期催收是贷后风控的关键环节。逾期催收策略是根据信贷用户的逾期账期、逾期余额、模型评分、客户画像等方面，来制定具体的催收规则。图 8.5 所示为信贷逾期客户管理的主要结构。

图 8.5　信贷逾期客户管理的主要结构

1. 逾期管理分析

1) 逾期账期

针对逾期账期维度，根据客户的逾期时长可以分为低账龄、中账龄、高账龄三个类别。对低账龄客户可以采用短信、邮件、微信、电话等以提醒为主的催收方式；对中账龄客户主要采取以电话施压为主提高催收强度的方式；对高账龄客户则主要采取上门、委外、司法等较强催收方式。这类催收策略对于金融机构是通用的，由于没有逾期余额、还款意愿、催收反馈等情况的约束，是业务机构最初始的催收方案。

2) 逾期余额

对于逾期余额维度，主要根据逾期金额大小、风险水平等，来决定催收动作的次序。如果优先催收大额，可以在同等时间下提高催收回款额。此外，除了要考虑逾期金额大小、金额占比之外，也要明确当前逾期状态是首次逾期还是历史逾期，这对于明确逾期金额的风险性有较好的参考。

3) 模型评分

根据模型评分制定催收策略，是目前较多金融机构在贷后环节应用的一种方式，即通过具体的模型量化分数评价客户的逾期程度，常见的有催收模型评分、失联模型评分、账龄滚动率模型评分等。消费金融催收模型如图 8.6 所示。而对于每类模型，可以根据具体场景分为不同逾期状态的模型，例如银行信用卡中心的催收评分卡模型，可进一步细化为 M0M1、M1M4、M4+等模型。这里的 M 是还款月(months)的简写；M0 是指最后缴款日的第二天到下一个账单日，即下一个还款日(还款日到还款日+一个月+一天的时间段内没有还钱则称为 M0 逾期)；M1 是 M0 时段的延续，即在未还款的第二个账单日到第二次账单的最后缴款日之间(在 M0 基础之上再加一个月)；M2 是 M1 的延续，即在未还款的第三个账单日到第三次账单的最后缴款日之间；M3 是 M2 的延续，即在未还款的第四个账单日到第四次账单的最后缴款日之间；M4 是 M3 的延续，即在未还款的第五个账单日到第五次账单的最后缴款日之间。超过 M4 时段的逾期账户称为 M4+，该情况的账户多为银行无法联系到持卡人的，或者是存在伪冒卡及盗用卡的。在具体催收策略制定中，以催收评分与失联评分综合应用为例，对于催收评分高且失联评分低的客户，可以采取机构内部催收；对于催收评分低且失联评分高的客户，可以委托外部催收。

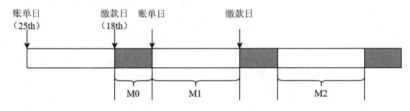

图 8.6　消费金融催收模型

4) 客户画像

客户画像主要从不同客户群体的特征分布，来辅助催收策略的制定与实施。客户特征主要为基本信息，包括年龄、性别、婚姻状况、工作年限、学历程度、住房类型等。例如，对于同样的逾期金额，不同年龄的风险程度是有较大区别的，年龄 40+的逾期客户，比年龄为 30~35 岁逾期客户的风险程度要明显大一些，主要原因为两个年龄阶段的整体资质、能力有较大差异。因此，在综合逾期账期、逾期余额、模型评分等维度的情况下，客户画像的特征也是具体催收策略制定的重要因素。

在实际业务场景中，金融机构针对逾期客户制定催收策略的过程中，并不是单纯根据逾期账期、逾期余额、模型评分、客群画像某一个维度，而是综合考虑其中几个维度或全部维度来制定，只有这样多方面考虑，才能有效提高催收效率，实现信贷整体业务的效益。

2. 逾期催收流程

根据催收渠道的不同，逾期催收可以分为内部催收与委外催收。内部催收是指信贷机构依靠自有催收团队来进行逾期催收；委外催收是指委托外部催收机构实现催收回款。在金融信贷业务领域，一般认为，逾期程度 M2 及以内的适合信贷机构内部催收，而逾期程度 M3 以上的多数是委托外部机构来催收。在具体逾期催收的业务中，不同金融信贷机构由于管理方式、产品特点、客群特征等差异，在逾期催收的制度与流程等方面有较大差异，但

消费金融

整体的业务结构与催收方式比较类似。现举例某金融信贷机构的催收业务流程，简要描述一下逾期催收策略的实现方式，分别如图 8.7～图 8.9 所示。

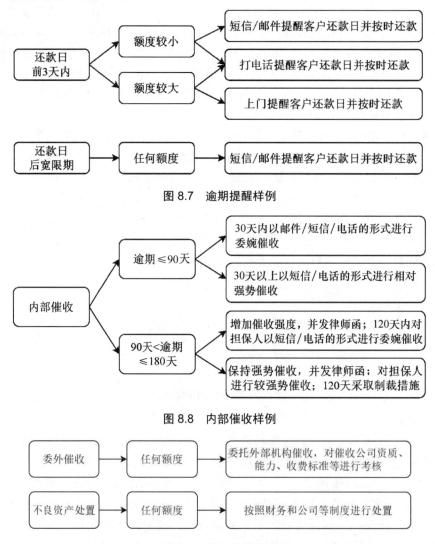

图 8.7 逾期提醒样例

图 8.8 内部催收样例

图 8.9 委外催收样例

在信贷用户还款日前 3 天，金融机构需要对其进行还款提醒，如图 8.7 所示。对于借款额度较小的客户进行短信、邮件提醒，并请客户及时还款，避免影响自身信用记录；对于借款额度较大的客户，除了短信、邮件提醒外，还需要打电话进行还款提醒；对于某些额度大且还款账户发生变更的情况下，特别需要打电话提醒甚至上门提醒。在还款日截止时点之前未到账的客户，例如企业贷款产品，金融机构往往会立即电话通知借款人并咨询具体原因。对于个人信贷金融产品，例如银行信用卡产品，还款日期会存在几天宽限期。当借款用户在还款日没有还款但仍然在还款宽限期内，信贷机构主要采取的提醒方式仍为短信、邮件、电话等。如果是企业大额产品，金融机构还会重新审核借款用户的档案材料，并到客户经营场所实地考察，明确客户产生逾期情况的具体原因。

当借款用户产生逾期，逾期超过宽限期后且在 90 天以内，信贷机构一般是依靠自有团队进行催收。对于逾期 30 天以内的客户，主要采用短信、邮件、电话等形式进行委婉催收；而对于逾期 30 天以上 90 天以内的客户，主要通过电话等进行强势催收，给予借款人的压力不断增加，以提高催收回款率；当借款用户逾期 90 天以上且在 180 天以内，信贷机构在增加催收强度的前提下，很多情况下会结合司法手段给客户发送律师函，同时会联系借款用户申请时留下的联系人，以有效提高催收回款的可能性。

当借款用户逾期超过 180 天后，金融信贷机构一般会委托第三方催收机构进行催收，当然对于外部催收机构，也是选择那些具有资质且催收合法的机构。对于逾期客户，如果经过内部催收与外部催收多个阶段的催收，最终仍然无法催回逾期款项，信贷机构则需要启动不良资产的处理流程，按照不良资产处理制度与方式，以尽力挽回信贷资本，减少整体信贷业务的逾期损失。对于不良资产处置环节，主要是针对个人或企业信贷+抵押贷联合产品，在具体的实际业务中也是非常重要的。

通过以上对信贷催收策略的介绍，对信贷金融机构的催收管理结构与策略规则实施，可以有个初步的、整体的认知。但是，这里需要说明的是，对于不同阶段的催收流程，当在某个环节已经催回逾期款项时，虽然无须进行后续流程，但此客户在信贷管理系统中的贷款状态会更新为"次级"状态，在后期客户风险监控流程中需要特别对待，即以非正常客户进行关注。同时，这对整个信贷业务的客户管理与策略制定，具有可直接参考的信息价值。

3. 失联预测模型

在逾期管理分析的模型应用中，比较常用的有催收模型、失联预测模型、账龄滚动率模型等，这些模型在贷后场景的应用中发挥着重要的作用。这里我们简要描述一下失联预测模型的开发逻辑与应用思路。

失联预测模型是针对贷后已经逾期，但可以联系到的用户群体，预测其未来失去联系的可能性大小。模型的预测目标变量属于二分类特征，即"失联"和"非失联"，可以用 1 和 0 来表示。在具体定义目标的过程中，是根据样本数据的时间字段分布选择某"观察点"，然后往前推一定时间窗定为样本"观察期"，往后推一定时间窗定为样本"表现期"，其中"观察期"务必是逾期时间窗内，如图 8.10 所示。

图 8.10 失联预测

失联预测模型的"失联"，是指金融机构业务方的催收人员无法与贷款已逾期用户进行联系。在实际业务中往往是通过电话联系的结果对其进行分类，具体表现形式有未接听、停机、空号、关机等。只要逾期用户在"表现期"内触发以上现象某具体规则，即可将用户定义为"失联"。例如，连续 3 次及以上无法取得联系等。

失联预测模型常用的模型变量维度主要包括以下几个类别。

● 基本信息：年龄、性别、学历、收入、住房、工作情况等。

- 逾期信息：逾期天数、逾期金额、逾期金额占额度金额的比例等。
- 催收信息：短信提醒次数、电话催收次数、催收反馈信息等。
- 其他信息：联系人关系、在网时长等。

以上维度的特征数据，对于金融机构业务方来讲，可以直接从内部获取，但为了提升模型的综合应用性能，数据来源还可以是第三方数据，包括设备信息、消费信息等有价值的数据。

当失联预测模型的样本数据、目标定义等工作内容准备好后，便可以对模型进行开发，具体建模流程中关于数据预处理、特征工程，以及模型训练环节采用的机器学习算法等，和建立 A 卡、B 卡、C 卡等模型的思路是一致的。当模型构建好且性能评估满足业务需求后，就可以针对贷后逾期用户群体，预测其失联的可能性大小，具体可以通过概率或转化为评分卡的方式进行评估，这对金融机构的贷后逾期管理是非常有帮助的。

8.5　美、日消费信贷风险管理的实践与经验

8.5.1　美、日消费金融发展概况

1. 美国消费信贷发展情况

早在 19 世纪，美国人的消费观是以勤俭、节约而著称的，拥有存款和不动产成为美国的优良传统，而随着美国生产力的大发展，这种勤俭的消费观也从 20 世纪的 20 年代开始改变，历经 100 多年，美国的个人消费信贷逐渐发展壮大，成为今天美国居民惯用的消费模式。

目前，美国是世界上个人消费信贷发展得最为成熟的市场，尤其是在过去的 10 年间，美国个人消费信贷市场发展迅速。据统计，2006 年，美国个人消费信贷的总额为 9 310 亿美元，占美国 GDP 总量的 19.39%；到了 2009 年，个人消费信贷的总额上升到 34 050 亿美元，占美国 GDP 总量的 31.1%，成为支撑美国国民经济的重要力量。

在美国，有众多的个人消费信贷提供者，这些提供者除了伴随着美国经济迅速成长起来的商业银行以外，还有数量众多的财务公司、信用合作社等金融性的公司，这些公司大多采用现金的方式直接贷款给消费者，刺激国内的消费需求。除此之外，各机构在参与消费信贷业务时，注重对该产品领域的细分，使其为更多领域的客户群体服务，这使得美国的消费信贷业务模式更加丰富。根据美联储统计，从 1946 年开始，全美 35% 的汽车贷款、40% 的循环信用贷款、63% 的房产信贷和 47% 的其他个人消费信贷都来自美国的商业银行。以 2010 年为例，商业银行提供的个人消费信贷占据了美国消费信贷市场的半壁江山。

在 20 世纪 50 年代以前，美国的个人消费信贷主要集中在零售消费信贷，消费者如果需要购买商品，通过银行就可以采用"赊销"的方式进行消费。例如，美国商业银行为了鼓励消费者购买商品，扩大内需，提供了奢侈品、日常生活用品、房屋、汽车、度假、住宅装修等方面的个人消费信贷，产品种类丰富且服务周到。50 年代之后，美国又出现了以提供现金的个人消费信贷方式，这种方式的出现，是对美国社会消费方式的又一次突破性变革，大大刺激了美国经济的发展，最明显的标志就是信用卡的出现。进入 21 世纪以后，

在信用卡的基础上，美国商业银行又相继推出了个人债务重组、个人资金周转贷款等服务项目，美国社会各阶层都能享有个人消费信贷的服务功能。

2. 日本消费金融发展概况

日本个人消费信贷的发展历史最早可以追溯到公元 12 世纪，当时幕府统治时期就推出了以家庭可抵押物的消费信贷，在日本民间被称为"土仓"。进入 20 世纪，日本个人消费信贷逐渐发展起来，成为人们较为流行的一种消费方式，1929 年至 1933 年期间，正当美国经历有史以来最大经济危机的时候，日本个人消费信贷正渐渐走向普通家庭，成为刺激经济快速增长的有效办法。进入 20 世纪 60 年代以后，东京及一些发达的城市开始推出了以代金券进行分期付款的形式，当时正是日本家电、汽车等商品市场迅速发展的时期，这种个人消费信贷的模式对当时日本经济产生了相当深远的影响。

到了 20 世纪 80 年代，日本信贷行业的竞争日趋白热化，于是出现了以信用卡进行个人消费的形式，这种新型的消费工具彻底打破了传统消费的观念，可以说是现代社会的一大消费革命。自此，日本个人消费信贷进入快速发展的黄金时期。到了 20 世纪 90 年代，由于个人消费信贷在日本已相当普遍，各大金融公司的竞争也日趋白热化，所以，这时期的日本个人消费信贷更多地体现出增值的特点，消费者在进行消费信贷的同时，还可以获得额外的服务(如医疗、就餐、酒店打折、车票预订)，有的甚至可以免息消费，通过这样的方式来吸引消费者，赢得市场份额。

进入 21 世纪后，由于受到美国金融危机及欧洲债务危机的影响，日本个人消费信贷的规模也有一定幅度的下滑，但经过日本政府、金融公司的不懈努力，其规模已超过英国、德国、法国，成为仅次于美国的世界第二大个人消费信贷国家。日本个人消费信贷虽然具有明显的风险特点，但更多的表现为大众参与，消费信贷不仅是高收入阶层人群的专利，而且更多的出现在占日本多数群体的中等收入阶层，他们大多奉行"花明天的钱，办今天的事"的原则，使得个人消费信贷规模在日本迅速扩大。

8.5.2　美、日消费金融发展的经验

1. 消费信贷基础设施建设比较完善

金融的本质是信用，信用在消费信贷中具有不可或缺的作用。对于消费金融行业而言，最重要的基础设施就是征信系统。因此，征信体系是消费金融行业健康发展的前提。

美国消费金融市场的发展，与其完备的征信体系是分不开的。美国的社会信用体系是市场主导型模式，主要特征是信用服务全部由私营机构提供。如美国有 Trans Union、Equifax、Experian 等专门的征信机构。这些征信机构专门负责整理、保存个人信用资料，并对个人的资信进行调查和分析。此外，美国还有许多专门从事信用评级、逾期追收、信用管理等业务的信用中介服务机构，它们共同组成个人信用体系。在信用体系中，征信机构和授信机构形成良好的互动机制，征信机构可以不经个人许可，从授信机构、政府及其他渠道获取个人信用信息，并在法律允许的范围内向授信机构等提供信用数据报告。消费者对其信用报告质疑时，征信机构应核实信息，保证报告的客观公正。虽然美国是世界信用交易额最高的国家，但市场主导模式下建立起来的完备征信体系，在很大程度上避免了因信用交易额扩大而带来的违约风险。严厉的失信惩戒是信用体系建设的必备环节。美国失信惩戒措

施可以归结为三项。一是信用行为与其经济生活挂钩。失信行为将导致失信者的经济生活受到限制，在未来无法得到信用支持，从而约束个人、企业等的信用行为。二是严厉的失信惩罚。这主要包括对失信者的劳动惩罚和经济处罚。三是司法配合。通过法律规范，将失信行为披露到相关的经济生活领域，给失信者带来诸多负面效应。健全的信用体系和信用服务渗透到美国社会的各个领域，为企业和个人的授信、金融风险的评估提供了依据，为消费信贷的风险管理提供决策建议。

不同于美国由市场主导的消费金融的发展模式，日本的消费金融为会员制模式，其征信制度兼有市场型和政府型模式的特征。在日本的征信体系中，政府没有专门的个人征信监管机构，而主要是由行业协会在经济中发挥作用和影响力。日本的三大行业协会，如日本银行家协会、日本消费信贷业协会、日本信用产业协会等各自都组建了全国银行个人信息中心(KSC)、日本信用信息中心(JICC，2009 年由消费信息金融行业联合中心 JIC 更名而来)和信用信息中心(CIC)。这三大协会呈"三足鼎立"之势。其中，KSC 的主要成员为银行等金融机构，包含了超过 130 家商业银行、1 000 多家非银行金融机构，以及 200 多家银行附属公司等。其提供的服务主要为贷款和信用卡等个人信用信息的收集、登记及提供。JICC的主要会员包括与消费贷款业务有关的消费金融公司、信用卡公司、担保和租赁公司等金融机构。CIC 的主要成员包括零售商、百货商店、汽车和家电行业的信贷销售公司。CIC是三家机构当中信用信息采集量最大的，也是查询量最多的。三大协会会员上报自身征信数据，协会负责整合。而协会的信息是共享的，会员可以进行征信服务的查询，协会从中收取一定费用。目前，这三大行业协会覆盖了日本几乎全部的信贷机构，其提供的信用信息服务基本能够满足会员对个人信用信息征集考察的需要，保证了个人信用信息交换的畅通。

2. 不断完善的消费信贷法律规范

美国的信贷业务发展较为成熟，这和其完善的法律法规体系有着直接的关系。最早的有关信贷法律法规颁布于 1916 年，即《统一小额信贷法》。1986 年，美国先后颁布了《消费者信贷保护法案》和《统一消费信贷法典》，分别针对消费信贷业务中的信息进行披露，以及对消费者合法权益保护进行明文规定，这两部法案的出台更进一步地增强了美国的消费信贷管理制度。此外，美国还颁布了《诚实借贷法》《公平信用报告法》《平等信贷机会法》《公平债务催收作业法》等，全面保障消费者获得信贷机会的公正平等权。特别是《公平债务催收作业法》，对催收机构的债务催收行为予以限制，规定债务催收机构不可以在债务人不方便的时候拨打电话催债，也不可以使用暴力手段催债，只能向债务人发送书面的通知。美国这一系列法案的推出，增强了公民的消费金融理念，规范了消费金融市场，推动了消费金融市场的长期健康发展。进入 21 世纪后，美国仍然在不断完善相关法律法规。2009 年，美国颁布《金融改革方案》，对消费信贷引发的经济危机进行强化监管，此外，还新设消费者金融保护局。2010 年通过的《多德-弗兰克华尔街改革与消费者保护法》，对征信机构及其他提供消费金融产品和服务的金融机构进行了规范，致力于保护消费者，解决金融业系统性风险等问题，旨在避免 2008 年国际金融危机的重演。正是由于出台了众多的法律法规，使得美国在有关个人信贷方面的监管力度较大，很好地扶持了该市场的健康发展。

相较于美国，日本的消费金融整体起步也较早，市场化程度也比较高，但是相关的法律法规滞后曾引发多重问题。最初，日本消费信贷源于民间借贷，此前由于消费信贷未引起政府的足够重视，导致消费信贷乱象丛生。20 世纪 90 年代，日本经济泡沫破灭，消费金融被严重冲击。为应对日益严重的消费问题，促使行业回归健康规范发展的新轨道，日本出台了一系列法律法规。2003 年，日本颁布了《个人信息保护法》，对个人信息处理者应该遵守的相关义务进行了详细规定；2004 年，日本制定和修改了《破产法》，建立了债务人制度，如提高个人破产手续的效率、扩大破产人所持自有财产等，强化了破产者保护。但消费金融的过快发展导致消费金融存在过高利率、多重借贷以及暴力催收的"三宗罪"，严重影响和制约了消费金融行业的发展，导致出现很多社会问题。2006 年，日本制定《贷款业法》，规定逐次降低贷款利息上限，并引入信贷总量规则(个人信贷总额限制为年收入的三分之一以下)。2008 年制定《分期付款销售法》等，对分期付款销售进行了更明确的规定。日本还制定了与电子商务相关的消费金融法律，如《特定商品交易法》等。其中，《贷款业法》强化金融监管，建立了严格的个人消费信贷市场准入制度，规定个人信贷总额限制为年收入的三分之一以下。这几项政策可以说是日本消费金融的一个转折点，上演了一场冰与火之歌，给快速发展的消费金融迅速降温，同时制约了乱象丛生的进一步发展。严格的消费信贷政策，引导日本消费信贷公司逐渐步入法制化、规范化的发展轨道。

3. 完善的监管机制

虽然不同国家对于消费金融的征信模式的侧重点不同，其法律法规既有"未雨绸缪"型的，又有"亡羊补牢"型的，但对于消费金融的严格监管机制却是相同的。无论是征信制度，还是法律法规，其顺利实施和发挥作用，都离不开政府强有力的监管机制。

美国对金融活动实施审慎监管，采取的是以美联储为监管中心的统一监管，这也是大多数国家为防范金融风险所普遍采取的做法。以美联储为监管中心的统一监管有利于采取更加强有力的监管机制，可以更好地规范市场参与各方的行为。美国设立消费者保护机构(CFPA)、美国消费者保护局(BCFP)，对美国消费金融公司提供的产品、服务进行监管，避免消费者受到欺骗或者是被签订不公平的条约。美国联邦贸易委员会、司法部、财政部货币监理局、联邦储备系统等政府部门和法院在监管体系中主要发挥信用监督作用。美国信用管理协会、信用报告协会、美国收账协会等社会组织在自律管理等方面也发挥了重要作用。个人信用报告和产品评级报告是评估风险的重要信息，只有信息准确有效，才能有效避免风险及其带来的损失，进而稳定消费金融市场的发展。因此，美国证券交易委员会下设评级办公室，专门负责监管信用评级机构，要求评级机构对消费者披露真实有效的信用评级信息，并且对违反相关监管规定的机构，责任追究和予以处罚。

日本对消费金融的监管经历了一个从缺失滞后到严格落实的过程，并非一蹴而就。20世纪 90 年代，日本经济泡沫破灭，消费金融受到严重冲击，加之金融监管体系不健全，监管严重缺位，日本消费信贷从无担保小额贷款逐渐引发消费信贷乱象丛生。然而，金融是周期性行业，经济周期会对消费者甚至消费金融业务造成不可逆的影响。在经历了行业快速发展之后，风险敞口开始暴露，日本的消费金融呈现出"过山车"般的兴起和衰败。而导致这种现象的重要原因之一，就是金融监管的滞后。日本迅速弥补不足，通过金融监管规范行业发展，帮助经济的回稳，促进消费金融再度发展。到了 21 世纪，日本消费金融经过扩大期和成熟期后，企业的业务模式在以信用卡为主的基础上，开始呈现多元化趋势。

消费金融行业保持了高速发展，但借款人多重借贷、破产、权益受损等次级贷款风险开始影响企业业绩。尤其是受日本宏观环境经济下滑、楼市泡沫崩盘的影响，企业不良贷款不断增加，部分企业采取极端的暴力手段和违法催收。出现这种问题是由于企业没有稳定的核心业务支撑，只是一味地追求创新带来的业务拓展和盈利增长。而同时，监管的滞后助长了这一不良苗头，市场进入监管缺失的混乱时期。21世纪初，日本政府开始整顿消费信贷市场，政府在社会信用体系中仅进行信用管理立法，将信用产品生产、销售、使用的全过程纳入法律范畴。在日本当前消费金融紧绷的监管环境下，信贷规模迅速萎缩，但从长远健康发展的角度来看，日本的严格监管无疑是有益而且必要的。经过十年的复苏，日本消费金融近期重新回归增长，迈上健康发展之路。

从美国和日本消费金融的发展历程可以看出，完善的征信系统、健全的法律法规和严格明确的监管对消费金融行业的健康长远发展至关重要。目前，中国的消费金融正处在改革规范的节点，被行业诟病的暴力催收、砍头息、数据泄露等问题亟待解决，借鉴美国和日本消费金融的发展经验，促进消费金融向更高阶发展，以实现与美好生活同频共振。

8.5.3 对我国消费金融行业持续健康发展的启示

1. 建立和完善消费金融法律体系，加强消费金融监管，谨防监管套利

发达国家及地区的消费金融行业发展历史表明，消费金融行业的健康稳定发展离不开完备规范的法律法规体系，良好的法律体系不仅能够为消费金融服务机构业务的开展提供可靠保障，也能更好地保护消费者的合法权益。我国应该加快建立和完善消费金融法律体系，制定具体可操作的消费金融法律细则，做到在消费金融领域有法可依，有法必依，加强消费金融监管，谨防监管套利，切实保护消费金融参与者的权利，为促进消费金融发展夯实法律制度基础。

2. 进一步完善征信体系，打通信息孤岛，扩大征信数据覆盖范围

我国个人信用体系建设虽已取得了较大进展，但仍有许多完善空间，欧美等消费金融行业发达国家已经构建了较为发达的社会信用管理体系，部分经验做法值得学习。

一方面对于征信体系建设架构方面，可以综合分析市场化征信与公共征信两种模式，并结合我国当前现实情况，建立更加完善的征信体系，可以以中国人民银行征信中心的信用信息数据库为主，辅以更多市场化的征信服务机构参与其中。

另一方面对于征信数据的完整性方面，通过依法合规的方式，实现政府机关单位等主体的个人相关信息资源整合，同时在当前互联网经济飞速发展的背景下，应适度采集各类互联网公司线上用户信息数据，完善个人多维数据，逐步形成覆盖人群广泛、信息更加多元的征信数据库。

3. 创新监管手段与方法，完善消费金融机构监管

鉴于消费金融机构经营业务的特殊性，以及当前利用互联网广泛开展跨区域经营的背景，潜在风险更容易扩大，因此，国家监管部门应进一步完善对消费金融机构的外部监管。

首先，构建层次更加丰富的监管体系。一方面，要统一监管标准，实现整体政策上的统一；另一方面，由于我国消费金融从业主体众多，其商业模式等特征不尽相同，在加强

监管的同时，也应该加大创新力度，探索差异化监管，实现监管与创新的平衡发展。

其次，加大科技手段在金融监管领域的应用。对大数据、人工智能、云计算等科技的应用，有利于丰富监管手段，建立更加完备的金融风险防范体系。

最后，进一步完善监管主体，可以借鉴欧盟部分先进国家的做法，组建各领域消费金融行业协会等自律组织，加大行业自律监管。

4. 加强风险防范与控制水平建设，构建高效安全的平台风险防控体系，提高抵御风险能力

一是消费金融机构应重视风险管理，做好风险防范。对于业务开展各环节所面临的风险，做好监控工作，实现涵盖"贷前、贷中、贷后"全链条的风险控制。如贷款审批过程中，建立科学的贷款审核制度与流程，从源头控制风险。在贷后资金管理中，消费金融机构还应对贷款人资信水平持续关注，以防违约发生，降低遭受损失的可能性。

二是加强专业人才队伍建设。消费信贷产品设计开发以及业务风险防控等方面，对于人员素质有着较高的专业要求，因此，消费金融机构人才建设要与机构发展相匹配，建立一支专业化、高水平的消费金融人才队伍，保障业务的顺利开展。

三是推进平台技术建设。加强以机器学习、大数据为代表的风控技术的应用，建立更加健全的风控体系，实现可持续发展。

5. 重视消费者适当性教育，引导群众树立科学消费观念

政府相关部门应当积极开展消费者教育，促进正确消费观念的养成，同时还要对其加强风险意识教育，防范过度借贷所带来的风险，特别是要引导年轻群体(如在校大学生等)理性消费。

8.6 我国消费金融发展的趋势

8.6.1 商业银行将成为消费金融的主导者

在中国银保监会发布《商业银行互联网贷款管理暂行办法》之后的半年时间，2021 年 2 月中国银保监会办公厅又发布《关于进一步规范商业银行互联网贷款业务的通知》(银保监办发〔2021〕24 号)，强化了出资比例管理，明文规定"商业银行与合作机构共同出资发放互联网贷款的，应严格落实出资比例区间管理要求，单笔贷款中合作方出资比例不得低于 30%"。2020 年 11 月 2 日，中国银保监会、中国人民银行发布关于《网络小额贷款业务管理暂行办法(征求意见稿)》，对于注册资本、杠杆和联合贷款出资比例作出了明确规定。关于注册资本，规定"经营网络小额贷款业务的小额贷款公司的注册资本不低于人民币 10 亿元，且为一次性实缴货币资本。跨省级行政区域经营网络小额贷款业务的小额贷款公司的注册资本不低于人民币 50 亿元，且为一次性实缴货币资本"。关于杠杆，"经营网络小额贷款业务的小额贷款公司通过银行借款、股东借款等非标准化融资形式融入资金的余额不得超过其净资产的 1 倍；通过发行债券、资产证券化产品等标准化债权类资产形式融入资金的余额不得超过其净资产的 4 倍"。关于联合贷款的出资比例，规定"在单笔联合贷款中，经营网络小额贷款业务的小额贷款公司的出资比例不得低于 30%"。

从以上政策可以看出，未来经营消费金融的主要还是传统的商业银行。

8.6.2 互联网化程度将进一步加深

消费金融产业的互联网化将成为必然趋势。消费金融的互联网化包括产品互联网化、风险管理模式的互联网化以及服务模式的互联网化。

首先，互联网经济对于传统经济的渗透逐步增强，互联网生态本身存在大量的尚未开发的金融需求，覆盖保险、基金、证券、银行等诸多传统金融领域，这样将迅速提升传统金融的互联网化要求。

其次，互联网正在逐步改变人们的生活习惯，包括支付的方式、消费的场景都在发生巨大变化，因此，传统金融只有在服务模式和渠道方面有所创新，才能满足用户对于服务体验的需求。而与此同时，互联网也将拓宽企业的服务能力、服务广度和宽度，提升服务效率。

最后，伴随互联网经济的发展以及对于线下经济的渗透，未来所有的数据都将是可数据化、可被记录的，数据是未来风险管理的宝藏，而这也将对传统金融风险管理模式提出挑战。互联网企业全面进入消费金融领域也是互联网化程度加深的重要表现。互联网企业将对现有的消费金融体系产生正向的刺激作用，包括对于用户的教育和使用行为习惯的培养、在产品和服务模式上的创新等。

8.6.3 数据资产将成为重要风险控制资源

互联网在消费金融领域中的快速渗透也带来了新的技术形式和风险管理模式。基于数据而形成的大数据风险控制模式是核心的发展方向，而数据资产则成为金融商业模式下可变现的重要资产，数据-模型将是互联网金融企业未来发展的核心工具。客户洞察、市场洞察及运营洞察是消费金融行业大数据应用的重点。①在客户洞察方面，金融企业可以通过对行业客户相关的海量服务信息流数据进行捕捉及分析，来提高服务质量。同时可利用各种服务交付渠道的海量客户数据，开发新的预测分析模型，实现对客户消费行为模式进行分析，提高客户转化率。②在市场洞察方面，大数据可以帮助金融企业分析历史数据，寻找其中的金融创新机会。③在运营方面，大数据可协助企业提高风险透明度，加强风险的可审性和管理力度；同时也能帮助金融服务企业充分掌握业务数据的价值，降低业务成本，并发掘新的套利机会。

8.6.4 垂直化发展

结合目前中国的消费金融发展现状，垂直化发展将是未来的又一重要趋势。垂直化包括两个维度的垂直化，即行业垂直化和用户层级垂直化。一方面来自行业的垂直化，了解产业。消费金融领域横跨众多产业，如旅行、教育、数码、家电、家具等，各细分领域之间的生产经营模式、产业链格局均有不同的发展特征，这对消费金融企业提出了更高的要求，而单一细分领域的垂直化耕耘也更适合中小型消费金融企业的发展。另一方面则来自用户层级的垂直化，了解用户。将用户分层为高、中、低收入群体，明确自身的目标市场定位，了解不同用户的综合性需求。垂直化发展在专业化、需求把握以及风险管理方面均有一定的优势。但与此同时，也会面临所处产业整体衰退或高消费经济下滑等细分领域的市场风险的影响。

8.6.5　信用体系建设成为重中之重

发达国家社会信用体系建设主要有三种模式：一是以美国为代表的以信用中介机构为主导的模式；二是以欧洲为代表的以政府和中央银行为主导的模式；三是以日本为代表的会员制模式。

(1) 美国模式。以美国为代表的以信用中介机构为主导的模式，完全依靠市场经济的法则和信用管理行业的自我管理来运作，政府仅负责提供立法支持和监管信用管理体系的运转。在这种运作模式中，信用中介机构发挥主要的作用，其运作的核心是经济利益。

(2) 欧洲模式。以欧洲为代表的以政府和中央银行为主导的模式，是政府通过建立公共的征信机构，强制性地要求企业和个人向这些机构提供信用数据，并通过立法保证这些数据的真实性。在这种模式中政府起主导作用，其建设的效率比较高。它同美国模式存在一定的差别，主要表现在三个方面：一是信用信息服务机构是被作为中央银行的一个部门而建立，而不是由私人部门发起设立；二是银行需要依法向信用信息局提供相关信用信息；三是中央银行承担主要的监管职能。

(3) 日本模式。以日本为代表的会员制模式。日本的行业协会在日本经济中具有较大的影响力。这种模式由行业协会为主建立信用信息中心，为协会会员提供个人和企业的信用信息互换平台，通过内部信用信息共享机制实现征集和使用信用信息的目的。在会员制模式下，会员向协会信息中心义务地提供由会员自身掌握的个人或者企业的信用信息，同时协会信用信息中心也仅限于向协会会员提供信用信息查询服务。这种协会信用信息中心不以营利为目的，只收取成本费用。目前，日本的信用信息机构大体上可划分为银行体系、消费信贷系统和销售信用体系，分别对应银行业协会、信贷业协会和信用产业协会，这些协会会员包括银行、信用卡公司、保险公司、其他金融机构、商业公司以及零售商店等。三大行业协会的信用信息服务基本能够满足会员对个人信用信息征集考查的需求。

本 章 作 业

1. 消费金融面临的主要风险有哪些？各有什么特征？
2. 简述消费金融的欺诈风险及其形成机理。

参 考 文 献

[1] 何平平，范思媛，黄健钧. 互联网金融[M]. 2版. 北京：清华大学出版社，2023.

[2] 何平平，马倚虹，范思媛. 大数据金融与征信[M]. 2版. 北京：清华大学出版社，2022.

[3] 何平平，胡荣才，车云月. 互联网金融运营与实务[M]. 北京：清华大学出版社，2017.

[4] 何平平，车云月，陈晓艳. 消费金融与供应链金融[M]. 北京：清华大学出版社，2017.

[5] 何平平，黎勇登，彭世文. 普惠金融背景下传统金融与金融科技融合研究[M]. 北京：中国社会科学出版社，2019.

[6] 程雪军，潘磊，李心荷. 数字消费金融[M]. 北京：经济日报出版社，2021.

[7] 陈红梅. 消费金融：模式变迁与风险管理[M]. 北京：清华大学出版社，2019.

[8] 刘洋. 互联网消费金融[M]. 北京：北京大学出版社，2016.

[9] 单良，乔杨. 数据化风控：信用评分建模教程[M]. 北京：电子工业出版社，2018.

[10] 黄小强. 我国互联网消费金融的界定、发展现状及建议[J]. 武汉金融，2015(10).

[11] 朱萃. 联合贷款和助贷业务风险思考[J]. 青海金融，2022(2).

[12] 邵腾伟，吕秀梅. 新常态下我国互联网消费金融的表现、作用与前景[J]. 西部论坛，2017(1).

[13] 刘丹. 消费金融发展模式的国际比较及借鉴[J]. 中央财经大学学报，2011(1).

[14] 杨鹏艳. 消费金融的理论内涵及其在中国的实践[J]. 经济问题探索，2011(5).

[15] 吴卫星，魏丽. 消费金融创新与监管：欧美经验、教训与启示[J]. 金融论坛，2021，26(1).

[16] 崔学敏，王本玺，于晓阳. 我国消费金融发展面临的问题及对策建议[J]. 吉林金融研究，2020(11).

[17] 谭燕芝，唐文娟，毛章勇. 经济转型进程中消费金融的风险防控[J]. 中州学刊，2017(11).

[18] 程子宝. 基于信用评分模型的商业银行消费金融业务智能化审批研究[J]. 金融纵横，2017(7).

[19] 康远志，胡朝举. 互联网环境下消费金融的商业模式、发展趋势与价值创造[J]. 金融理论探索，2016(4).

[20] 游春，李新洁. 关于对我国商业银行开展消费金融业务的思考[J]. 海南金融，2013(5).

[21] 鲁存珍，汤如军. 电商消费金融兴起及发展问题研究[J]. 西南金融，2018(1).

[22] 依绍华. 电商消费金融面临的问题及对策建议[J]. 河北学刊，2019(9).

[23] 唐源，陈一君，彭静. 电商时代下互联网消费金融发展新模式[J]. 商讯：公司金融，2018(10).

[24] 胡滨，范云朋. 互联网联合贷款：理论逻辑、潜在问题与监管方向[J]. 武汉大学学报(哲学社会科学版)，2021，74(3).

[25] 朱太辉，龚谨，张彧通. 助贷业务的监管框架和转型方向研究[J]. 金融与经济，2021(12).

[26] 彭飞，向宇. 消费金融公司国际比较及其借鉴[J]. 西南金融，2014(7).

[27] 袁江，张丽娜. 银行系消费金融公司发展[J]. 中国金融，2021(24).

[28] 王琪生. 场景消费金融的实践及思考[J]. 中国金融，2020(14).

[29] 周颖. 循环消费信用类型化规范研究[J]. 大连理工大学学报(社会科学版)，2019(1).

[30] 黄灵杰. 我国消费金融的发展现状、问题与政策建议：基于中外消费金融实践的比较与思考[J]. 金融理论与实践，2019(12).

[31] 汪洋，白钦先. 消费金融发展的理论解释与国际经验借鉴[J]. 金融理论与实践，2011(1).

[32] 程雪军. 金融科技视阈下消费金融公司的发展与展望[J]. 当代经济管理，2021(7).

[33] 郑青，伦杭，徐亚平. 透视消费贷款违约影响因素[J]. 金融市场研究，2021(3).

[34] 程雪军. 中国消费金融的风险特征、形成机理与防范对策[J]. 兰州学刊，2021(7).

[35] 陈宝国，曹健. 日本消费金融发展历程及征信体系浅析[J]. 海南金融，2016(11).

[36] 尹振涛，程雪军. 我国场景消费金融的风险防控研究[J]. 经济纵横，2019(3).

[37] 程雪军. 场景消费金融的风险检视与监管对策：以长租公寓"租金贷"为例[J]. 南方金融，2021(12).

[38] 黄丁聪. 关于场景消费金融的思考[J]. 中国信用卡，2021(5).

[39] 康远志，胡朝举. 互联网环境下消费金融的商业模式、发展趋势与价值创造[J]. 金融理论探索，2016(4).

[40] 赵旭，周菁，赵子健. 美国消费金融发展及对我国的借鉴研究[J]. 现代管理科学，2016(6).

[41] 孙章伟. 美国消费金融及其在金融危机中的表现分析[J]. 国际金融研究，2010(5).

[42] 王晓东. 个人消费信贷管理：日本经验及启示[J]. 对外经贸实务，2013(5).

[43] 常志平，朱沁莹. 从消费金融产品看决策引擎在风险管理中的运用[J]. 新金融，2021(3).

[44] 孟如兰. 后监管时代的互联网消费金融发展趋势研究[J]. 现代经济信息，2016(6).

[45] 于成群. 全面风险管理：产品设计阶段中的风控盲点[J]. 银行家，2020(4).

[46] 王慧敏，法宁，夏艺. 我国消费金融公司发展现状、模式与对策[J]. 金融纵横，2022(7).

[47] 刘健. 商业银行消费金融业务发展现状、问题及转型策略[J]. 清华金融评论，2022(6).

[48] 贾红强，张熠婧. 消费金融政策纵览：缘起、演变及其逻辑[J]. 银行家，2021(10).

[49] 张丽平，任师攀. 促进消费金融健康发展，助力释放消费潜力[J]. 管理世界，2022，38(5).

[50] 陈昌义，孟安燕，朱守苗. 商业银行战略转型的重要方向：消费金融[J]. 西南金融，2018(3).

[51] 李建华. 西班牙消费金融公司模式[J]. 中国金融，2013(24).

[52] 朱民武，张乐，黄宇元，等. 电商企业金融业务和商业银行电商业务：发展逻辑、面临困境及未来趋势[J]. 西南金融. 2018(5).

[53] 朱高林，黄悦辰. 中华人民共和国居民消费史：分期、特征和趋势[J]. 消费经济. 2021，37(5).

[54] 高芳英. 分期付款：美国人消费观念的大变革[J]. 社会，2002(10).

[55] 季鹏. 消费升级、消费金融及租赁电商发展探讨[J]. 商业经济研究，2019，000(004).

[56] 马艳丽. 电商平台分期付款的法律争议与监管对策[J]. 金融发展研究，2016(10).

[57] 鄂春林. 互联网消费金融：发展趋势、挑战与对策[J]. 南方金融，2018(3).

[58] 刘海月，吴鹏，李小平. 稳金融背景下的大学生财经素养通识教育模式研究：基于大学生使用互联网消费信贷产品的调查[J]. 四川大学学报(自然科学版)，2021(5).

[59] 段永瑞，刘家旭，要雅姝. 批发和代理模式下电商平台消费信贷策略研究[J]. 中国管理科学，2022(9).

[60] 贾进. 消费信贷资产证券化的发展困境、国际经验与未来发展建议[J]. 西南金融，2019(6).

[61] 叶湘榕. 互联网金融背景下消费金融发展新趋势分析[J]. 征信，2015(6).

[62] 王俊山，王玥. 对我国个人信用评分及监管的分析与思考[J]. 金融发展研究，2021(1).

[63] 刘新海. 数字金融下的消费者信用评分现状与展望[J]. 征信，2020(5).

[64] 何珊，刘振东，马小林. 信用评分模型比较综述：基于传统方法与数据挖掘的对比[J]. 征信，2019(2).

[65] 张亚京，杨亮. 个人通用信用评分领域中客户分组的国际经验与方法[J]. 征信，2021(4).

[66] 宋云鹏，武钰. 数据挖掘技术在信用评分中的应用研究[J]. 征信，2013，31(10).

[67] 王颖，聂广礼，石勇. 基于信用评分模型的我国商业银行客户违约概率研究[J]. 管理评论，2012，24(2).

[68] 庄传礼. 我国信用局个人信用评分发展研究[J]. 征信，2011，29(1).

[69] 梁万泉. 个人信用评分在消费信贷中的运用[J]. 未来与发展，2009(3).

[70] 杨力，汪克亮，王建民. 信用评分主要模型方法比较研究[J]. 经济管理，2008(6).

[71] 陈希凤，毛泽强. 数字金融产品与服务的风险特征、监管挑战及目标工具[J]. 西南金融，2020(9).

[72] 林慰曾，施心德. 互联网消费金融：信用错配、修复与完善[J]. 南方金融，2018(6).

[73] 南永清，臧旭恒，后天路. 新发展格局下居民消费潜力释放研究：基于中国消费金融现状及投资者教育调查[J]. 当代经济研究，2023(2).

[74] 程建，连玉君. 信用评分系统的建模及其验证研究[J]. 国际金融研究，2007(6).

[75] 石庆焱，靳云汇. 个人信用评分的主要模型与方法综述[J]. 统计研究，2003(8).